겁 없이
거침없이
후회없이

욕심 있는 여자들을 위한 자기 혁명

겁 없이 거침없이 후회없이

초판 1쇄 인쇄 2011년 12월 1일
초판 1쇄 발행 2011년 12월 15일

지은이 조안나 바쉬·수지 크랜스턴
옮긴이 정준희
펴낸이 유정연

책임편집 박효진
기획편집 김은영 하선정 **디자인** 신묘정
마케팅 조윤규 천대원 박미진
제작부 문정윤 **경영지원** 박승남

펴낸곳 흐름출판 **출판등록** 제313-2003-199호(2003년 5월 28일)
주소 서울시 마포구 서교동 464-41번지 미진빌딩 3층(121-842)
전화 (02)325-4944 **팩스** (02)325-4945 **이메일** book@hbooks.co.kr
홈페이지 http://www.hbooks.co.kr **블로그** blog.naver.com/nextwave7
인쇄·제본 (주)상지사P&B **용지** 월드페이퍼(주)

ISBN 978-89-6596-020-1 03320

- 이 책은 저작권법에 따라 보호를 받는 저작물이므로 무단 전재와 복제를 금지하며,
  이 책 내용의 전부 또는 일부를 사용하려면 반드시 저작권자와 흐름출판의 서면 동의를 받아야 합니다.
- 흐름출판은 독자 여러분의 투고를 기다리고 있습니다. 원고가 있으신 분은 book@hbooks.co.kr로
  간단한 개요와 취지, 연락처 등을 보내주세요. 머뭇거리지 말고 문을 두드리세요.
- 파손된 책은 구입하신 서점에서 교환해 드리며 책값은 뒤표지에 있습니다.

이 도서의 국립중앙도서관 출판시도서목록(CIP)은 e-CIP홈페이지(http://www.nl.go.kr/ecip)와 국가자료공동목록시스템
(http://www.nl.go.kr/kolisnet)에서 이용하실 수 있습니다.(CIP제어번호 : CIP2011005089)

살아가는 힘이 되는 책 흐름출판은 막히지 않고 두루 소통하는 삶의 이치를 책 속에 담겠습니다.

겁 없이
거침없이
후회없이

욕심 있는 여자들을 위한 자기 혁명

조안나 바쉬·수지 크랜스턴 지음 | 정준희 옮김

흐름출판

마법을 찾아서

쉰 살이 되면서 나는 절대적으로 무감각해졌다. 원대한 목표를 달성했다는 성취감도 사라지고, 특별한 두려움이나 기쁨도 느낄 수 없었다.

나는 꽤 괜찮은 삶을 살고 있었다. 나를 사랑하는 남편이 있고, 두 딸은 건강하게 자라주었다. 20여 년간 맥킨지앤컴퍼니에서 컨설턴트로서 원하는 일을 해왔고, 업계에서도 꽤 좋은 평판을 받고 있었다. 감히 인생의 절정기라고 할 수 있을 정도로 완벽한 일상을 보내고 있었다. 그렇다면 도대체 뭐가 잘못된 것일까?

나는 문득 나보다 더 높은 자리에 있으며, 더 많은 업적을 이루어냈음에도 여전히 활기차고 행복한 여성들이 궁금했다. 그녀들은 알지만 나는 모르는 무언가가 있는 것이 분명했다. 그래서 그녀들을 만나 알아내고 싶었다. 그것은 단순히 내 자신을 위해서가 아니라, 오늘보다 더 나은 내일을 꿈꾸는 세상의 모든 여성들을 위해서였다.

나는 기업과 정부, 예술계 등 각 분야에서 최고의 자리에 오른 여성 리더들을 인터뷰하겠다고 결심했다. 그녀들에게 어떤 채찍질과 격려가 있었을까? 인생을 뒤바꾼 결정적인 순간은 언제였을까? 좌절과 실패, 무기력의 그늘에서 벗어날 수 있었던 힘은 무엇일까? 나는 그녀들의 성공과 행복을 기록하고 싶었다. 그러면 그녀들만이 알고 있는 마법 같은 비밀을 밝혀낼 수 있을 것 같았다.

내가 그 마법을 손에 넣는다면 한 걸음, 한 걸음 꿈을 향해 달려가는 여성들에게 그것을 알려줄 수 있으리라는 생각에 가슴이 뛰었다. '그 마법을 좀 더 일찍 알 수 있다면, 나처럼 30년을 기다리지 않고 얼마나 많은 여성들이 정상의 자리에 오를 수 있을까'

그 생각이 나를 조금씩 변화시켰다. 잊고 있었던 열정이 불타오르기 시작했다. 그래서 팀을 만들고 5년에 걸쳐 여성 리더 인터뷰 프로젝트를 진행했다. 인터뷰에 응해준 여성 리더들은 열린 마음으로 나를 반가이 맞아주었다.

소중하지 않은 인터뷰가 없었다. 비즈니스 전쟁에서 지지 않기 위해 그동안 무장해왔던 여성 리더들은 자신의 열정을 뜨겁게 털어놓았다. 그녀들은 실패할 가능성이나 확률 따위는 생각지 않았다. 어떤 상황에 놓이든 정면으로 맞섰다. 기회를 기회로 볼 줄 알았고, 위기 또한 기회로 생각했다. 낙관적인 시각, 넘치는 에너지, 실용적인 조언, 의미 있는 이야기, 친절한 행동으로 이루어진 값진 선물을 내게 주었다. 선물을 하나씩 풀 때마다, 내 자신을 조금씩 알아가게 되었다.

나는 자신을 믿지 못해서, 결과를 예단해서, 혹은 완벽을 추구하느라 뒤로 물러서곤 했다. 두려움 때문에 기회를 포기한 적이 많았던 내게 그녀들은 가장 값진 자원인 시간과 에너지뿐 아니라, 어렵게 얻은 인생의 교훈까지 나누어주었다. 나는 그 교훈을 모으고 다듬어 성공을 위한 다섯 가지 마법-의미 찾기, 프레이밍, 인맥, 정면 승부, 에너지 관리-을 정리했다.

나이 쉰에 내 꿈의 절반은 내가 모르는 비밀을 알고 있는 여성 리더들을 만나는 것이었다. 수년에 걸친 인터뷰와 리서치를 통해 그 꿈을 이룰 수 있었다. 여기서 끝이 아니다. 내게는 어떤 일을 하든 훌륭한 여성으로 성장할 두 딸이 있다. 내 꿈의 나머지 절반은 다섯 가지 마법을 내 딸과 그리고 세상의 모든 딸들과 나누는 것이다. 지금 이 책을 쓰게 된 것도, 당신을 만나게 된 것도 그 꿈 때문이다.

당신은 나와 함께 할 준비가 되었는가?

마음의 소리에 귀를 기울여라. 불평불만의 소리, 비난하는 소리, 걱정하는 소리, 혹은 자책하는 소리가 아니라 꿈꾸는 소리에 집중하라. 당신에게 꿈을 꿀 기회를 주어라. 그것이 첫걸음이다.

가자!

— 조안나 바쉬

Part 01

좋아서 하는 일을 찾아라 : 의미 찾기

Contents

좋아서 하는 일을 찾아라

: 의미 찾기

모든 것의 시작은
의미다

가끔 우리가 이런저런 사실과 현상들을 단순히 모으기만 하는 것은 아닌지 의구심이 들 때가 있다. 하지만 그것만으로는 부족하다. 우리는 뉴스를 제공할 뿐 아니라, 그것이 사람들의 삶에 어떤 영향을 미칠지 의견을 제시할 책임이 있다.

— 쇼바나 바르티아, 힌두스탄타임스 회장

여성 CEO로서는 처음으로 '포춘 500대 기업'에 선정된 워싱턴포스트Washington Post Co.의 전 회장 겸 발행인 고故 캐서린 그레이엄Katharine Graham은 이런 말을 했다. "지금 하고 있는 일을 사랑하고 제일 중요한 것이라고 생각한다면, 이보다 더 행복할 수 있겠는가?" 고품격 저널리즘을 향한 열정으로 몇십 년간 워싱턴포스트를 이끌었던 그레이엄은 일찍이 의미 있는 일을 하는 것이야말로 삶의 큰 기쁨이라는 것을 깨달았다.

고대 그리스의 철학자 아리스토텔레스는 사람들이 자신의 재능을 십분 발휘하여 일할 때 '에우다이모니아eudaimonia(만족한 삶)'에 이를 수 있다고 했다. 인간의 욕구를 5단계로 설명한 20세기 심리학자 에이브러햄 매슬로Abraham Maslow는 이것을 '자아실현의 욕구'라고 정의하며, 인간의 가장 큰 욕구라고 말했다.

'의미'는 우리를 움직이는 힘이다. 흥미를 불러일으키고, 심장을 고동치게 하며, 에너지를 불어넣고, 열정을 끄집어낸다. 우리는 의미 있는 일을 할 때 능력을 십분 발휘하고, 때로는 자신의 한계를 뛰어넘는다. 의미 없는 일을 하는 사람은 그저 주말만 기다리며 업무 시간을 때울 뿐이다. 의미 있는 목적을 이루기 위해 자신의 강점을 최대한 끌어낼 때 우리는 행복을 느낄 수 있다.

성공한 여성들의 공통점 가운데 하나는 바로 일의 의미를 중요하게 여긴다는 것이다. 어떤 일을 선택하는 기준과 그 일을 계속 해나가기 위해 가장 중요한 것이 무엇이냐는 물음에 그녀들은 한결같이 '의미'라고 대답했다.

하고 싶은
일을 하라

어릴 적 꿈을 이루기 위해 변호사가 된 아미나 수잔나 악바제Amina Susannah Agbaje는 자신의 일에 대해 굳은 믿음을 갖고 있다. 그렇기 때문에 더욱 전념할 수 있고, 승산이 있든 없든 남들이 불가능하다고 말하는 일에 용기 있게 뛰어든다. 이처럼 커다란 목표를 세우고 그것을 이루려면 먼저 자신에게 의미 있는 일이 무엇인지부터 생각해보아야 한다.

나이지리아의 어느 시골에서 자란 아미나는 어린 시절 큰 꿈을 가지고 있었다. 아미나의 가족은 방 두 개짜리 공동주택에서 그리 부유하지도, 그렇다고 가난하지도 않은 생활을 했다. 어린 아미나는 밖에서 놀다가도 〈사건 파일Case File〉이라는 TV 프로그램을 보기 위해 급히 집으로 달려가곤 했다. 매회 변호사 두 명이 법정에서 열띤 공방을 벌이고, 마지막에 판사가 판결을 내리는 내용이었다. 아미나는 똑똑한 변호사 덕분에 무고한 사람이 풀려나고 죄지은 사람이 벌을 받는 권선징악적인 이야기에 매료되었다. 문제를 해결하는 과정과 법정에서 주고받는 스릴 넘치는 논쟁에 큰 흥미를 느꼈다. 아미나의 마음속에는 조금씩 변호사가 되고 싶다는 꿈이 자라기 시작했다. 그녀는 "초등학교 때부터 변호사가 되고 싶었고, 그 꿈을 결코 포기하지 않았다."고 말했다.

아미나처럼 일찍부터 삶의 의미를 찾는 사람은 드물다. 처음에는 별 의미 없던 일이 시간이 지남에 따라 점점 중요하게 다가오는 경우도 있다. 하지만 대부분 우리가 의미를 찾아내는 것이 아니라 의미가 우리 앞에 나타난다. 때로는 너무 평범해서 눈앞에 두고도 미처 깨닫지 못하거나, 지금 하고 있는 일에서 의미를 깨닫기까지 몇 년이 걸리기도 한다.

많은 여성들이 학교를 다니거나 이런저런 일을 해보면서 몇 차례 굴곡을 겪은 뒤에야 비로소 의미 있는 일을 찾는다. 여러 차례 진로를 바꾸는 것이 어떻게 보면 시간 낭비로 비쳐질 수 있다. 목표를 향해 곧장 달려가는 것이 더 나은 선택인 듯 보인다. 그러나 성공한 여성들의 대부분은 여러 가지 일을 하면서 값진 경험을 쌓았다고 말한다. 다양한 경험은 자신이 어떤 일을 진정으로 사랑하는지 깨닫고 새로운 능력을 갈고닦는 계기가 된다.

언제 의미를 찾아내느냐는 중요하지 않다. 또한 그것이 다른 사람에게도 의미 있는 일인가는 더더욱 중요하지 않다. 자신에게 의미 있는 일이라는 것을 깨닫는 순간, 재주와 역량을 십분 발휘하는 원동력이 되고 더 큰 성취감과 기쁨을 얻을 수 있다.

아미나 악바제가 변호사가 되기 위한 길고 긴 여정을 견뎌낼 수 있었던 것도 일에서 '의미'를 찾았기 때문이다. 모든 변호사들이 그렇듯 그녀는 승소를 위해 애썼다. 그러나 변호사라는 직업의 진정한 가치를 느끼지 못했다면, 그녀는 일을 즐기지 못했을 것이다. 어쩌면 꿈조차 꾸지 않았을 것이다. "어머니는 내가 간호사나 의사가 되기를 바랐어요. 그들이 흰옷을 입기 때문이었죠. 어머니는 흰옷을 순수의 상징으로 여겼어요. 하지만 변호사들은 검은 옷을 입죠. 어머니는 검은 옷을 죄의 상징이라고 생각했어요."

어머니의 반대를 무릅쓰고 법대에 지원한 아미나는 "입학허가서를 받은 때가 가장 기쁜 순간이었어요. 내 인생 최고의 날이었죠. 그토록 원했던 공부를 할 수 있게 되었으니까요."라고 말했다. 그녀의 어머니도 이제는 '변호사의 어머니'로 불리는 것을 자랑스러워한다.

너무 늦은
때란 없다

우리는 자신의 강점을 이용할 수 있는 일에서 의미를 찾는다. 사람은 누구나 자신만의 강점을 가지고 있다. 그러나 대부분의 사람들은 자신이 어떤 강점을 가지고 있는지 모르고 살아간다.

아미나는 배우는 것을 좋아하고, 창의적으로 문제를 해결하며, 정의를 사랑하는 사람이다. 그녀는 의미 있는 삶을 추구했기에 오랜 배움의 고통을 견딜 수 있었다. 나이지리아에서 여자 법대생은 결코 특별한 위치가 아니었다. 그러나 변호사로서 법정에 서겠다는 그녀의 굳은 의지는 특별한 것이었다.

법대를 졸업한 대부분의 여성들은 직접 법정에 나서기보다 뒤에서 지원하거나 학생들을 가르쳤다. 그러다 결혼을 하면 엄마와 아내의 역할에 안주했다. 아미나도 20여 년 동안 다른 변호사 밑에서 일하며 소송 준비하는 일을 도왔다. 많은 것을 배우기도 했지만 좀처럼 자신의 꿈과 가까워질 수 없어 모든 것을 포기하고 싶을 때도 있었다. 하지만 남편의 설득으로 그녀가 믿었던 가치관을 몸소 보여주는 변호사와 일할 수 있었다.

오랜 준비와 기다림 끝에 드디어 아미나는 〈사건 파일〉에 등장하는 영웅들처럼 법정에 설 수 있었다. 그녀는 처음 법정에 서던 날 왠지 모를 불안감에 휩싸였던 기억을 떠올렸다. "재정신청을 하러 법원에 간 첫날, 판사 앞에서 많이 떨었어요. 두려움은 내가 넘어야 할 장애물이었어요. 원하는 것을 이루기 위해서는 그것을 뛰어넘어야 했어요. 나는 스스로에게 '내가 왜 두려워해야 하지?'라고 물었어요. 그러자 비로소 마음이 편안해졌죠."

1999년 아미나는 독립할 기회를 얻었다. 변호사 사무실을 운영하면서 세 자녀도 키웠다. 오늘날 아미나는 직원 5명을 거느리고 있다. 이제 그녀의 꿈은 같은 비전을 가진 변호사 20명과 손을 잡고 법률회사를 설립하는 것이다.

또 그녀는 손자손녀들에게 자신이 맡은 최고의 사건들을 어떻게 들려줄 것인지 고민한다. 자신의 주장이 옳다는 것을 어떻게 입증했는지, 어떻게 상대의 허를 찔러 승소했는지, 패소했을 때 어떻게 용기를 되찾았는지 그들에게 가르쳐주려 한다. "패소했을 때는 나 자신에게 다시금 진실을 일깨워줍니다. 무엇이 잘못되었는지, 다르게 대처할 방법이 있었는지 스스로에게 묻는 거죠. 그리고 그 해답을 가지고 다시 승리를 거둘 준비를 합니다."

일이 단지 돈벌이에 지나지 않다면 휴일이나 필요한 것을 살 만큼의 월급으로 만족할 것이다. 그러나 일이 돈을 버는 수단 이상의 의미, 다시 말해 '커리어'가 된다면 더 큰 만족을 얻을 수 있다. 실력을 갈고 닦아 사회적으로 인정 받는 것처럼 말이다. 가장 좋은 것은 일이 당신의 삶 한가운데를 떠받치는 '버팀목'이 되는 것이다.

아미나는 돈을 내고 소송을 맡기는 고객을 소중하게 여기고, 온 마음을 다해 그들을 변호한다. 한편으로 그녀는 가난한 여성들과 어린 아이들을 무료로 변호해주기도 한다. 아미나에게 일은 그야말로 소명이기 때문이다.

"그들은 글을 읽을 줄 모를 뿐 아니라, 자신이 어떤 권리를 갖고 있는지도 모르고 있어요. 같은 여성으로서 도울 수 있다는 것이 내게는 큰 기쁨이에요. 변호사를 구하지 못해 10년 동안 감옥살이를 하는 아이도 있어요. 그 아이가 수감되기 전에는 도둑질하는 방법을 몰랐다 해도 출감할 즈음 정말 도둑이 될 수도 있어요. 나는 판사에게 그런 아이들의 사건을 맡겨달라고 부탁하죠."

아미나는 일에 있어서 의미가 얼마나 중요한지 경험으로 알고 있다. "열정적으로 일 하다 보면 분명 난관이나 장애물이 나타나게 마련이에요. 그때 굳게 마음먹고 '내 앞에 놓인 장애물을 뛰어넘어야 해'라며 스스로를 타일러야 해요. '나는 할 수 있어'라고 자기최면을 걸면 분명 힘이 생기죠."

그것은 일종의 시험이다. 지금 하는 일에 열정을 다하고 있다면 내 앞을 가로막고 있는 장애물을 향해 정면으로 맞설 수 있다. 반대로 단지 보수나 명성을 위해 하고 있는 일이라면 작은 시련에도 쉽게 포기한다.

눈을 감고 마음의 소리에 귀를 기울여라. 당신의 잠재력이 지금 하고 있는 일에 대해 뭐라고 말하는가? 아미나처럼 본질적인 자아가 느껴지는가? 어른이 되기 전 어린 시절에는 무엇을 꿈꾸었는가? 그저 일 하는 것만으로 행복한가?

당신 안에서 울리는 소리에 귀를 기울이고 곰곰이 생각해보라. 귀에 들릴 만큼 소리가 크지 않아도, 심지어 아무것도 느껴지지 않아도, 마음에 집중하다 보면 그 소리가 강하게 자신을 흔들 것이다.

세상을 뒤흔들 만큼 거창한 의미일 필요는 없다. 매일매일 뜻깊은 활동을 할 수 있는 것이면 충분하다.

 강점을 십분 활용할 수 있는 일에서 의미를 찾아야 한다. 당장 하고 싶어서 엉덩이가 들썩거리는 그런 일 말이다. 열정이 불타오르고 심장이 고동치는 순간, 의미가 바로 당신 앞에 나타났다는 것을 느낄 수 있다.

Chapter 2

당신만의 행복 공식을 가지고 있는가

나는 일이 복잡하게 꼬이는 상황을 오히려 즐긴다. 퍼즐 조각을 맞추는 것처럼 해결책을 찾아내는 일은 흥미로운 도전이다. 그리고 불가능하다고 말했던 사람들과 함께 정답을 찾아내는 일이 무엇보다 재밌다. 그 과정에서 인간의 무한한 잠재력을 목격할 수 있기 때문이다. '할 수 없는 일이란 없다'는 생각이 자리 잡는 것만큼 경이로운 일은 없다.

— 클레어 밥로스키, 토이저러스Toys "R" Us 전 최고운영책임자

일에서 의미는 곧 행복이다. 그렇다면 우리는 언제 행복을 느끼는가? 어릴 때는 단순했다. 들뜬 마음으로 아침에 눈을 뜨지 않았는가? 하고 싶은 게 무엇인지 분명히 알고 있었고, 또 어렵지 않게 그 일을 했다.

그러나 자신보다 부모님, 선생님, 친구들이 기뻐할 만한 일을 하면서 점점 행복을 잃어갔다. 시간이 지남에 따라 누군가 '옳다'고 정해놓은 것을 선택하기 시작한 것이다. 이런 대학을 가면 좋고, 저런 일을 하면 성공한다는 말에 귀를 기울였다. 어른이 되면 가족을 위해 할 수 있는 일이 무엇인지 고민한다. 다른 사람을 기쁘게 해주느라 정작 자신이 원하는 것, 하고 싶은 일을 잊어버리는 것이다.

'나에게 행복을 가져다주는 일이 무엇일까?' 대부분의 여성들은 이 간단한 질문에 제대로 대답하지 못한다. 사실 우리는 이런 생각을 할 시간조차 없이 살아왔다. 어쩌다 여유가 생겼다 해도 다른 사람이 나에게 바라는 것은 잘 들어주지만, 내가 진정으로 원하는 것은 요구하지 못한다. 이유는 단순하다. 그것이 무엇인지 모르기 때문이다. 자신이 어떤 일에 행복을 느끼는지 알아야 잠재력을 발휘할 기회를 붙잡을 수 있다.

조지아 리Georgia Lee는 부모님이나 주변 사람들이 자랑스러워할 만한 모든 일을 어린 나이에 해냈다. 하지만 출세가도를 달리던 중 그녀는 자신이 진정 원하는 일은 하지 못하고 있다는 사실을 깨달았다.

행복 스프레드시트를 작성하라

중국계 미국 이민 2세대인 조지아 리는 처음부터 선택의 한계를 가지고 있었다. "부모님은 내가 의사가 되기를 원하셨어요. 그래서 과학과 수학을 부지런히 공부했죠. 부모님은 예술에 대한 흥미를 북돋워주기는 했지만, 직업으로 삼는 것은 원치 않았죠. 그저 의대에 들어갈 이력을 쌓기 바랐어요."

하버드 대학을 다니면서 조지아는 영화에 관심을 두었다. 그녀는 영화 관련 자료들을 탐독했고, 훌륭한 감독들에 관한 모든 지식을 섭렵했다. 마음속에서 작은 불씨가 타오르기 시작했지만, 착한 딸이었던 조지아는 영화에 대한 열정을 애써 외면했다. 조지아가 생화학 학사 학위를 받았을 때 그녀의 부모님은 무척 기뻐했다. 그러나 그녀는 의학이나 과학 분야로 진출하지 않고 컨설팅 회사 맥킨지앤컴퍼니 McKinsey & Company에 입사했다. 그녀의 부모님은 거의 기절할 지경이었다.

그러나 조지아는 컨설턴트 일에 만족했다. 영향력을 발휘하고 지적인 도전을 할 기회가 많았기 때문이다. "처음 맡았던 일을 지금도 기억해요. 고객 앞에서 두 장짜리 보고서를 가지고 프레젠테이션을 해야 했죠. 너무 긴장해서 전날 밤에 리허설을 했어요. 그리고 프레젠테이션을 마친 다음 '내가 해냈어. CEO인 그가 스물한 살밖에 되지 않은 내 이야기에 귀를 기울이고 수긍했어'라며 흥분했죠."

조지아에게는 일에 관해 훌륭한 조언을 해줄 멘토도 있었고, 재미있는 친구들도 많았다. 백화점에서 명품을 살 만큼 돈도 충분했다. 하버드 경영대학원에 들어가 MBA를 취득한 다음 비즈니스 세계에서 성공하겠다는 명확한 비전도 있었다. 모든 것을 손에 쥐고 있다고 생각했다. 그러나 한편으로는 영화에 대한 미련을 떨칠 수 없었다.

컨설턴트 1년차에 접어들었을 때, 조지아는 휴가를 내고 뉴욕 대학에서 영화 강좌를 수강했다. 그 5주가 그녀의 인생을 바꾸어놓았다. "지금도 어떻게 된 일인지 모르겠지만, 마틴 스콜세지Martin Scorsese 감독이 내가 처음으로 만든 단편영화를 봤어요. 정말 운이 좋았죠." 조지아가 컨설턴트 2년차가 되었을 때 마틴 스콜세지 감독은 영화 〈갱스 오브 뉴욕Gangs of New York〉의 로마 세트장으로 그녀를 초대했다.

조지아는 또 한 번 휴가를 냈다. "정말 어렵게 결정했어요. 다른 사람들은 어떨지 모르지만, 나로서는 결코 쉽지 않은 선택이었죠. 경력을 쌓을 기회를 포기하고 로마행을 택했으니까요. 부모님은 마틴 스콜세지란 사람이 누군지도 몰랐죠. 더구나 그분들은 이제 막 컨설턴트라는 직업을 인정한 상태였어요."

로마에 다녀온 뒤, 조지아는 원래 계획했던 대로 하버드 경영대학원에 들어갔다. 그러나 그녀는 1학기를 다니고 자퇴를 결정했다. 조지아는 지금도 스스로를 '리스크를 싫어하는 사람'이라고 소개하는데, 만족감을 느낄 수 없는 일을 계속하는 것이야말로 그녀에게 위험한 일이었다.

비즈니스 애널리스트답게 분석하는 습관이 몸에 밴 그녀는 하버드 경영대학원을 그만두기 전, 자신의 선택이 얼마나 큰 영향을 미칠지 알아보려 자신만의 '행복 공식'을 만들었다. "행복이나 득실을 철저히 분석했죠. 엑셀로 작성했어요."

그녀가 삶에서 매우 중요하다고 생각하는 것들, 즉 친구나 가족과 함께 보내는 시간, 건강, 일에서 느끼는 행복, 지적 자극 등을 주요 변수로 삼았다. "그리고 스스로 두 가지 질문을 해보았어요. '현재 하고 있는 일을 고집할 때 최선의 시나리오가 무엇일까?' '영화제작자로 진로를 바꿀 때 최악의 시나리오는 무엇일까?' 첫 번째 질문의 답은 비즈니스 세계에서 경력을 쌓아 포춘 50대 기업의 CEO가 되는 거였어요. 두 번째 질문에는 독립영화 몇 편을 제작하지만 큰 성공은 거두지는 못하는 것이라는 답이 나오더군요."

결국 조지아는 영화를 선택했다. "충격적인 사실을 발견했어요. 사업가로서 최고의 자리에 오른다 해도 영화제작자로서 최악의 결말을 맞는 게 더 행복하리라는 생각이 든거죠. 그 순간 하버드 경영대학원이 훌륭한 곳이기는 하지만 내게는 맞지 않다는 것을 깨달았죠. 나는 오래전부터 영화제작자가 되고 싶었어요. 다만 필요한 데이터를 모아 행복 스프레드시트를 작성하고 분석한 다음 같은 답을 얻기까지 오랜 시간이 걸렸을 뿐이죠."

조지아는 로스앤젤레스로 거처를 옮겨 장편영화 〈붉은 문Red Doors〉의 시나리오를 완성한 뒤, 친구들과 합숙 생활을 시작했다. 컨설턴트 경험은 영화를 제작하는 데 큰 도움이 되었다. 상세한 투자계획서를 작성하여 투자자들을 설득하는 데 유용했던 것이다.

조지아는 이 영화로 트라이베카 영화제에서 상을 받았다. 그러나 그것은 단지 첫걸음일 뿐이었다. 성공적인 결과보다 훨씬 더 감동적인 것은 명확한 규칙과 이정표가 있는 익숙한 길을 버리고, 한 장의 지도도 없이 새로운 길을 과감하게 선택한 용기다. 어느 날 갑자기 엄청난 사건이 벌어진 듯 보이지만, 사실 이 모든 것은 사소한 결정으로 이루어졌다. 조지아는 자신이 어떤 일에서 행복을 느끼는지 깨달은 순간

변신을 시도했다.

"환생을 믿는다면 모를까, 인생은 한 번뿐이잖아요. 우울한 말이기는 하지만 누구나 결국은 죽게 마련이라고 생각하면, 모든 속박으로로부터 자유로워질 수 있어요. 그리고 자신이 행복을 느낄 수 있는 일을 해야 한다고 깨닫게 되죠. 우리는 내일 죽을 수도 있고, 30년이나 40년 뒤에 죽을 수도 있어요. 얼마나 남았든 그 시간을 어떻게 보내고 싶은가요? 아끼는 사람들과 좋아하는 일을 하며 보내는 것이 낫지 않겠어요? 나는 그렇게 생각해요."

행복의 단서는 과거에 있다

'행복 스프레드시트'에 무엇을 채울까? 버지니아 대학 심리학과 교수이자 《명품을 코에 감은 코끼리, 행복을 찾아 나서다The Happiness Hypothesis》의 저자 조너선 하이트는 행복의 세 가지 원천을 가지고, 'H=S+C+V'라는 행복 공식을 만들었다.

$$행복(H)=유전적\ 기본값(S)+삶의\ 조건(C)+자발적\ 활동(V)$$

유전적 기본값Set point은 타고난 기질이기는 하지만 정해진 범위 안에서 최고 수준까지 끌어올릴 수 있다. 유전적 기본값을 크게 올리고 싶다면 명상이나 행동치료의 도움을 받아야 한다.

삶의 조건Condition of life은 환경이 완전히 바뀌었을 때보다 일부만 바뀌었을 때 행복지수에 지속적인 효과를 발휘한다. 한 연구에서 어느 날 갑자기 환경이 바뀐 두 집단을 조사했다. 하나는 복권 당첨자들이고, 다른 하나는 갑작스런 사고로 하반신이 마비된 환자들이었다. 인생이 통째로 바뀐 그들의 행복지수를 측정하자 놀라운 결과가 나왔다. 복권이 당첨된 사람들은 처음에는 매우 행복했지만 몇 달 후 무덤덤해졌다. 하반신이 마비된 환자들은 사고 직후 삶을 비관했지만, 시간이 지나자 행복지수가 사고 이전으로 회복되었다. 이처럼 삶의 환경이 크게 바뀌면 일시적으로 행복(혹은 불행)을 느낄 수는 있지만 곧 원점으로 돌아간다. 도리어 환경을 약간만 바꾸면 지금보다 더 행복해질 수 있다. 예를 들어 아침 출퇴근 시간이 줄어드는 것만으로도 행복을 느낄 수 있지 않은가.

행복 공식에서 가장 큰 변수는 자발적 활동Voluntary activities, 즉 '자신의 강점을 이용하고 적극적으로 참여해 만족감을 얻는 일'이다. 우리는 하고 싶은 일을 할 때 행복을 느낀다.

그렇다면 행복을 느끼는 일과 현실적인 직업 사이의 교차점은 어디일까? 우선 어릴 적 꿈을 다시 떠올려볼 필요가 있다. 케이블 텔레비전 네트워크 개척자 게리 레이본은 이렇게 말한다. "젊은이들과 이야기를 나눌 때, 나는 항상 그들이 어린 시절 얘기를 꺼내도록 유도해요. 사람들은 본래 정직하거든요. 그래서 자신이 어떤 사람인지, 어떤 일에 열정이나 매력을 느끼는지 진지하게 생각할 기회를 주면 스스로 원하는 것을 찾아내죠."

최근 커다란 성취감을 안겨주었던 일을 떠올려보는 것도 좋다. 지난 몇 년을 되돌아보고 일을 하면서 느꼈던 절정의 순간들을 되짚어보라. 어떤 일이었고, 누구와 함께했으며, 흥분하면서 매달렸던 목표가 무엇이었는지 생각해보라. 나를 잘 아는 동료와 함께 지난날을 더듬어

보면 더 쉽고 재미있게 원하는 답을 찾을 수 있다.

한 가지 기억할 것은 일시적인 기쁨이 아니라 지속적인 행복이라는 점이다. 짧은 쾌락과 혼동해서는 안 된다. 직장에서 승진하거나 보너스를 타서 행복하다고 느끼는 것은 단 며칠뿐이다. 이것은 행복이라할 수 없다.

진정으로 좋아하는 일이 무엇인지 단서를 찾기 위해 유년 시절을 더듬어가던 조지아는 자신이 스케이팅을 매우 좋아했었다는 사실을 기억해냈다. 그녀의 아버지는 종종 홈무비home movie로 아이스링크에서 노는 자신과 동생의 모습을 찍곤 했다. 덕분에 어릴 때부터 카메라에 흥미를 가졌다. 조지아의 장편 데뷔작 〈붉은 문Red Doors〉에는 홈무비 장면이 일부 들어가 있다. 그녀는 영화에 대한 열정의 불씨를 지펴준 유년 시절에 경의를 표하고 싶었다.

우리가 만난 여성 리더들 가운데 상당수가 과거 운동선수였던 경력이 있다. 선수생활을 하면서 경쟁과 승리에 익숙했고, 팀워크의 중요성을 실감할 수 있었다. 그녀들이 훗날 리더가 되어 팀을 이끌고, 높은 목표를 세우며, 승리의 쾌감을 추구하는 것도 그리 놀라운 일은 아니다.

또 다른 여성 리더들은 어릴 적 출근하는 아버지를 따라나서곤 했다고 말한다. 토이저러스의 전 최고운영책임자 클레어 밥로스키는 아버지의 의무실 청소를 도와주었던 일을 떠올렸다. 그녀는 선반에 널린 약병들을 가지런히 정리하고 나서 뿌듯한 기분을 느꼈다. 그로부터 몇십 년 뒤, 그녀는 어린 시절 부지런히 일하고 재빠르게 움직였던 것이 자신의 적성을 보여주는 전조였음을 깨달았다. 근면한 기질이 기업 경영으로 이어졌던 것이다.

행복의 열쇠는
자신 안에 있다

당신도 행복 스프레드시트를 가지고 행복 공식을 만들 수 있다. 좋아하는 일을 목록으로 만들어보는 것도 하나의 방법이다.

줄리아 카메론Julia Cameron이 그녀의 저서 《아티스트 웨이The Artist's Way》에서 제안한 방법처럼 일지를 쓰는 것도 좋다. 그녀는 본래 예술가들이 창의력을 십분 발휘하도록 돕기 위해 독창적인 방법을 개발했다. 지금은 예술가뿐 아니라 자신의 재능을 끌어올리고 싶어 하는 많은 사람들에게 이용되고 있다. 그 방법은 매우 간단하다. 우선 매일 아침 시간을 내어 일지를 쓴다. 무슨 내용이든 상관없다. 너무 바빠서 매일 쓸 수 없다면 주말에만 써도 좋다.

아직 이 정도의 노력을 기울일 만큼 마음의 준비가 되어 있지 않다면 어릴 적 열정을 가지고 했던 일들을 이 책 어딘가에 적어보는 것도 좋다. 혼자만의 시간을 가지면서 마음 깊은 곳에서 들려오는 목소리와 감정에 집중해보자.

성찰에는 시간이 필요하다. 언제나 통찰력 있는 대답이 바로 떠오르지는 않기 때문이다. 스스로에게 시간을 많이 할애할수록 좋다. 자신에게 몰입하는 중에 커다란 변화가 일어날 것이다. 당신이 생각보다 훨씬 더 많은 에너지, 다시 말해 당신 자신을 위해 충분히 쏟아붓고도 남을 만큼 많은 에너지를 갖고 있음을 알게 될 것이다.

행복이 어디에서 오는지 알면 조지아처럼 용감하게 두려움을 극복하고 새로운 길과 목표를 찾을 수 있다. 장애물을 극복할 수 있는 힘이 생긴다. 아무리 어려운 일도 힘들지 않고, 오랜 시간이 길게 느껴지지

않는다. 더 빨리 좌절을 극복하고, 매일매일 즐거운 일을 더 많이 찾아
낼 수 있다.

자신의 마음을 더 깊이 파고들면 행복을 어디에서 찾을 수 있는지
알 수 있다. 행복의 열쇠는 당신 안의 깊숙한 곳에 숨어 있다. 그러므로
오직 당신만이 찾을 수 있다.

Chapter 3

약점보다 강점에 집중하라

유머 감각은 분명 나의 강점이다. 더불어 나는 낙천적인 성격을 가지고 있다. 아침에 눈을 떴을 때 나는 항상 어제보다 나은 오늘이 되리라 생각한다. 나의 또 다른 강점은 한 걸음 물러날 때가 언제인지 아는 것이다.

— 캐릴 스턴, 유니세프 US펀드 대표이사 겸 CEO

　　타고난 소질을 파악하기 힘들거나 삶의 환경이 큰 도움이 되지 않을수록 어떤 일을 하느냐가 무엇보다 중요하다. 열정에 불을 지필 수 있는 일을 선택해야 한다.

　　물론 말은 쉽지만 실천하기는 쉽지 않다. 하루하루 바쁘게 지내다 보면 열정적으로 뛰어들 만한 일이 무엇인지 생각할 여유조차 없다. 그렇게 시간을 계속 보내다가 결국 열정이 무엇인지조차 잊어버리기도 한다.

　　자신에게 적합한 일을 찾는 가장 확실한 방법은 '강점'에 초점을 맞추는 것이다. 대부분의 사람들은 약점을 보강하는 데 많은 시간을 할애한다. 부모님과 선생님도 좋은 뜻에서 나의 약점을 지적한다. 성과 평가 역시 그러하다. 어떤 때는 온 세상이 나의 약점을 쳐다보고 있는 듯하다.

　　약점을 보완하기 위해 자기계발에 대한 값진 계획을 세웠더라도, 그것을 실천하기 전에 자신의 강점을 먼저 파악하는 것이 좋다. 그러면 보다 의미 있는 일을 하면서 더욱 큰 성취감을 느낄 수 있다.

　　세계 최대 잡지 출판업체 타임Time Inc.의 전 CEO 앤 무어Ann Moore는 늘 자신의 강점을 살릴 수 있는 일을 찾는다. 그녀가 훗날 타임의 중심이 될 잡지 출판에 투자한 것이나, 새로운 콘셉트로 잡지를 기획할 수 있었던 이유는 간단하다. 우선 자신의 강점을 잘 파악하고, 그것을 최대한 활용할 수 있는 일을 했기 때문이다.

강점으로
승부하다

앤은 6학년이 되기 전까지 공군이었던 아버지를 따라 미국 미시시피 주 빌럭시에서 일본까지 여섯 차례나 전학을 다녔다. 그 덕분에 그녀는 일찍부터 환경의 변화를 쉽게 받아들이고, 적응을 할 줄 알았다. 또한 맏이로 자라면서 리더십이라는 또 하나의 강점을 키울 수 있었다. "어릴 적부터 책임감이 있었어요. 어머니의 영향을 많이 받았죠. 어머니는 가정을 돌보고, 가족들을 챙겼어요. 게다가 학교 활동뿐 아니라 교회 활동이나 지방정치위원회 활동도 열심히 하셨죠. 어머니는 내가 아는 사람들 가운데 가장 부지런하고 능력 있는 분이었어요. 그리고 설득력이 뛰어나서 어머니가 옳다고 생각하는 일을 따를 수밖에 없었죠."

앤의 어머니는 보통 여자아이들처럼 딸이 간호사가 되기를 바랐다. 하지만 앤은 전혀 다른 꿈을 꾸었다. "부모님은 딸 셋과 아들 둘을 두었어요. 아버지는 스포츠광이었는데 남동생이 태어나기 전에 딸밖에 못 얻을 팔자라고 체념하시고는 내가 5학년 때 크리스마스 선물로 농구공을 사주셨죠. 난 부모님 앞에서 멋지게 골을 넣는 묘기를 보여주고 싶었어요." 비록 프로 농구선수가 되지는 못했지만, 스포츠는 앤의 삶에 큰 영향을 미쳤다. "농구가 내 삶에 중대한 영향을 미쳤다고 생각해요. 하버드 경영대학원을 졸업하고 타임에 들어간 것도 스포츠 전문 잡지 〈스포츠일러스트레이티드 *Sports Illustrated*〉를 만들고 싶었기 때문이었죠."

앤은 자신이 그래온 것처럼 다른 사람들에게도 자신의 강점을 적극적으로 이용하라고 조언한다. "의미 있는 일을 찾고 싶다면, 우선 당신이 누구인지 알 수 있는 단서들을 모아보세요. 이상하게도 많은 사람들이 숫자놀음을 좋아하지 않는다면서 은행원이 되고, 사명감도 딱히 없으면서 판사가 되려고 해요. 왜 자신의 강점을 활용하지 않는 걸까요? 강점에 집중할 때 더 멀리 나아갈 수 있어요. 누구나 자신만의 강점을 가지고 있거든요."

앤은 자신이 원하는 일을 위해 커리어를 깎아내릴 수도 있는 위험까지 감수하며 소신껏 밀고 나갔다. "승진 제의를 거절한 적이 있어요. 당연히 경영진들은 못마땅하게 여겼죠. 승진이 나쁜 일은 아니었지만 나에게 맞지 않는 옷이었어요. 그 제의를 거절하는 바람에 난처한 입장에 놓이게 되었죠. 하지만 어쩔 수 없었어요. 단지 승진을 이유로 흥미 없는 일에 뛰어드는 것은 옳지 않으니까요."

성공한 친구들을 보면서 앤은 스스로를 잘 알고 있는 사람들이 행복하다는 것을 깨달았다. "성공한 사람들은 자신이 어떤 사람인지 누구보다 잘 평가하고 있어요. 자신이 어떤 가치관을 갖고 있는지 알기 때문에 그에 따라 결정을 내리죠."

앤이 타임의 오래된 잡지 〈타임〉, 〈포춘〉, 〈피플〉에서 벗어나 새로운 잡지를 출간할 수 있었던 것도 '자기평가' 덕분이다. 새로운 잡지를 창간하는 것은 꽤 위험한 일이다. 그것은 소비자의 새로운 욕구를 끌어내는 창의력과 새로운 간행물을 후원할 광고시장이 뒷받침되어야 한다.

"타임에 입사했을 당시 발행하고 있는 잡지가 다섯 종류였어요. 더구나 〈피플〉 말고는 모두 남자들을 주대상으로 한 것이었죠. 1984년에 아들이 태어났어요. 나는 내 아이가 읽을 만한 잡지를 내고 싶었죠. 그래서 〈어린이를 위한 스포츠일러스트레이티드*Sports Illustrated for Kids*〉를 만들었어요. 내가 처음 창간한 잡지죠.”

모험을 두려워하지 않는 대담함은 분명 앤의 강점이다. 그 덕에 그녀는 팀을 이끌고 새로운 영역을 개척했다. 모든 사람들이 처음부터 〈인스타일*In Style*〉의 콘셉트에 공감한 것은 아니다. “당시엔 모두 비웃었죠. 그로부터 3년이 지났을 즈음에는 더 이상 그런 사람들이 없었어요.” 앤이 이끄는 팀은 뷰티·패션 잡지의 고정관념을 깨뜨렸고, 그 결과 정상에 올라섰다.

생활 정보 잡지 〈리얼심플*Real Simple*〉도 크게 다르지 않다. “창간호를 보고 모두 웃었어요. 정말 엉망이었거든요. 하지만 이 잡지에 대한 확신이 있었어요. 타임에서 못 만들면 회사를 그만두고 나가서 새로 창간할 거라고 공공연히 말할 정도였죠. 우리 팀은 정말 고집불통이었어요.” 〈리얼심플〉은 창간 2년 만에 또 하나의 주력 잡지로 인정받았으며 지금까지 사랑받고 있다.

그녀는 현실을 직시하고, 그것을 바탕으로 과감히 결정을 내리는 강점 또한 가지고 있다. “〈메이크오버매거진*Makeover Magazine*〉이라는 잡지를 발행한 적이 있어요. 처음에는 꽤 괜찮은 아이디어처럼 보였죠. 하지만 막상 만들고 나서 그렇지 않다는 것을 깨달았어요. 포커스 그룹*focus group*(12~15명이 하나의 주제나 쟁점을 논의하기 위해 모인 표본 집단)에 참여한 여성들 모두, ‘고맙지만 사양할래요. 내 헤어스타일이랑 메이크업을 바꿀 수는 있겠지만 지금 내 삶이 좋아요’라는 거예요. 그래서 그다음 호까지만 더 만들고 접었죠.”

자신의 강점을 찾기까지 적지 않은 시간이 걸린다. 그리고 그것을 역량으로 발전시키는 데는 훨씬 더 많은 시간이 필요하다. 앤은 자신의 강점을 역량으로 발전시킬 줄 안다고 스스로 말한다. 그러나 그녀는 하룻밤 사이에 그런 능력이 생긴 것은 아니라고 강조한다. "1백 미터 달리기보다 마라톤이라고 할 수 있어요. 정상까지 올라가기 위해서는 제대로 준비될 때까지 서둘러서는 안 돼요." 25년 동안 경험을 쌓은 끝에 앤은 중역 자리에 오를 수 있었다.

당신의 강점은 무엇인가

한 걸음 물러나 여유를 가지고 당신이 잘하는 일이 무엇인지 생각해보라. 어떤 일을 남들보다 쉽게 하는가? 어떤 일을 할 때 시간이 빨리 가고, 어떤 일을 할 때 시간이 더디게 흐르는가?

골드먼삭스Goldman Sachs의 유명 여성 투자전략가인 애비 조지프 코언Abby Joseph Cohen은 이렇게 조언한다. "자신이 무엇을 잘하는지, 무엇을 즐기는지 솔직하게 내세워야 합니다. 그리고 잘하는 일, 즐기는 일을 직업으로 삼아야 합니다. 24시간 내내 만족감을 느낄 수는 없겠지만, 주말이나 월말 혹은 연말에는 성취감이나 만족감을 느낄 수 있는 일이어야 합니다."

다른 사람들이 가지지 못한 당신의 능력은 무엇인가? 다른 사람도 그것을 당신의 강점이라고 인정하는가? 강점을 발휘하여 일할 때 가슴이 뛰고 힘이 솟는가? 그렇다면 당신은 강점을 찾은 것이다.

그러나 우리가 만난 여성 리더들 중에서도 '당신의 강점이 무엇이냐'는 물음에 자신 있게 대답하는 사람은 드물었다. 다음의 강점 리스트를 이용하면, 당신만의 강점을 찾는 데 도움이 될 것이다.

긍정심리학자 마틴 셀리그먼과 크리스토퍼 피터슨Christopher Peterson은 지역, 종교, 연령 면에서 광범위한 집단을 조사한 결과 일반적으로 볼 수 있는 25가지 강점을 찾아냈다.

- 지혜 : 호기심, 학구열, 판단력, 창의력, 감성지수, 균형감각
- 용기 : 담력, 인내력, 성실
- 인간애 : 친절, 사랑
- 정의감 : 시민의식, 공정성, 리더십
- 절제력 : 자제, 신중함, 겸손
- 초월성 : 심미안, 감성, 감사, 희망, 영성, 관대함, 유머 감각, 열정

25가지 강점을 가지고 자신과 연관 있는 순으로 순위를 매겨보자. 그중 상위 다섯 가지 강점을 찾아내는 한 가지 방법은 당신을 가장 잘 아는 사람에게 물어보는 것이다. 친구, 배우자, 혹은 자녀들이 당신보다 더 당신을 잘 알 수도 있다. 직장 상사는 당신의 어떤 점이 뛰어나다고 말하는가? 고객은 당신의 어떤 점을 신뢰하고 좋아하는가? 어머니는 뭐라고 말하는가?

그런 다음 상위 다섯 가지 강점들을 어떻게 이용하고 있는지 생각해본다. 확실하게 성공했던 경험들을 되짚어보고, 성공한 이유를 깊이 파고들어본다. 그러면 당신이 일에 활용하고 있는 강점이 무엇인지 알 수 있을 것이다.

지금 하고 있는 일에 강점을 충분히 이용하고 있지 않다면, 더 의미 있는 일이 무엇일지 생각해봐야 한다. 잘 모르겠다면 열정적으로 일하는 동료들에게 일의 어떤 점을 사랑하는지 물어보라. 공감을 하지 못

한다면 더 깊이 시간을 두고 고민해봐야 한다.

그러나 새로운 일을 찾을 때까지 강점을 이용하지 않고 그저 기다리는 어리석음을 범하지 마라. 상위 다섯 가지 강점 가운데 하나가 친절이라면 일상생활에서 친절을 베풀 기회를 찾아내라. 호기심이 가장 큰 강점이라면 지금 일하는 곳에서 새로운 문제를 찾아내라. 그러면 활력을 얻을 수 있을 것이다. 강점은 계속 쉬지 않고 훈련하면 할수록 발전한다.

매일 모든 일에서 강점을 이용하려고 노력하면, 만족감을 느끼고 에너지가 넘치며 마음이 가벼워진다. 놀라울 정도로 긍정적인 결과를 얻을 수 있을 것이다.

Chapter 4

목적은
인생의 나침반이다

나는 내 꿈이 무엇인지 알고 있고, 또 그 꿈을 이루어가고 있다. 사람들은 나를 강인한 여자라고 말할 것이다. 하지만 내가 꿈을 이루고자 하는 이유는 강인해지기 위해서가 아니라 자유롭고 싶기 때문이다.

— 마리아 에스터 랜다 키로크, 산타마리아인더스트리즈Santa Maria Industries 창립자

단지 재미로 어떤 일을 시작할 때가 있다. 그렇다 하더라도 강점을 활용하여 집중하다 보면 큰 만족감을 느끼게 되는데, 이 경험을 '몰입'이라고 한다.

몰입은 그 자체로 좋은 것이다. 행복을 느낄 수 있기 때문이다. 당신이 테니스 선수든, 컨설턴트든, 영화 감독이든 일에서 성취감을 느낀 적이 있다면 몰입이 어떤 순간을 뜻하는지 알 것이다.

성공한 여성 리더들 대부분은 뚜렷한 목적을 가지고 일에 임한다고 말한다. 목적은 그 사람이 지나온 자취를 들여다볼 수 있는 렌즈와 같다. 삶의 원동력이며, 영감의 원천이다. 목적은 변화를 이루어내는 길, 행복을 향하는 길로 우리를 인도하는 나침반이다.

어떤 여성들은 매우 어릴 때부터 인생의 목적을 찾아낸다. 또 어떤 이들은 몇 년 동안 이리저리 헤맨 뒤에야 삶의 의미를 발견한다. 그러나 언제 어떻게 찾아내는지는 중요하지 않다. 목적이 있는 삶을 살아간다는 것 자체가 축복이다.

편한 길만 길이 아니다

옥시전네트웍스Oxygen Networks 창립자이자 전 CEO 게리 레이본Gerry Laybourne의 아버지는 사업가였고, 어머니는 라디오 성우였다. 그녀는 예쁘고 활동적인 언니와 똑똑한 여동생 사이에서 늘 샌드위치 신세였다. 게리가 두 자매 사이에서 돋보일 방법이 없었다. 그러던 어느 날 아버지가 그녀만의 강점을 찾아냈다. "아버지가 나를 보더니 '너는 아빠의 비즈니스 동료다'라고 말씀하셨어요. 아버지는 토요일마다 나를 사무실에 데려갔고, 주식 표준 약칭stock symbol(상장된 기업의 주식에 붙은 표준 약칭)에 대해 묻곤 했죠. 열여섯 살 즈음부터 여름방학이 오면 아버지 사무실의 살림을 도맡아 했어요. 아버지는 내가 자신보다 사람을 더 잘 볼 줄 안다고 생각하셨죠. 그래서 중요한 회의가 있을 때 종종 나를 데리고 나갔어요. 비즈니스 세계를 경험하며 자랐기 때문에, 그 분야에 자신감을 갖게 되었어요."

게리는 건축학을 공부하기로 결심하기도 했다. 하지만 오래가지 않았다. 인생을 제대로 설계해보기도 전에 위생설비 도면을 그리고 있는 미래의 자기 모습이 그려졌기 때문이다.

결국 게리는 도심 빈민가의 학교에서 영화제작을 가르치는 남편의 영향을 받아 교육학 학위를 따고 작은 사립학교에서 근무했다. 읽고 쓸 줄 모르는 아이들을 보면서 게리는 자신의 삶의 목적을 어렴풋이 깨달았다.

1980년, 어린이를 위한 오락 채널 니켈로디언Nickelodeon에 합류할 당시만 해도 그녀는 아이들이 미디어를 보는 방식에 대해 잘 알지 못했다. "나는 정말 텔레비전에 대해 전혀 신경 쓰지 않았어요. 그저 아이들에게는 텔레비전이 좋지 않다고만 생각했죠. 그래서 아이들 눈높이를 맞출 생각은 하지 않고, 그저 품위 있는 오락 프로그램만 만들면 된다고 생각했어요."

처음 니켈로디언에서 그녀는 우왕좌왕했다. "성공도 했지만, 크게 실패한 적도 많았어요." 그녀는 큰 실패가 훌륭한 배움의 기회라는 것을 체감했다. "일명 〈터키TV〉라는 프로그램에 어떤 프로그램보다 많은 예산을 쏟아부었어요. 그 일을 하면서 배운 첫 번째 교훈은 비웃음 거리가 될 만한 이름을 붙여서는 안 된다는 거예요. 노르웨이 게임 프로그램, 이탈리아 게임 프로그램, 광고, 세계 전역의 코미디 프로그램들이 패러디할 정도였어요. 우리는 그 프로그램에 전체 프로그램 예산의 절반에 해당하는 150만 달러를 썼어요. 연휴에 온 가족이 둘러앉아 그 프로그램을 보는데, 아들이 왈칵 울음을 터뜨리며 '엄마, 다시는 방송일 하지 마세요'라는 거예요. 그 정도로 엉망이었어요. 하지만 그 사건으로 많은 것을 배웠고, 실패를 발판으로 계속 나아갈 수 있었어요."

니켈로디언에서 게리는 개인적인 성공보다 더 큰 포부를 갖고 있었다. "우리가 어린이 프로그램의 새 지평을 열 수 있다고 생각했어요. 내 경력 따위는 걱정하지 않았어요. 심지어 생각할 시간도 없었죠. 이 일을 잘해내야 한다는 사명감에 불타고 있었으니까요."

그러나 모든 사람들이 이 원대한 목적에 공감했던 것은 아니다. 그녀는 한 여성 부하직원이 한 말을 기억했다. "그녀는 내게 와서 부사장이 될 생각이 없느냐고 물었어요. 나는 '승진에 신경 쓸 겨를이 없어요. 나는 정말 아이들을 위한 프로그램을 만들고 싶어요'라고 말했죠. 그랬더니 그녀가 '당신이 그렇게 야망이 없는 사람이라면, 나는 다른 곳으로 자리를 옮기고 싶습니다'라더군요. 그래서 그러라고 했어요. 내게도 야망이 있었어요. 다만 나만을 위한 작은 야망이 아니라 세상을 바꾸고 싶다는 커다란 야망이었어요."

게리가 택한 길은 '비포장도로'였다. 새로운 영역을 개척하려면 자유와 동시에 리스크를 떠안을 수밖에 없다. 게리는 그러한 기회를 행운으로 받아들였다. 케이블 방송은 전통적으로 남성들이 치열하게 경쟁하는, 말하자면 사람들이 선호하는 직장이 아니었다. "케이블 관련

직종은 인기가 없었죠. 케이블 방송국에서 일한다고 하면, ‘안됐네’라는 눈빛으로 바라보곤 했죠. 하지만 그렇기 때문에 여성들이 더 많은 기회를 가질 수 있었다고 생각해요.”

오늘날 게리는 고학력 여성들을 염려한다. 목적의식 없이 사회에 첫발을 내딛는 경우가 많기 때문이다. “훌륭한 교육을 받았는데도 어찌할 바를 모르는 여성들이 종종 있어요.” 그중 간혹 게리에게 전화를 걸어 조언을 구하는 여성들도 있다. “내게 전화를 걸어 ‘그 일을 하고 싶지는 않아요. 그렇다고 하지 않겠다고 하면 내가 무능해 보이겠죠?’라고 물어요. 그러면 나는 ‘그렇지 않아요. 당신이 정말 원하는 일을 찾으세요’라고 대답합니다.”

게리는 일의 의미가 남녀 모두에게 중요하지만, 여성들은 일 자체에서 의미를 찾는 경우가 더 많다고 말한다. “남성들은 보다 높은 자리를 차지하는 데 훨씬 더 신경 쓰죠. 그들은 ‘내가 이기려면 누군가를 밟고 올라서야 한다’고 생각해요. 그러나 여성들은 더 의미 있는 일이 무엇인지를 따지죠.”

그리고 여성들만이 가지는 강점이 분명 있다고 강조한다. “여성들의 강점은 힘든 일을 곧잘 잊어버린다는 거예요. 첫 아이를 그렇게 힘들게 낳았는데도, 얼마 뒤에 둘째를 갖고 싶어 하는 것만 봐도 알 수 있죠. 저도 첫 번째 프로그램을 새로 만드느라 힘들었는데, 두 번째 프로그램 제작에 또 뛰어들었어요. 물론 일을 하다 보면 숨도 쉬기 어려울 때가 있죠. 하지만 나중에는 그저 좋았던 일만 기억에 남아요. 그 과정들이 모두가 다 의미 있고, 전부 완벽하게 맞아떨어졌다고 생각하거든요.”

작은 걸음으로
시작하라

　게리의 이야기에서 알 수 있듯이 의미 있는 원대한 목표를 세우는 것이 무엇보다 중요하다. 그러면 목표를 향해 조금씩 나아갈 때 커다란 성취감을 맛볼 수 있다.

　골드먼삭스의 부회장을 지낸 적이 있는 수전 노라 존슨Suzanne Nora Johnson은 이렇게 말한다. "나는 종종 내일 죽는다면 어떤 일을 잘했다고 생각할지 따져보곤 합니다. 내가 과연 세상을 조금이라도 나은 방향으로 바꾸었을까?" 그녀는 대학을 졸업하고 일자리를 찾던 때를 떠올리며, "중대한 변화를 일으킬 수 있는 일, 혹은 세상을 바꾸는 일을 하고 싶었어요."라고 말한다.

　수전은 세계은행World Bank에서 일하는 것이 꿈이었지만, 세계은행은 그녀를 채용하지 않았다. 얼마 안 있어 그녀는 골드먼삭스에 입사했고, 그곳에서 라틴아메리카의 부채 구조조정을 도왔다. 그녀는 여러 가지 방식으로 세계와 소통했고, 개발도상국에서 수천 개의 일자리를 창출하는 데 일조했다. 또한 그녀는 월스트리트에서 가장 영향력 있는 기업 가운데 하나인 골드먼삭스에서 최초의 여성 리더가 되었다. 비록 원하던 세계은행에 들어가진 못했지만 방향을 수정하여 세상을 바꾸겠다는 목표는 이루었다.

　심리학자 탈 벤 샤하르Tal Ben-Shahar는 무엇이 나에게 의미 있는 일인지 알 수 있는 실용적인 방법을 제안했다. 그는 먼저 세 가지 리스트를 작성해보라고 권한다. 좋아하는 활동, 자신의 강점, 중요하게 생각하는 것을 각각 적어본다. 게리는 예술 활동, 팀 활동, 아동교육을 좋아한다. 그리고 호기심, 리더십, 독창성, 인내심 같은 강점들을 가지고 있고, 세상을 바꾸는 일이 중요하다고 생각한다.

세 가지 리스트를 보면서 일정한 패턴과 함께 두드러진 공통점을 찾아본다. 게리의 경우 공통점은 어린이 교육용 오락 프로그램이었다.

그다음 세 가지 리스트의 공통점과 지금 하고 있는 일을 비교해보고, 목적에 맞게 일을 조정할 수 있는지 살펴본다. 혹은 다른 사람들(동료들)과 함께 각자의 목적에 대해 이야기를 나누어본다.

자신에게 의미 있는 일이 무엇인지 알게 된다면 일을 하는 과정이 늘 행복하게 마련이다. 나아갈 방향을 알고 있으면 지도를 볼 필요가 없다. 지도에서 눈을 떼면 얼마든지 경치를 감상하며 신선한 공기를 들이마실 수 있다. 스스로 흥미를 느끼고 성장할 수 있는 중대한 목표가 있으면 일상에서 피로를 덜 느끼게 마련이다. 앞으로 이루고 싶은 확실한 무언가가 있다면 오늘 사소한 결정으로 번민하지 않아도 된다. 잠시 길을 잃을 수도 있다. 그리고 항상 옳은 길만 갈 수도 없다. 그래도 모두 괜찮다.

오랫동안 자신을 지탱해줄 의미 있는 목표를 찾는 것이 중요하다. 의미 있는 목표란 스스로 의욕을 가지고 도전하는 것이다. 단지 승진을 위한 계획이나 특정한 지위에 집착하는 것은 결코 이롭지 않다. 만약 그 목표를 이루지 못하게 되었을 때 스스로 무너지고 만다. 이런 사람들은 목표를 달성하는 과정도 즐기지 못 한다.

자신에게 의미 있는 일이 무엇인지 모르면서 그 자리에 머물러 있는 사람들이 있다. 그들이 당장 진정한 의미를 찾아나서지 않는 이유는 무엇일까? 지금 가지고 있는 지위나 위치, 처해 있는 상황이나 익숙한 생활이 위태로워질 수 있기 때문이다.

그러나 다시 생각해보라. 과연 의미 없는 일을 계속할 수 있을까? 사람들이 부러워할만한 일은 아니지만 행복한 것과 행복을 거의 느낄 수 없는 무의미한 일에 갇혀 사는 것 중 어느 쪽이 더 나은 삶일까?

한 걸음 한 걸음 인생의 목표를 향해 나아가라. 그 첫걸음이 너무 작다고 걱정하지 마라. 그것이 성장의 발판이 되어 새로운 기회의 문을 열어줄 것이다. 그리고 그 문이 지금은 당신 안에 숨은 더 큰 열정을 일깨울 것이다.

Chapter 5

꿈이
곧 힘이다

내 인생의 *전환점은* "이제 지휘를 머릿속에서 지우고, 당신 자신과 음악으로 돌아오라."는 거장 레너드 번스타인의 한 마디였습니다. 전 그 말을 듣고 생각했죠. "더 이상 잃을 게 없어. 이제 노력하는 것 뿐이야."라고요.

— 마린 앨솝, 볼티모어 심포니 음악감독

인터뷰 당시 알론드라 데 라 파라Alondra de la Parra는 서른도 되지 않은 젊은 나이였다. 그러나 그녀는 열정적으로 일할 때, 다른 사람들과 함께 의미 있는 목표를 세울 때, 책임감을 가지고 기회에 집중할 때, 꿈을 이룰 수 있다는 것을 알고 있었다.

알론드라는 자신의 꿈인 지휘자가 되기 위해 고국 멕시코를 떠났다. 그로부터 4년 뒤 스물세 살의 나이에 뉴욕에서 아메리카필하모닉 오케스트라를 창단했다.

꿈을 꾸다, 그리고 실행하다

어려서부터 피아노와 첼로를 배운 나는 항상 음악과 사랑에 빠져 있었다. 부모님 역시 음악을 사랑하여 종종 나를 데리고 연주회에 가곤 했다.

내가 열세 살 때 아버지는 "너는 왜 지휘자에게는 한 번도 관심을 보이지 않니?"라고 물으셨다. 나는 망설이지 않고 "지휘자는 별로 하는 일이 없잖아요."라고 대답했다. 그러자 아버지는 자상하게 말씀하셨다. "그렇지 않단다. 지휘자는 그 연주에 대해 가장 잘 아는 사람이란다. 그는 모든 연주자들의 파트를 충분히 파악하고, 조화를 이끌어 낸단다."

그때부터 나는 "내가 하고 싶은 일을 선택할 수 있다면, 그리고 무엇이든 될 수 있다면, 나는 지휘자가 될 거야."라고 생각했다. 그렇다고 어떻게 하면 지휘자가 될 수 있는지 알고 있던 것은 아니다. 오히려 전혀 몰랐다. 그러나 아버지는 단 한 번도 "그건 불가능해."라고 말한 적이 없었다. 언제나 나를 격려해주었다.

지휘자는 음악이론을 잘 알아야 한다고 생각한 나는 열심히 공부했다. 열아홉 살이 되었을 때 본격적으로 지휘 공부를 하기 위해 뉴욕으로 떠났다. 당시 나는 "지휘자는 음악에 관한 것 말고 무엇을 더 알아야 할까? 우선 오케스트라가 어떻게 운영되는지 알아야겠어."라고 생각했다. 그래서 어느 오케스트라에 수습단원으로 들어갔다. 그곳에서 내가 하는 일은 의자와 무대를 세팅하거나 조명을 설치하고, 청소를 하거나 사진을 복사하는 것이었다. 그곳에서 나는 거의 9개월 동안 무보수로 일했다.

그리고 나는 스스로에게 도전과제를 주었다. 잡다한 일들을 처리하러 오케스트라 연습장에 갈 때마다 마치 내가 지휘자인 것처럼 미리 작품을 공부하고 뒤에서 지켜보았다. 많은 지휘자들이 예행연습을 하는 모습을 눈에 담으면서, '내가 지휘자가 될 수 없을지도 모르지만, 오케스트라에 관해 모르는 건 없을 거야'라고 생각했다.

지금 돌이켜보면 그것이 '열쇠'였다. 그때의 경험을 통해 나는 목표를 향해 곧장 나아갈 수 없다면 부족한 빈틈들을 메워나가는 방법을 선택해야 한다는 것을 깨달았다.

최고의 순간을 가슴에 담다

처음 뉴욕에 갔을 때 나는 지휘자 양성 프로그램에 등록하고 싶었다. 그러나 대부분이 지휘하는 모습을 담은 비디오테이프를 제출하라고 요구했다. 지휘 경험이 많지 않았던 나는 제출할 만한 것이 없었다. 고민에 빠져 있을 때, 한 친구가 지휘자가 되고자 하는 이유만 적어서 내면 입학할 수 있는 곳을 알려주었다. 결국 나는 메인 주에 위치한 음악학교로부터 입학허가를 얻어냈다. 그러나 막상 학교에 들어가서는 상당히 겁에 질렸다. 노련한 지휘자들 사이에서 고전을 면치 못하리라 생각했던 것이다. 열아홉 살의 내가 쉰 살의 지휘자들과 3주를 함께 보내야 한다는 사실이 두려웠다.

내가 켄 키슬러를 만난 곳도 그곳이었다. 당시 프로그램 운영책임자였던 그는 우리가 한자리에 모였을 때 맨 먼저 이런 말을 했다. "여러분이 어떤 경력을 가지고 있는지는 단 한마디도 듣고 싶지 않습니다. 여러분이 지휘했던 교향악단에 대한 이야기도 사절합니다. 나는 그런 것들에 개의치 않습니다. 내가 알고 싶은 것은 그저 여러분이 어떤 사람인가 하는 것입니다."

그 순간 나는 마음속으로 '내가 그건 알지. 경력도 없고 오케스트라 지휘를 맡은 적도 없지만, 내가 어떤 사람인지는 누구보다 잘 알지'라고 생각했다.

나는 배움에 대해 일종의 강박관념을 가지고 있다. 매일같이 뭔가를 배우지 않으면 안 된다. 현재에 안주하고 싶지 않다. 눈을 크게 뜨고, 모든 것으로부터 무엇이든 배우려고 노력하는 나는 늘 성장하고 발전한다. 또한 나는 규율을 잘 지키는 사람이다. 물론 선천적으로 그랬던 것은 아니다. 규율에 따라 체계적으로 행동하려고 늘 노력한다. 나는 사람들을 하나로 묶는 능력 또한 뛰어난 것 같다. 모든 사람들의 에너지를 하나로 모으는 것을 좋아한다.

처음 지휘를 할 때, 켄이 몹시 긴장한 나에게 했던 말을 지금도 기억한다. "당신에게는 특별한 무언가가 있습니다. 재능이 있어요. 내가 곁에서 당신을 도울 겁니다." 나는 순간 흥분해서 "야호!" 소리 지를 뻔했다.

그러나 그가 지휘를 잘 하지도 못하는 나에게 왜 그런 말을 해주는지 알 수 없었다. 나중에 그는 평생 잊지 못할 특별한 말을 들려주었다. "자신의 약한 모습을 감추지 않는 사람, 마음을 열고 있는 그대로의 자신을 직시할 줄 아는 사람이 가장 강한 사람입니다." 나는 그 이야기를 듣고 힘을 얻었다.

정말 훌륭한 조언이다. 우리는 모두 나약한 인간이기 때문에 약한 모습에 마음이 움직인다는 사실을, 나는 일찌감치 배운 것이다. 다른 사람들과 마음이 통하거나 공감을 이끌어낼 때는 내가 모든 것을 완벽하게 갖추었거나 통제할 수 있을 때가 아니라 그들이 나에게 동정심을 느낄 때다.

그해 늦여름, 나는 모차르트의 가장 경이로운 곡 가운데 하나인 〈미사 C단조〉를 지휘하게 되었다. 부모님께 전화를 걸어, "오늘 죽어도 좋을 것 같아요. 제가 죽더라도 슬퍼하지 마세요. 물론 정말 죽는다는 말은 아니에요. 제가 꿈꿨던 것보다 더 꿈 같은 삶을 살고 있어요. 그래서 지금 죽어도 여한이 없어요."라고 말했다.

지금도 그때를 생생하게 기억하고 있다. 그리고 여전히 그 느낌을 품고 살아가고 있다. 그 날을 기점으로 나는 이후 일어나는 모든 일들을 '덤'으로 생각한다.

꿈은 나와 함께
성장한다

켄은 나의 멘토가 되었다. 그는 처음부터 나에게 "이 일을 왜 하는지에 대한 목적의식이 있어야 합니다. 그것이 무엇인지 충분히 생각해보고 기록하세요. 무슨 일을 하든 목적을 가지고 해야 합니다."라고 말했다. 나는 목적을 찾기까지 거의 8개월이 걸렸다. 이윽고 켄에게 "내 목적은 관객들에게 가능한 최고의 교향곡을 들려주는 것입니다."라고 대답했다. 그러자 그는 "멋지군요. 하지만 그것이 당신이 원하는 전부인가요?"라고 되물었다.

나는 다시 진지하게 생각했다. 그리고 그를 만났을 때, "음악을 통해 가르침을 주고 싶습니다."라고 답했다. 켄은 미소를 지으며 "좋은 생각이네요."라고 말해주었다. 마침내 나는 삶의 목적을 찾아낸 것이다. '음악을 통해 세상을 긍정적으로 변화시키는 영감의 원천이 될 것이다. 그리고 모든 노력을 기울여 나날이 성장할 것이다.'

나는 맨해튼 음대에서 다시 공부를 시작했다. 그곳에서 라틴아메리카와 아메리카 교향곡이 세계적으로 널리 연주되지 않는다는 것을 알고 이런 생각을 떠올렸다. '아메리카 음악만 연주하는 오케스트라를 만들어보는 건 어떨까?'

아메리카 음악 전문 오케스트라를 만드는 것은 그저 꿈일 뿐이었다. 그러나 어느 날 멕시코 영사관으로부터 페스티벌에서 멕시코 음악 연주회를 맡아달라는 부탁을 받았다. 내가 80명 규모의 관현악단을 꾸리겠다는 기획서를 제시했을 때, 그들은 이렇게 말했다. "우리가 생각했던 것보다 비용이 훨씬 많이 들겠군요. 우리는 오케스트라보다 규모가 조금 작은 실내악 정도를 생각하고 있었습니다.”

나는 이 일에 이미 많은 공을 들였기 때문에, 우선 연주회를 여는 데 도움을 줄 사람들을 찾아야 했다. 자금이 있으면 페스티벌에 참여할 수 있고 내가 오케스트라 지휘자가 될 수 있기 때문이었다. 내게는 아직 오케스트라도, 운영위원회도 없었지만 똑똑한 친구 셋과 함께 작은 아파트에서 하루 24시간 이 일에 매달렸다. 결국 우리는 연주회를 성공적으로 개최했다.

페스티벌이 끝난 뒤 퀸이 나에게, “연주회 한 번으로 다 됐다고 생각하는 건가요?”라고 물었다. 나는 이런 오케스트라를 정식으로 만드는 것이 내 꿈이라고 대답했다. 그러자 그는 “그렇게 될 수 있도록 노력해야죠.”라고 했다. 내가 어떻게 해야 하느냐고 묻자 그가 던진 말은 이것이다. “당신이 알아내야죠.”

그래서 나는 하나둘씩 여건을 갖춰나갔다. 연주회를 한 차례 더 가졌고, 그다음에 또 연주회를 열었다. 나는 첫 번째 연주회에 참석했던 많은 사람들에게 “연주회가 마음에 드셨습니까? 다행이네요. 운영위원이 되어주시지 않겠습니까?”라고 부탁했다. 그들은 기꺼이 든든한 지원군이 되어주었다.

이 일을 계속 하고 있지만 여전히 쉽지 않은 일임을 깨닫는다. 작곡과 사운드, 텍스처texture(음악을 구성하는 여러 개의 ‘성부’가 짜여 있는 상태), 여러 사람이 만들어내는 소리의 조화 등이 나를 움직이는 원동력이다. 나는 열정적으로 일한다. 음악을 사랑하고 연주하는 것에 집중한다. 그리고 음을 하나로 모으고, 채색하듯 여러 가지 음을 섞는 것을 좋아한다. 나는 아무리 사소한 일이라도 몰입하려고 노력한다.

언제나 마음을
열어 두어라

하지만 한계는 주기적으로 나를 찾아와 기진맥진하게 만들었다. 낮에는 대학에서 피아노 강좌를 듣고, 밤에는 악단 행정 업무에 기금 모집 활동까지 했다. 더 이상 버틸 수 없는 지경에 이르렀을 때 나 자신과 프로젝트 중 하나를 선택해야 했다. 생활이 제대로 이루어지지 않았기 때문이다.

마침내 나는 운영위원회에 "총책임자를 고용하지 않으면 더 이상 못 하겠습니다."라고 선포했다. 총책임자를 고용한 다음 우리는 다시 시작했다. 그 뒤로 내가 쓰러지려고 할 때마다 누군가 도움의 손길을 내밀어주었다. 프로젝트는 훌륭하게 진행되었다. 그러나 단원들과의 관계를 해결하는 문제는 정말 힘든 일이었다.

뉴욕필하모닉 지휘자 쿠르트 마주어Kurt Masur는 이렇게 말했다. "단원들이 당신을 사랑하기를 원한다면 지휘자가 되려는 생각을 버리세요. 단원들이 당신을 칭송하고 훌륭한 사람이라고 치켜주기를 바란다면, 더 이상 시간을 낭비하지 마세요. 그런 마음으로는 결코 훌륭한 지휘자가 될 수 없으니까요." 지휘자가 연주에 몰입하고 그 순간에 충실해야 다른 사람들도 참여한다.

아버지에게 전화를 걸어 "이러저러한 사람 때문에 마음이 편치 않아요."라고 말하면, 아버지는 "다행이구나! 오늘 들은 것 중에 가장 좋은 소식이다. 네가 조금 더 성장할 기회를 가졌으니 말이다."라고 말씀하신다. 무언가가 나를 괴롭힐 때는 바로잡는 것이 해결책이다. 나를 괴롭히도록 내버려두어서는 안 된다. 상대가 상황을 바로잡지 않는다면, 그것은 나의 문제가 아니라 그 사람의 문제다.

단지 시각 차이로 갖가지 오해와 문제에 휩싸이기도 한다. 처음 보는 단원들과 리허설을 하는데, 세 번째 비올라 연주자가 옆에 앉은 연주자에게 뭔가 속삭이며 웃는다면 지휘자인 나를 비웃고 있다는 생각이 들 수도 있다. 그럴 때마다 늘 사람들의 좋은 면을 보려고 노력하는 남편은 부정적으로 상황을 가정하지 말라고 조언해준다.

한번은 일부 파트가 나에게 저항하고 있다는 생각이 들었다. 내 실력을 믿지 못하는 듯 느껴졌던 것이다. 처음에는 그럴 수도 있다고 생각하며, 아무 말도 하지 않았다. 그러던 어느 날 나는 더 이상 참지 못하고 그들을 따로 불렀다. "여러분은 나를 믿지 않는 것 같군요. 나를 존중하지 않아요. 여러분은 내 말에 귀를 기울이지 않아요. 이미 다 알고 있다고 생각하는 거겠죠."

그러자 그들은 뜻밖의 대답을 했다. "우리 연주가 마음에 들지 않아 그러는 줄 알았어요. 우리는 어떻게 해야 할지 모르겠어요. 당신 마음에 드는 연주를 하고 싶지만, 당신은 항상 화난 사람처럼 보여요."

내가 먼저 속마음을 털어놓지 않았다면 오해는 눈덩이처럼 불어났을 것이다.

음악으로 소통하다

지휘자는 능숙하게 지휘를 할 줄 알아야 한다. 그러기 위해 철저하게 준비해야 한다. 시간 약속을 잘 지켜야 하고, 성실해야 한다. 하지만 단원들은 인간적인 모습을 더 좋아한다. 비록 허술한 면이나 개인적인 면모가 지나치게 드러난다 해도 음악을 위해 최선을 다한다면 모든 사람들이 나를 좋아할 것이다.

단원들이 자신의 연주를 사랑하고 더 나은 연주를 하고 싶어 한다면 그리고 지휘자의 지도 아래 실제로 실력이 향상된다면, 지휘자가 잘생겼는지 혹은 완벽한지 따위는 개의치 않는다. 지휘자와 함께 계속 발전하면서 더 훌륭한 연주를 할 수 있다는 확신이 들 때 그들은 나를 사랑하게 될 것이다.

오케스트라에서 에너지는 사람이다. 음악도 중요하지만 사람을 위한 음악이 아니면 존재할 수 없다. 그래서 오케스트라의 누군가와 눈을 맞추면서 한마음이 되는 것이 내게는 전부다. 중요한 것은 마음이 통하는 것이다. 관객과 마음이 통한다면 더 좋은 일이다. 한 걸음 더 나아가 오케스트라와 모든 관객들이 서로 마음을 주고받는다면, 음악으로 세상을 바꿀 수 있다.

내가 바뀌면 세상도 바뀐다

: 프레이밍

Chapter 6

프레이밍의
문제다

모든 일에 일일이 신경 쓰다 보면 아무것도 할 수 없다. 정말 중요한 일에 초점을 맞추면 수면 부족에 시달릴 일이 없다. 부정적인 기사가 나올 때마다, 유권자가 비난할 때마다, 혹은 내 코를 어이없이 크게 그려놓은 카툰을 볼 때마다 발끈한다면 국정을 제대로 돌볼 수 없을 것이다.

— 줄리아 길러드, 오스트레일리아 총리

프레임frame은 '틀'이라는 뜻이다. 심리학에서는 특정 현상을 보는 관점을 '프레임'이라 하고, 특정 현상을 특정 '틀'에 끼워 보는 것을 '프레이밍framing'이라고 한다. 따라서 어떤 틀을 통해 세상을 보느냐에 따라 우리의 인식이 달라진다. 가령 긍정적인 틀에 끼워 보면(긍정적 프레이밍) 모든 것이 낙관적으로 보이고, 비관적인 틀에 끼워 보면(부정적 프레이밍) 모든 것이 부정적으로 보인다.

부처는 "우리의 생각이 이 세상을 만든다."고 말했다. 프레이밍에 따라 현실이 다르게 채색될 수 있다는 긍정심리학자들의 주장도 이와 같은 맥락이다. 어떤 장애물이 나타나도 계속 앞으로 나아갈 수 있는 힘과 비전을 가져다준다는 점에서 긍정적 프레이밍은 성공과 밀접하게 연관될 수밖에 없다.

그렇다고 무조건 지나치게 낙관적으로 볼 필요는 없다. 다만 왜곡된 시선으로 세상을 봐서는 안 된다. 긍정적으로 프레이밍하는 사람들은 가장 맑은 시선으로 사실을 바라본다. 부정적인 생각으로 자신의 시각이 왜곡되거나, 위험을 과장하는 것을 경계하기 때문이다. 따라서 긍정적 프레이밍을 하면 판단력과 열정을 가지고 문제에 정면으로 맞서 적절한 해결책을 찾을 수 있다. 의미와 더불어 긍정적 프레이밍은 행복의 재료가 된다.

긍정적 프레임을 가진 여성들은 유연한 사고방식으로 늘 배우고 성장하므로, 확신과 믿음을 가지고 자신의 미래를 만들어 나간다.

마음먹기에
달렸다

두려움과 걱정, 스트레스와 같은 부정적인 감정이 세상을 바라보는 눈을 왜곡한다. 따라서 진짜 현실은 우리가 생각하는 것보다 더 나을 수도 있다. 다만 우리 눈에 사실과 다르게 보일 뿐이다. 실수와 실패, 잘못된 선택으로 좌절에 빠졌을 때 삶이 훨씬 더 힘겹게 느껴지는 것도 바로 그 때문이다. 의욕과 의지를 앗아가는 부정적인 감정에 사로잡히는 순간, 그것이 꼬리에 꼬리를 물고 계속 이어지는 악순환의 수렁에 빠지기 쉽다.

선천적으로 긍정적인 여성들이 있다. 그러나 대부분의 여성들은 긍정적인 프레임을 갖기 위해 몸에 밴 나쁜 습관들을 버려야 한다. 실제 상황이나 다른 사람들, 자기 자신에 대한 시각을 흐리는 습관 말이다. 성장하고 싶다면 먼저 현실을 긍정적으로 프레이밍하는 능력부터 갈고닦는 것이 좋다.

에머 푼디라Emma Fundira가 비즈니스 업계에 도전장을 내밀고 남자들의 세계에 과감히 뛰어들 수 있었던 것도 긍정적 프레이밍 덕분이다. 잠비아에서 태어난 에머는 최근에야 여성들이 기본적인 권리(예를 들어 이혼한 여성의 재산소유권)를 누리게 된 사회에서 자랐다. 더구나 그녀는 백인 남자들이 점령한 업계에서 성공하겠다는 포부를 안고 도전했다. 에머는 자신이 원하는 것은 무엇이든 이룰 수 있다고 생각한다. 오늘날 그녀는 여전히 정국이 불안정한 짐바브웨에서 재무 상담 서비스 업체를 운영하고 있다.

에머는 다섯 남매 중 넷째이자 둘째 딸로 태어났다. 그녀의 아버지는 성공한 비즈니스맨이었다. "아버지는 매우 엄한 분이셨어요. 사람은 야망을 가져야 한다고 항상 말씀하셨죠. 아버지는 우리가 어디에서든 성공한 사람이 되기를 바랐어요. 그러나 아프리카에서는 집안의 대를 이을 아들이 중요했기 때문에 아버지의 관심은 늘 남자 형제들에게만 향했죠."

어린 시절 에머는 항상 남들에게 인정받고 싶어 했다. "나는 항상 내 주장을 관철해야 직성이 풀렸어요. 사람들이 내 말을 귀담아듣기를 바랐죠. 지금 생각해보면 내 목소리가 꽤 컸던 것 같아요." 아홉 살 때 그녀는 짐을 싸서 영국에서 학교를 다니는 언니에게 갔다. "비행기에서 내리자 덜컥 겁이 났어요. 춥고 습한 날씨에 부들부들 떨고 있을 때 문득 '내가 여기서 뭘 하는 걸까?'라는 생각이 들었어요. 처음 등교한 날을 아직도 기억해요. 어머니가 늘 입혀준 대로 원피스를 입고 학교에 갔는데, 그곳 아이들은 모두 청바지를 입고 있는 거예요."

그녀의 언니는 동생을 보살필 여력이 없었다. 모든 일을 스스로 해야 했다. 반에서 유일한 외국인이자 흑인인 에머는 일찍부터 자립심을 길렀다. "흑인이 아닌 다른 이유로 주목받고 싶었어요. 그래서 항상 남들보다 노력했죠."

에머가 아버지의 마음에 들고자 노력한 것은 사실이지만, 가장 중요한 것은 어머니에게 배웠다. 그것은 어려울 때일수록 긍정적으로 생각하는 마음가짐이었다. 에머가 10대였을 때 어머니는 아버지와 이혼을 하고 혼자 힘으로 생활을 꾸려나가야 했다. "어머니는 가진 게 아무것도 없었죠. 하지만 열심히 일해서 작은 운송회사를 차렸고 부동산도 사들였죠. 그런 어머니를 보면서 힘과 용기를 얻었어요."

에머의 어머니는 빨리 충격에서 벗어나 모두가 부러워할 만한 길로 나아갔다. 어머니를 보면서 에머는 성공하려면 무엇보다 자립심을 길러야 한다는 것을 깨달았다. "나는 장벽을 무너뜨리고 싶었어요. 남자들의 세계에서 나도 할 수 있다는 것을 보여줄 만한 분야가 무엇일지 생각했죠. 처음 떠오른 것이 건설공사였는데, 곧 너무 단순하다는 생각이 들었어요."

열여덟 살이 되자 에머는 아버지의 부름을 받고 짐바브웨로 돌아가 대학에서 교사 교육을 받았다. 아프리카에서 교사는 여성들에게 허용된 직업이었다. 남자 형제들이 아버지의 뒤를 잇지 않았던 데다, 늘 아버지에게 인정 받고 싶었던 에머는 전통적인 아프리카 여성의 삶을 따르지 않기로 결심했다. 그녀는 교직을 포기하고 런던에 본사를 둔 영국계 대형 은행 스탠다드차타드Standard Chartered에 들어갔다.

은행을 비롯해 짐바브웨에 있는 대부분의 대기업은 백인 남성 엘리트들의 전유물이었다. 그 세계에서 흑인 여성은 희귀한 존재였다. "내 능력을 인정 받고 싶었어요. 비록 그들보다 더 잘하지는 못해도, 그들만큼은 할 수 있다는 것을 보여주고 싶었죠. 우선 보통의 젊은 흑인 남자들보다는 내가 더 낫다는 것을 알리고 싶었어요. 맥주 5리터를 못 마신다고 해서 그들보다 더 약한 것은 아니잖아요."

어리고, 흑인인 데다, 여성이라는 세 가지 약점을 갖고 있었던 에머가 넘어야 할 산이 너무 많았다. "회의실에 들어섰는데, 나만 흑인 여성이고, 나머지는 모두 백인 남성이라면 어떻겠어요? 그들은 나를 보며 '저 여자가 뭘 알겠어? 전혀 도움이 안 되겠는걸'이라고 생각하겠죠."

에머에게 노골적으로 적의를 드러낸 고객도 있었다. "회의실에서 그는 나를 못 본 척했지만 나는 정중하게 대했어요. 회의가 끝난 뒤 그가 나에게 전화를 걸어 '당신은 자기가 뭘 하는지도 모르지 않소!'라고 소리를 지르며 모욕적인 말을 내뱉었죠. 정말 무례한 사람이었어요.” 그러나 에머는 그의 말에 개의치 않았다. 그녀는 그를 대신해 복잡한 일들을 능숙하게 처리했다. 결국 그 고객은 지점장에게 에머의 침착함과 훌륭한 업무 처리 능력을 칭찬하는 편지를 보냈다. 그 일로 에머는 런던 본사로부터 상을 받았다.

당신은 어떻게
　　　　프레이밍하는가

한번 상상해보자. 갑자기 회의에 참석하라는 연락을 받고 달려가니 상사와 간부 두 명이 앉아 있다. 당신이 들어서자 그들은 하던 이야기를 멈추고 서둘러 서류를 치운다. 간부 두 명은 당신을 쳐다보지도 않고 자리를 뜬다. 상사는 당신을 보고 앉으라는 말도 하지 않는다.

이런 상황에서 당신은 어떤 생각이 들고, 또 어떻게 행동하겠는가? 한 여성 집단에게 이런 상황에 대해 묻자 두 가지 반응을 나타냈다. 하나는 ‘몹시 기분이 상하고 유감스럽다는 표현을 했을 것이고, 그 일로 인해 해고 위기에 처할 가능성이 높다는 것’이었다. 다른 하나는 ‘내가 모르는 다른 일로 정신이 없어서 그랬을 수도 있으니, 무슨 일인지 상사에게 물어보았을 것’이라고 했다.

이처럼 낙관주의자와 비관주의자의 반응은 너무나 대조적이다. 비관주의자들은 상황을 불리하게 해석한다. 최악의 시나리오를 가정하고 상대가 자신을 공격하는 것으로 받아들인다. 그러고는 불안에 떨며 걱정하기 시작한다. 낙관주의자들은 초조해하기는 하지만, 긍정적인 대화를 기대하며 마음의 문을 열어놓는다. 성장의 기회를 붙잡을 수도 있다고 생각하기 때문이다. 상사가 어떤 의도를 가지고 있는지는 둘 다 모른다. 하지만 비관주의자들은 부정적인 '감정의 악순환'에 빠져들고, 낙관주의자들은 무의식적으로 그것을 피한다.

낙관주의자와 비관주의자가 이렇게 다른 반응을 보이는 이유는 무엇일까? 몇 년 동안 이 문제를 연구한 긍정심리학의 창시자 마틴 셀리그먼은 세 가지 렌즈, '영속화permanence, 확산화pervasiveness, 개인화personal control'를 제시하고, 현실을 보는 방식에 따라 낙관주의자가 될 수도 있고 비관주의자가 될 수도 있다는 결론에 도달했다.

상사가 당신을 비난했던 일, 성과 평가가 좋지 않았던 일, 심각한 경기침체로 해고된 일 등 직장에서 겪었던 심각한 좌절을 떠올려보고, 그러한 사건에 어떻게 반응했는지 되짚어보자.

- 일시적인 일로 보았는가, 아니면 영속적인 일로 보았는가?
- 그 상황에 국한했는가, 아니면 다른 상황에까지 널리 확대해서 해석했는가?
- 외적인 원인 때문이라고 생각했는가, 아니면 자기 잘못이라고 생각했는가?

상사가 비판을 하면 비관주의자는 자신을 공격하는 것으로 받아들인다. 성과 평가가 좋지 않을 때는 삶의 다른 측면뿐 아니라 미래에까지 먹구름이 드리운다고 생각한다. 경기침체로 해고될 때도 자신한테 문제가 있다고 생각한다. 그러니 미래가 암담할 수밖에 없다.

셀리그먼은 많은 비관주의자들이 자신의 능력과 무관하게 자포자기에 쉽게 빠진다고 말한다. 그들은 더 좋은 결과를 만들 수 없다고 믿기 때문에 더 나아지려고 노력하지 않는다. 그러니 좋지 않은 상황이 더욱 악화될 뿐이다.

낙관주의자들은 상사의 비판을 건설적인 도전으로 받아들인다. 성과 평가가 좋지 않아도 다른 삶에 영향을 미치지 않는다고 생각하기 때문에 잠시 좌절하더라도 곧 원기를 회복한다. 그들은 누군가 좋은 방법을 제안하면 열린 마음으로 받아들이고 무엇이 잘못되었는지 분석하여 적절한 조치를 취한다. 경기침체로 해고되어도 실망하지 않고 활기차게 새로운 직장을 찾아 나선다.

낙관주의자들과 비관주의자들은 희소식에도 다르게 반응한다. 가장 최근에 직장에서 경험했던 긍정적인 상황을 떠올려보자. 상사로부터 칭찬받았던 일이나 승진, 자신이 속한 팀이 목표를 달성한 일도 좋다. 그때 어떤 기분이 들었가? 비관주의자들은 "운이 좋았을 뿐이야. 이런 일이 또 일어나지는 않을 거야. 결국 어제보다 나아진 건 하나도 없어. 나는 여전히 그대로야."라고 생각한다. 반대로 실패했을 때 그들은 "내가 잘못한 것이 틀림없어. 회사에서 그 사실을 알면 나를 해고할 거야."라고 생각한다. 이처럼 비관주의자들은 실패했을 때는 자신의 잘못을 과대평가하고, 성공했을 때는 자신의 공로를 과소평가한다.

비관주의자들과는 달리 낙관주의자들은 희소식에 반색을 표한다. 그들은 "나는 정말 대단해! 최선을 다했으니 분명 그에 따른 보상을 받게 될 거야. 이제 그 무엇도 나를 막을 수 없어."라고 생각한다. 낙관주의자들은 기쁨을 만끽할 줄 안다. 한 번의 성공으로 힘을 얻어 더 많은 것을 배우고, 더 나은 성과를 거두려고 더욱 노력한다. 낙관주의자들은 좋은 성과에 힘입어 하루를 더욱 유익하게 보내는 선순환을 되풀이한다.

물론 이것은 극단적인 경우다. 우리는 대부분 극단적인 낙관주의와 극단적인 비관주의 사이에 속해 있다. 이것이 출발점을 잡는 데 도움이 될 것이다.

자신이 현실을 어떤 식으로 프레이밍하는지 알아야 지금처럼 계속 행동할지, 아니면 바꿀지 선택할 수 있다. 한 연구에 의하면 어느 쪽의 프레임을 갖게 될지 선천적으로 타고난다고 한다. 이 말이 사실이라면 비관주의자들은 자신이 갖고 있는 프레임을 완전히 버릴 수 없을지도 모른다. 그러나 낙관적인 태도를 학습할 수는 있다.

긍정적 프레이밍은 우선 자신을 파괴하는 습관들을 버리는 것부터·시작한다. 예를 들어 자신을 바닥까지 떨어뜨려 악순환을 거듭하는 사고방식 말이다. 이제부터 좀더 현실적인 관점으로 상황을 바라보고, 새롭게 프레이밍하며, 좌절을 성장의 기회로 바꾸는 방법을 배워 보자. 마법처럼 들리는가? 결코 마법이 아니다.

내가 나를
응원하다

에머 푼디라는 분명 낙관주의자다. 그녀가 스탠다드차타드에서 감정의 악순환에 빠졌다고 해도 충분히 이해할 만하다. 대부분의 사람들은 무례한 고객의 시선과 당혹스러운 폭언을 그렇게 빨리 극복하지 못한다. 쉽게 마음의 상처를 입는 여성들은 계속 그 일을 생각하며 자신이 무엇을 잘못했는지 곱씹는다. 그러다 보면 어느새 의기소침해지고, 심한 경우 우울증에 시달리기도 한다. 에머처럼 낙관적으로 생각하는 습관을 들이면 모든 일에 긍정적인 영향을 미칠 수 있다.

《긍정의 발견Positivity》의 저자 바버라 프레드릭슨Barbara Fredrickson은 일명 '확대·구축이론broaden and build theory'을 개발했다. 이것은 긍정적인 사고를 하면 마음이 넓어지고 심리적으로 에너지가 생긴다는 이론이다. 바버라는 기쁨과 즐거움, 행복과 같은 긍정적인 감정을 경험하면 더 쉽게 배우고, 더 빨리 발전하며, 더 깊게 탐구한다고 주장한다. 재미있고 즐거운 영화를 보면서 긍정적인 감정을 경험한 사람들이 불쾌하거나 슬픈 영화를 본 사람들보다 더 창의적으로 문제를 해결하고 우수한 성과를 거두는 것으로 드러났다.

에머는 이 이론을 스스로 증명했다. 일에서 보람과 기쁨을 얻은 그녀는 더욱 긍정적으로 변했고, 리스크가 따른다는 것을 알면서도 두려워하지 않고 망설임 없이 기회를 붙잡았다.

스탠다드차타드의 프로젝트 파이낸스project finance(프로젝트의 사업성을 기준으로 자금을 지원하거나 조달하는 금융기법) 팀장이 에머에게 자기 팀에 합류하라고 제안했다. 에머는 어떤 일을 하는지도 모르는 채 그 제의를 기꺼이 받아들였다.

팀장은 그녀가 성공할 수 있도록 지원을 아끼지 않았다. 그녀를 회의에 데리고 다녔고, 때때로 고객들이 당황하기도 했지만 경험이 부족한 그녀에게 리더 역할을 맡기기도 했다. "그는 이렇게 말하곤 했어요. '그거 알아요? 이 주제에 대해 나보다 에머 당신이 더 잘 알고 있다는 거 말이에요.' 그는 항상 나에게 기회를 주었어요."

에머는 멘토인 팀장이 바클레이즈Barclay's 은행으로 직장을 옮기자, 그녀도 따라 옮겼다. 그곳에서 에머는 화려한 경력을 쌓았다. 이사로 승진했고, 향후 전무로 승진할 가능성도 컸다. 그때 한 친구가 짐바브웨의 성장기업을 대상으로 투자전략 상담 서비스를 제공하는 회사를 설립할 예정이라며 참여해볼 생각이 있는지 물었다. 에머는 망설였다. 나이 어린 자녀 둘을 키우고 있었으므로 안정된 직장을 그만두는 것은 그야말로 위험한 짓이었다.

그러나 몇 달 뒤 에머는 모험을 선택했다. "전쟁터에 뛰어들고 싶었어요. 무엇보다 나 자신을 위해 뭔가 하고 싶었죠. 내 안에 있는 무언가가 이제 자리를 옮길 때라고, 지금 아니면 언제 해보겠냐고 속삭이는 거예요."

하지만 결과적으로 시기가 좋지 않았다. "그로부터 8개월 뒤 경기가 악화되었어요. 하지만 바클레이즈를 그만두고 나온 것을 단 한 번도 후회해본 적이 없어요. 높은 연봉을 아쉬워하지도 않았어요. 그저 직원들이 월급을 제때 받을 수 있도록 애썼죠."

에머는 비관적으로 생각하지 않는다. "그것은 분명 도전이었어요. 아무런 근거도 없었지만 어쩐지 내가 그 일을 훌륭히 해낼 것만 같은 느낌이 들었죠. 내 마음속에는 언제나 '나는 할 수 있다'고 외치는 무언가가 있어요. 시간이 좀 걸리겠지만 나는 결국 해결책을 찾아낼 거예요."

그렇다고 에머가 스트레스를 전혀 받지 않는 것은 아니다. 그녀는 규칙적인 운동으로 스트레스를 극복하고, 그로 인해 균형 잡힌 시각을 유지한다. "운동을 하고 나면 문제를 더욱 긍정적으로 바라볼 수 있게 돼요. 덕분에 나는 패닉 상태에 빠진 적이 거의 없어요."

돌이켜보면 어릴 때는 아버지한테 인정 받고자 하는 마음이 자극제가 되었다. "아버지는 남자 형제들에게 실망을 많이 했어요. 그래서 내가 할 수 있다는 것을 아버지에게 보여주고 싶은 마음이 컸죠." 그러나 에머는 자신의 발전과 성공을 돌이켜보면 프레이밍이 생각보다 휠씬 더 큰 영향을 미쳤다고 말한다. 그녀는 프레이밍이 아버지의 전통적인 사고방식까지 바꾸었다고 한다. "딸이 남자들과 어깨를 나란히 하며 일하는 것을 부정적으로만 보시던 아버지도 점점 바뀌셨어요. 나를 자랑스러워하시며, 더 나아가라고 격려해주었어요. 아버지는 내가 지켜보는 가운데 행복하게 눈을 감으셨죠."

성장형
사고방식

에머는 유연한 사고방식이 좋은 결과를 가져다준다는 사실을 몸소 체험했다. 그녀는 새로운 가능성과 아이디어를 향해 마음의 문을 활짝 열어놓는다. 또한 마음속으로 끊임없이 '나는 할 수 있다'고 외치며 열심히 노력한다.

나이가 많든 적든 유연한 사고를 지닌 사람들은 언제나 새로운 기술을 배워나간다. 그러나 반대로 경직된 사고를 가진 사람들은 자신의 능력과 재능이 한정되어 있다고 생각한다. 자신의 믿음에 반하는 도전이나 기회를 위협으로 받아들인다.

누구에게나 좋은 일이 일어나기도 하고 나쁜 일이 생기기도 한다. 하지만 이러한 삶의 사건들을 어떻게 보고 받아들이느냐에 따라 미래의 삶이 크게 달라진다.

여성 리더들의 이야기를 깊이 들여다보면 한 가지 공통점을 찾을 수 있다. 기회가 찾아왔을 때 망설이지 않고 붙잡았다는 것이다. 예를 들어 새로운 분야에서 일해보지 않겠냐는 제의가 들어왔을 때, 그들은 앞뒤를 재지 않고 무언가를 배우고 성장할 수 있다는 것만으로 기꺼이 받아들였다.

이처럼 성공한 여성들은 리스크 앞에서 움츠러들기보다 오히려 마음이 설레고 흥분된다고 말한다. 그녀들은 새로운 길을 선택하면서 "최악의 경우라 해도 해고당하기밖에 더 하겠어!"라고 스스로를 응원한다. 실제로 해고를 당한 사람도 있다. 하지만 그들은 곧 시련을 딛고 일어서서 또 다른 기회를 찾아낸다. 감개무량한 표정으로 "한쪽 문이 닫히면, 다른 쪽 문이 열리죠."라고 말한 여성 리더가 한둘이 아니다.

당신은 어떤 사고방식을 가지고 있는가? 경직된 사고를 가지고 있는가? 아니면 유연한 사고를 가지고 있는가? 틀에 박힌 일을 계속해나가는 것이 행복한가? 변화를 요구하는 환경이 불편하게 느껴지는가? '이 일은 할 수 있고, 저 일은 할 수 없다'는 말로 자신이 할 수 있는 일을 명백히 혹은 암묵적으로 제한하는가? 아니면 항상 열린 마음으로 새로운 일을 시도하는가?

당신이 어떤 사고방식을 가지고 있는지 알고 싶다면, 다음 문장의 빈칸을 채워보라.

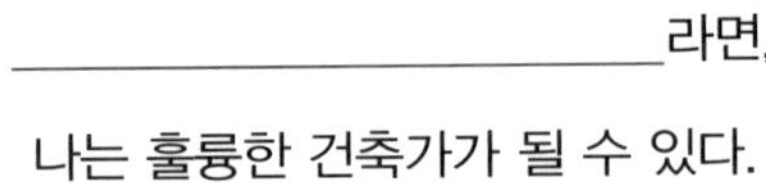

'공간을 시각화할 줄 안다면' 혹은 '수학을 잘한다면'과 같은 대답을 떠올렸다면, 경직된 사고방식을 가지고 있는 것이다. 실제로든 상상이든 스스로의 한계를 의식하고 있기 때문이다. 이런 생각을 하는 사람은 자신을 더 나은 방향으로 채찍질하지 못한다. 발전하거나 성장하기 어렵다. 이런 사람들은 자신뿐 아니라 다른 사람들도 비판적으로 보기 쉽다.

빈칸에 '원한다면' 혹은 '마음먹으면'이라고 답했다면, 심리학자 캐럴 드웩Carol Dweck의 표현대로 '성장형 사고방식'을 가지고 있다고 할 수 있다. 이런 유형의 사람들은 미리 정해진 것은 없으므로 노력하면 얼마든지 성공할 수 있다고 생각한다. 이들은 자신에게 필요한 기술을 배우고 성장할 기회를 통해 구체적으로 미래를 그릴 줄 안다. 그리고 그 과정에서 시련과 난관의 충격을 흡수하며, 피드백을 성장의 발판으로 삼는다.

가장 행복하고 성공한 사람들은 성장형 사고방식을 가지고 있다. 성장형 사고방식은 역경을 극복하고 회복력을 강화하는 데 도움이 된다. 드웩이 말했듯이 성장형 사고방식을 지닌 사람들은 지금 실패하더라도 앞으로 성공하리라는 믿음을 결코 버리지 않는다.

지금은 경직된 사고방식을 가지고 있다 해도 노력하면 얼마든지 바꿀 수 있다. 잠시 짬을 내어 그동안 해왔던 일들과 앞으로 하고 싶은 일이 무엇인지 생각해보고 다음 문장을 채워보라.

내가 하고 싶은 일은 ___________________.

당신은 좋아하는 일을 하고 있는가? 그렇지 않다면 당신을 가로막고 있는 벽은 무엇인가?

경직된 사고방식을 지닌 사람들은 다양한 변명으로 자신의 행동을 합리화한다. 실용적이지 않아서, 너무 위험해서, 기술이 없어서, 혹은 사람들이 비웃을까 두려워서 정작 원하는 일을 하지 못한다. 그러나 낙관주의자들은 앞으로 나아갈 수 있는 기회가 찾아왔을 때, 결코 시간과 에너지를 낭비하지 않는다.

지금 당장 갖가지 변명으로 자신을 합리화하는 습관을 버려라. 자존심과 자부심을 무너뜨리는 왜곡된 시각을 버리고 현실을 제대로 바라보자. 다른 사람의 도움을 받아서라도 무엇이든 배우고, 발전하겠다고 결심하자. 혹시 큰 실수를 하더라도 재빨리 딛고 일어서겠다고 다짐하자.

리프레이밍이
중요하다

당신은 상황에 따라 리프레이밍reframing(관점의 전환)을 할 줄 알아야 한다. 변화의 속도가 빠르고, 조직이 더욱 복잡해지며, 전문성이 나날이 중요해지는 지금, 무엇보다 필요한 것은 적응력이다. 가정에서 여러 가지 역할을 해내는 것을 보면 여성들의 적응력은 그야말로 달인의 경지다. 탁월한 적응력을 일에도 발휘해야 한다.

새로 전학을 간 학교에서 자신만 원피스를 입고 있는 것을 발견하고 동상처럼 얼어붙었을 때부터 에머는 놀라운 적응력을 발휘했다. 백인 남자밖에 없는 투자은행에 입사했을 때, 사업을 하겠다고 은행을 박차고 나왔을 때도 마찬가지였다.

에머처럼 상황이 바뀌면 기존의 방식을 버릴 줄 알아야 한다. 당신이 선택한 방법이 효과를 내지 못할 때는 한 걸음 물러나 긍정적 프레임으로 상황을 살펴보라.

노력하면 모든 상황을 더 현실적이고, 더 생산적이며, 더 긍정적으로 리프레이밍할 수 있다. 물론 쉽지 않은 일이다. 그러나 당신은 이미 자신을 알아가고 성공에 이르는 여행길에 첫걸음을 떼었다. 무슨 일을 하든 첫발을 내딛기가 가장 힘든 법이다. 당장이 아니더라도 꾸준히 노력하면 세상을 보는 시각과 현실을 판단하는 방식을 바꿀 수 있다. 서두르지는 않더라도 노력을 게을리해서는 안 된다.

Chapter 7

힘들 때일수록
앞만 보고 달린다

건강이나 사랑을 제외하고 대부분의 문제들은 노력하면 얼마든지 해결할 수 있다. 나는 어떤 문제에 맞닥뜨려도 결코 겁먹지 않는다. 항상 길이 있게 마련이라는 것을 알기 때문이다.

— 디어드리 코넬리, 글락소스미스클라인GlaxoSmithKline 북미사업부 사장

윈스턴 처칠은 "나는 낙관주의자다. 다른 태도로 사는 것이 별 도움이 되지 않기 때문이다."라고 말했다. 우리가 만난 여성 리더들은 모두 처칠처럼 매우 낙관적이다. 그녀들이 말하는 과거의 사건이나 미래의 비전에서 비관적인 느낌을 받은 적이 없다.

'세상을 부정적으로 보는 성향을 타고난 여성 중에 성공한 사람들도 많지 않은가?'라고 반문할 수도 있다. 물론 그런 사람들 중에 능력을 발휘해 성공을 거둔 이들도 분명 있다. 그들 역시 유능하고 재능 있는 여성들이다. 그러나 긍정적 프레임으로 세상을 보지 못한다면 창의적인 해결책을 찾아내거나 상황에 따라 융통성을 발휘하기가 쉽지 않고, 좌절을 극복하는 속도도 훨씬 더딜 것이다.

인도의 ICICI 푸르덴셜생명보험의 상무를 거쳐, 지금은 인도 액시스 은행Axis Bank의 은행장인 시카 샤르마Shikha Sharma는 낙천적인 성격을 타고난 사람이다. 그녀는 여러 차례 크고 작은 좌절을 겪으면서 힘든 때일수록 낙관적인 태도가 필요하다는 것을 절실히 깨달았다. 그녀는 난관에 부딪혔을 때도 툭툭 털고 일어나 한층 성숙한 모습으로 일터에 나갔다.

실수에서도
배울 것이 있다

시카는 나름대로 특권을 누리며 자랐다고 생각한다. 그녀의 부모는 부유하지는 않았지만, 늘 딸이 잠재력을 발휘할 수 있도록 격려했다 .

"부모님은 내게 큰 기대를 거시고 아낌없이 지원해주었어요. 인도의 부모들이 대부분 아들에게만 관심을 기울이던 시대에 말이에요."

어릴 때부터 시카는 무슨 일을 하든 두각을 나타내고, 자주적으로 생각하며 행동했다. 장녀로 태어난 그녀는 육군장교였던 아버지로부터 많은 영향을 받았다. "아버지는 내가 학교에서 2등을 했다고 말씀드리면 꾸중하셨어요. 학교에서 잘하고 있는지, 성적은 어떤지 항상 확인을 하셨죠."

1등을 차지하는 것이 무엇보다 중요했던 시카의 야망이 시험대에 오른 적이 있다. 어느 날 담임선생님이 그녀에게 등수대로 차곡차곡 정리한 성적표를 교장실에 갖다놓으라고 심부름을 시킨 것이다. 선생님은 성적표를 몰래 들춰봐서는 안 된다고 당부했다. "교장실까지 15분 정도 복도를 걸어가야 했어요. 누가 몇 등을 했는지 보고 싶은 마음이 굴뚝같았죠. 걸어가는 내내 유혹을 떨칠 수가 없었어요. 어린아이에게 궁금한 것을 꾹 참고 보지 않을 그런 자제심이 있었을까요? 그러나 약속한 것은 반드시 지켜야 한다고 배웠던 나는 용케도 유혹에 넘어가지 않았어요."

시카는 수학과 과학을 좋아했지만, 부모의 조언에 따라 경제학을 전공했다. 1980년 그녀는 개발은행인 ICICI에 입사했다. "ICICI는 성차별이 없어요. 회사에서는 나의 도전정신을 높이 샀어요. 미지의 세계가 눈앞에 펼쳐지면 두렵기보다는 가슴이 두근거려요. 신기하게도 새로운 도전을 갈망할 때마다 기회가 찾아왔어요. 최선을 다해 노력하면 결코 실패하지 않는다고 믿어요."

은행의 미래를 설계하기 위해 전략개발팀에 들어간 그녀는 마음이 잘 맞는 팀원들과 함께 승승장구했다.

"팀원들과 ICICI의 청사진을 준비하기 위해 자유롭게 논의했죠. 발전적인 미래를 위한 계획을 세우는 건 어렵지 않았어요. 무엇이 문제인지 현실을 제대로 볼 줄 알았기 때문에 앞으로 어떻게 해야 할지도 정확히 알고 결정내렸죠. 그 일로 나는 꽤 우쭐했어요."

하지만 누구나 실수를 하는 법이다. 시카가 신시장사업부 부장일 때 처음으로 거액의 트레이딩 손실을 입었다. 그녀는 큰 충격에 빠졌다. "한 번은 손실을 입게 마련이니까, 어쩌면 사소한 일처럼 보일 수도 있어요. 하지만 당시 우리 팀은 거액의 수익을 올리는 젊고 유능한 집단이었죠. 그런데 그 사건 때문에 타격을 입게 되었어요."

시카는 며칠 동안 고민에 빠졌다. "괴로운 나날이었죠. 그런데 홍콩의 벤처 파트너가 전화를 걸어 이렇게 말하더군요. '이제야 비로소 훌륭한 팀이 된겁니다. 손실을 입어본 자만이 아는 교훈을 드디어 터득했으니 말이에요.' 그의 말을 듣고 나는 배웠죠. 자신에 대한 믿음을 잃어버리는 순간 트레이더로서는 끝이에요. 실로 큰 깨달음을 준 사건이었어요. 조금 고통스럽고 당혹스럽기는 했지만, 삶 전체로 보면 결코 손실이 아니에요."

훗날 그녀는 커다란 실수를 저지를 때마다 이때의 교훈을 되새겨본다. 상황을 더 나은 방향으로 바꾸는 데는 상당한 에너지와 긍정적 프레이밍이 필요하다.

최대의 위기를 마주하다

시카에게 인생 최대의 위기가 언제였는지, 어떻게 극복했는지 물어보았다. 문제의 시발점은 보험사업부의 욕심 많은 현지관리자가 영업 목표를 달성하기 위해 새로운 아이디어를 제시한 것이었다. 모든 영업소가 승인 없이 영업 프로그램을 운영할 수 있었는데, 2005년 이 관리자가 논란의 여지가 있는 콘셉트를 이용했다. 그는 영업책임자들이 매출을 늘리기 위한 '성전聖戰' 중에 있으며, 그들 하나하나가 목표를 달성하도록 팀원들을 부추기는 '오사마 빈 라덴'이 되어야 한다고 주장한 것이다.

그가 직원들의 의욕을 북돋운다는 명목으로 제작한 오사마 빈 라덴 포스터를 보고 시민들은 비난을 퍼부었다. 시민들이 지사로 몰려들어 항의했고, 그를 포함해 ICICI 직원 다섯 명이 체포되었다. 시카는 당시를 이렇게 회고한다. "그 사건이 언론 헤드라인을 장식했고, 정치가들까지 개입하기 시작했어요. 일이 걷잡을 수 없을 만큼 커졌죠. ICICI의 리더이자 일원으로서 너무나 당혹스러웠어요. 설상가상으로 우리 은행의 신뢰도까지 추락했죠."

전국적으로 확산된 여론의 비난을 돌파해야 하는 상황이었다. 처음 사나흘은 정말 끔찍했다. "극심한 스트레스에 시달렸죠. 잠도 제대로 못 자고, 가족들과 정상적인 대화를 나눌 수도 없었어요. 밥도 먹질 못하고 물만 겨우 넘길 정도였죠. 하는 말이라고는 그저 혼자 있게 해달라는 것뿐이었어요."

시카에게 리프레이밍이 절실한 순간이었다. 그녀는 잠시 물러나 시간을 두고 현재 상황을 다시 생각해보았다. 그리고 자신이 통제할 수 있는 것과 통제할 수 없는 것을 나눈 다음 계획을 세우기 시작했다. 어떤 식으로 문제를 해결할지 확실한 밑그림을 그린 다음 하나씩 실천에 옮기자 스트레스가 조금씩 줄어들었다.

 그렇지 않으면 고통받고, 걱정하고, 스트레스에 시달리게 돼요. 해결되는 것도 없는데 말이죠. 당분간은 실패한 것처럼 보이겠지만 힘든 상황을 통제할 수 있는 크기로 세분화해야 해요. 그리고 내가 실제로 할 수 있는 일이 무엇일지 생각해보면 돼요. 작은 일들이 하나씩 해결되면 그것들이 쌓이고 쌓여서 큰 변화가 일어나죠."

시카는 회사뿐 아니라 집안 분위기를 바로잡아야겠다는 생각이 들었다. 10대인 두 자녀는 매일 신문 첫 페이지를 장식하는 엄마의 모습에 충격을 받았다. "아이들과 이야기를 나누는 시간이 오히려 스트레스를 떨쳐버릴 수 있는 휴식 시간이라는 것을 깨달았어요. 고통스러운 순간일수록 가족이 필요하다는 것을 알게 되었죠."

그녀는 자신이 할 수 있는 모든 일을 했다. 지역사회, 언론, 정치인, 경찰, 회사와 끊임없이 접촉했다. 그녀의 도전과제는 관계자들을 진정시켜 상황을 마무리하는 한편, 회사 이미지를 회복하고 직원들의 사기를 진작하는 것이었다. "정치인들과 처음으로 대면했어요. 그들과 매우 솔직하고 성실하게 대화를 나누었죠. 우리는 법적 절차를 정직하게 따랐어요. 그리고 사건에 연루된 직원들을 위해 회사가 물심양면으로 노력하고 있다는 것을 보여주었죠. '내가 실수를 저질러서 내일 체포된다면 회사는 내게 등을 돌릴 거야'라고 생각하지 않도록 말이에요. 무엇보다 직원들의 의욕을 떨어뜨리고 싶지 않았어요."

시카와 팀원들은 사건에 연루된 직원들의 가족이 정신적 충격에서 헤어날 수 있도록 도와주었다. 다행히 체포된 직원들은 곧 풀려났고 그들 가운데 일부는 다시 회사로 돌아왔다.

사건이 마무리된 후, 시카는 관리자 50명을 강당에 불러 모았다. 몇 시간 동안 시카는 그들과 함께 무엇을 잘못했는지, 어떤 조치가 이루어졌는지, 그런 일이 두 번 다시 일어나지 않으려면 어떤 주의를 기울여야 하는지 이야기를 나누었다. "그 사건은 우리 모두에게 매우 좋은 경험이 되었죠. 위기를 극복할 수 있었던 이유를 한 가지만 꼽으라면 의사소통이라고 말하겠어요. 모든 이들과 계속 대화의 문을 열어놓았기 때문에 해결책을 찾을 수 있었죠."

그녀가 상황을 리프레이밍하는 데 이용한 여러 가지 자원 가운데 하나는 영성spirituality이었다. "나는 운명을 믿어요. 자신이 무슨 일을 하기 위해 태어났는지 알아내 그 일을 하고, 나머지는 운명에 맡기면 돼요."

역경이 닥쳤을 때 시카는 결과를 통제할 수 없었다. 그러나 커다란 성과를 거둔 성공한 리더로서, 그녀는 여느 때보다 낙관적인 태도를 보여주었다. "그저 소명이라고 생각되는 것을 행동으로 옮길 뿐이에요. 그러다 보면 언젠가 결과가 나타나기 시작할 거예요."

감정의 악순환에서 빠져나오라

긍정심리학자들은 기본적으로 낙관주의를 '학습'할 수 있다고 믿는다. 비관적인 사고가 어디에서 비롯되는지를 이해하면, 부정적인 기억의 되새김질과 감정의 악순환을 피하는 방법을 알아낼 수 있다. 과학자들은 비관주의가 선사시대 인간의 뇌 속에 생존 메커니즘으로 굳어진 것으로, 스트레스에 대한 선천적인 반응이라고 믿는다.

인간은 각종 위협에 재빨리 '싸우거나' '얼어붙거나' '도망치는' 대응을 했기 때문에 살아남아 진화할 수 있었다. 이렇게 반응하지 않은 인간들은 포식자나 다른 위협적인 존재의 희생양이 되었다. 적응력이 뛰어난 인간은 살아남았고, 그러한 능력이 후손들에게 전해졌다. 위험을 알리는 사건과 소리, 냄새를 잊지 않고 기억해두는 것이 생존의 열쇠였다.

사람들이 스트레스를 받을 때 보이는 일반적인 반응은 본능적인 것이다. 그래서 스트레스를 받으면 우리 뇌는 자동적으로 과거의 기억을 불러들인다. 여성들이 감정의 악순환에 빠져들기 쉬운 이유는 뇌가 자동적으로 정신적 상처의 기억들을 끄집어내느라 행동을 제대로 지시하지 못하기 때문이다.

좋지 않은 기억을 되풀이해서 떠올리는 것은 불쾌할 뿐 아니라 위험하기도 하다. 적어도 며칠 동안 잘못한 일을 생각하고 또 생각한다면, 그만큼 적절한 대응을 하기까지 시간이 걸린다. 심한 경우 아무런 대응도 하지 못한다.

감정의 악순환은 어떻게 일어나는가? 가령 당신이 회의에 참석했는데 상황이 만족스럽지 않은 방향으로 흘러가고 있다고 가정하자. 프레젠테이션을 하는 중에 당신은 뭔가 잘못된 점을 발견한다. 당신이 중대한 분석을 일부 빼먹은 것이다. 점점 자신감이 줄어든 당신은 공들여 쌓은 탑을 스스로 무너뜨리기 시작한다.

이때 공격적인 고위간부가 질문을 던진다. 당신은 '헤드라이트 불빛 속에 갇힌 사슴'처럼 눈만 깜빡일 뿐, 무슨 대답을 해야 할지 아무 생각도 떠오르지 않는다. 곧 간부들이 서로 논쟁을 벌이고, 급기야 고

성이 오간다. 사장은 아무런 말도 없이 자료를 들고 조용히 회의실을 나간다.

회의실을 나서기 전부터 당신의 머릿속에서는 부정적인 생각이 꼬리에 꼬리를 물고 이어진다. 당신은 자신의 실수를 되새김질하고 있다. 상황을 지극히 부정적으로 해석할 때 당신의 마음속에서 맞장구를 치는 목소리가 들린다. "그래, 완전히 망쳤어! 사장이 나한테 화난 게 틀림없어. 왜 아니겠어? 그렇게 중요한 걸 빼먹다니 정말 바보야. 질문에 제대로 대답도 못 하고 말이야. 난 당해도 싸!" 굴욕감에 휩싸인 당신은 간부들과 대화를 나누기는커녕 급히 자리를 뜬다.

사무실로 돌아오자 갑자기 피로가 몰려온다. 당신은 자신이 모든 것을 망쳤다고 생각한다. 조금 전 있었던 일은 불가피한 것이라고 확신한다. 하지만 자신감을 잃고 두려움에 빠진 나머지 적절하게 대처하지 못했다. 그러니 결코 피할 수 없었던 일이 아니다.

당신은 자신이 망친 과거의 다른 일들까지 떠올리며, 스스로 얼마나 무능한 사람인지 다시 한 번 확인한다. 그러자 해고될지도 모른다는 불안감이 엄습한다. 그와 동시에 어젯밤 남편과 말다툼한 일이 떠오른다. 남편은 이제 더 이상 자신을 사랑하지 않는 것 같다. 며칠 전 딸아이가 짜증냈던 일도 떠오른다.

당신은 기억의 테이프를 계속 되감기 한다. 머릿속에서 좋지 않은 기억들이 끝없이 재생된다. 더구나 한 번 재생될 때마다 부정적인 감정이 눈덩이처럼 점점 커진다. 소름 끼치도록 싫지만, 생각을 돌릴 힘이 없다. '악순환'의 소용돌이는 결국 문제를 일으키고 만다. 당신이 감정의 악순환에서 빨리 빠져나오지 않는다면, 자신의 상황을 극복하려는 의지를 잃어버리게 될 것이다.

뒤만 보고 있으면
앞으로 나아갈 수 없다

좋지 않은 일이 생겼을 때는 감정의 악순환이 당신을 바닥까지 끌어내리기 전에 그 고리를 끊어야 한다. 노력하면 악순환의 고리를 끊고 탈출할 수 있다. 여기에는 두 가지 접근 방식이 있다. 하나는 '반박'이고, 다른 하나는 '색다른 해석을 모색'하는 것이다.

'반박'은 상황을 다시 한 번 찬찬히 살펴보고, 실제로 일어난 일과 감정이라는 렌즈를 통해 인식한 현실을 의식적으로 분리하는 것부터 시작한다. 그런 다음 훌륭한 변호사가 불완전한 증거를 분석하여 거짓을 밝혀내듯이, 부정적인 감정으로 인해 왜곡된 사실을 반박한다. 부정적인 해석에 대한 믿음과 가정에 이의를 제기하고 사실을 재조사해야 한다. 그리고 마지막으로 리프레이밍을 한다. 편견 없이 현실을 직시하고, 이제부터 무엇을 할 수 있는지 생각한다. 현실적인 문제를 어떻게 해결할 수 있을까? 상황을 리프레이밍하고 적절한 조치를 취하다 보면 점점 활력을 되찾게 될 것이다.

마틴 셀리그먼의 조언에 따라 아까 회의실에서 당신의 상황이 어떻게 달라질 수 있는지 살펴보자. 자신의 실수를 발견한 시점으로 거슬러 올라가본다. 프레젠테이션을 하는 중에 미리 챙기지 못한 빈틈을 발견한 것은 사실이다. 그러나 그 빈틈 하나로 당신이 제시하고자 했던 모든 것이 달라지지는 않는다. 사실 그 빈틈을 메우면 전체적으로 논리가 더욱 강화될 수 있다.

까다로운 질문을 했던 간부는 어떤가? 말투가 공격적이어서 그렇지, 사실 합당한 질문이었다. 당신이 감정을 가라앉혔다면 적절한 대답을 할 수 있었을 것이다. 그 간부가 어긋난 행동을 한 것은 아니다. 그저 자신의 역할에 충실했을 뿐이다. 그는 회사의 미래에 영향을 미칠 만큼 중대한 결정을 내려야 하는 상황에서 몇 가지 중요한 점을 지적한 것뿐이다. 공격적인 말투는 우려의 목소리이기도 하다. 그의 질문을 조금 더 객관적으로 생각해보면, 당신은 더욱 철저하게 분석할 필요가 있다는 데 동의할 것이다. 이런 식으로 반론을 제기해나가다 보면, 머릿속에서 당신을 괴롭히던 어둠의 목소리가 조금씩 잦아들 것이다.

'색다른 해석을 모색'하는 것 또한 가치 있는 접근 방식이다. 이것은 사건이 특정한 방식으로 전개된 다른 이유를 찾아보는 것이다. 당신은 자신의 실수로 일이 벌어졌다고 해석한다. 하지만 다르게 생각할 수도 있다. 한 간부의 질문이 말다툼으로 번진 이유가 무엇일까? 회의 직전에 다른 곳에서 무슨 일이 있었던 건 아닐까? 사장은 다른 이유로 회의실을 떠났을 수도 있다. 간부들에게 화가 난 것도 아니고, 단지 약속이 있어서 급히 나간 것인지도 모른다.

'반박'과 '색다른 해석의 모색'은 감정의 악순환을 멈추는 데 도움이 될 것이다. 리프레이밍하고 기운을 차려야 한다. 상황을 바로잡기 위해 어떤 조치를 취해야 할지 모색할 준비를 한다면 실수로 인해 벌어진 상황들을 통제할 수 있다.

이제 당신은 어떻게 대처하면 좋을까? 우선 빠뜨린 분석을 정리해서 까다로운 질문을 했던 간부에게 전화를 건다. 이제 방어할 필요가 없으므로 그의 질문에 효과적으로 대처할 수 있다. 그를 설득해서 함께 해결책을 찾고, 그다음 사장을 만나 그가 어떤 생각을 갖고 있는지 알아본다.

새로운 분석을 통해 당신의 논리가 더욱 강화될 수 있다. 하지만 간부들이 반감을 드러낸 이유를 찾아내기는 쉽지 않을지도 모른다. 간부들의 의견을 조율하는 일 또한 기적을 만들어내는 일만큼이나 어려울 수도 있다. 하지만 당신은 열린 마음으로 모든 말에 귀를 기울이고 차근차근 문제를 해결해나갈 것이다. 당신은 회사에서 해고당하지 않고, 결혼생활도 흔들리지 않으며, 가족이 당신을 몹시 사랑한다는 것을 깨닫는다. 당신이 회의에서 최선을 다하지 못한 것은 사실이다. 그 사실을 바꿀 수는 없다. 하지만 당신은 상황을 더 나은 방향으로 바꿀 수 있다.

가끔 리프레이밍이 도움이 되지 않을 때도 있다. 현실이 그저 냉혹하기만 한 때도 있게 마련이다. 있는 그대로의 사실들이 눈덩이처럼 불어나 재앙 수준에 이르고, 실수가 심각한 결과를 초래하는 경우도 있다. 어떤 반박이나 다른 해석도 할 수 없고, 뚜렷한 해결책을 찾지 못할 때, 몹시 지친 당신이 이런 상황을 극복하려면 훨씬 더 많은 에너지가 필요할 것이다.

그러나 너무 서두를 필요 없다. 에머 푼다라는 어려움이 닥칠 때마다 체육관을 찾았다. 시카는 아이들과 대화를 나누면서 스트레스를 풀었다. 이러한 방법들은 일종의 치환 전술displacement tactics(어떤 대상으로 향하는 태도나 감정을 다른 대상으로 돌리는 것)이다. 말 그대로 다른 일에 정신을 쏟는 것이다. 스트레스나 부정적인 감정에 쏠린 에너지와 관심을 다른 곳으로 돌리면 한결 마음이 편안해진다.

역경에 굴하지 않고 효율적으로 맞선다 해도 가혹한 시련을 겪는 동안 우리의 뇌와 몸은 지치게 마련이다. 걷기와 같은 육체적인 활동이 좋다. 골칫거리에서 빠져나와 다른 곳으로 주의를 돌리면 잠시나마 혼란스러운 기분에서 벗어날 수 있다.

주의를 분산할 수 있는 건전한 취미를 하나쯤 가지고 있는 것이 좋다. 기분이 나아질 뿐 아니라 어려운 문제를 창의적으로 해결하는 데도움이 된다. 잠시 휴식을 취하는 동안 획기적인 해결책이 떠오르는경우가 종종 있다. 스트레스에서 잠시 벗어났을 때 잠재의식이 문제를정리하기 때문이다.

마음의 경고등에 불이 들어오면

긍정적인 시각은 결코 저절로 얻어지는 것이 아니다. 평소에 꾸준히 노력해야만 한다. 우선 감정의 악순환이 언제 시작되는지 알아내그것부터 막아야 한다. 놀런 혹스마는 마음속 '정지 신호'를 이용하라고 조언한다.

예를 들어 간부가 당신에게 이의를 제기했을 때, 당신은 맥박이 빨라지고 얼굴이 붉어지는 등 악순환이 시작될 조짐을 느낄 것이다. 이렇게 마음속 경고등에 불이 들어오면 의식적으로 심호흡을 하고 미소짓는다. 그리고 에머처럼 열린 마음으로 침착하게 그의 의견을 받아들이고, 필요한 질문을 한두 개 던진다. 그러면 간부는 공격적인 태도를누그러뜨리고 문제를 해결하기 위해 협조할 것이다.

누구나 에머처럼 행동할 수 있다. 다혈질의 성격을 가진 누군가가매우 부정적인 태도를 보일 때는 곧바로 반응하지 말고 잠시 심호흡을하라. 누군가 당신에게 화를 낼 때는 자신도 모르게 덩달아 화를 내게마련이다. 하지만 화를 내는 것은 악순환의 시작이다. 화를 내는 대신먼저 아량을 베풀면 분노가 가라앉고 긍정적인 감정이 떠오른다.

낙관주의가 타고나는 것인지, 아니면 노력해서 습득한 것인지는 중
요하지 않다. 누구나 조금만 연습하면 낙관적인 태도를 기를 수 있다
는 사실을 기억하라. 그것은 단순히 일하는 데만 필요한 기술이 아니
다. 낙관적인 태도가 더 크게 성공하고, 더 오래 행복하며, 더 빨리 기
운을 차리는 데 큰 도움이 된다는 것만은 분명한 사실이다. 낙관주의
는 적극적으로 내 것으로 만들어야 하는 삶의 필수 기술이다.

Chapter 8

현실을 똑바로
보는 법

전쟁이 선포 되었을 당시, 나는 요르단에서 아버지와 점심을 먹고 있었다. 우리는 얼른 예루살렘 외곽에 있는 집으로 향했다. 밤새 포격이 이어졌고, 다음 날 아침 우리 가족은 폭스바겐 비틀을 빌려 타고 집을 떠났다. 요르단에 무사히 도착하자 친구들이 우리를 반겨주었다. 절체절명의 위기를 통해 나는 열네 살에 강한 사람이 되었다. 생각하지 말고 그저 행동해야 하는 순간이 있다는 사실을 배운 것이다.

— 아말 존슨, 마켓툴스MarketTools 회장

평가를 받는다는 사실만으로 심장 박동이 빨라지고 두려움에 휩싸일 수 있을까? 조사에 따르면 많은 여성들이 가치 있는 정보에 귀를 기울이는 것이 아니라, 비판과 반대에 지나치게 신경 쓰는 것으로 드러났다. 옳은 말이라 하더라도 자신을 비판하거나 부정하는 의견을 듣고 아무렇지도 않기란 힘든 일이다. 피드백이 종종 감정의 악순환을 불러일으키는 것도 어찌 보면 당연하다.

우리가 인터뷰한 여성 리더들은 놀랍게도 업무상의 실수와 피드백을 가치 있는 정보원으로 이용하고 있었다. 그녀들 대부분은 실수했을 때, 잘못된 방향으로 들어섰을 때 혹은 실패했을 때, 평가를 겸허하게 받아들이고 그것을 발판 삼아 계속 나아간다. 이런 능력 덕분에 그녀들은 빠른 속도로 회복하고 성공을 향해 발돋움한다. 실수를 통한 깨달음은 성장의 강력한 원동력이 된다.

또한 자신이 완벽하지 않다는 것을 인정하기 때문에 평생 배움을 게을리하지 않는다. 그리고 짧은 시간에 많은 것을 배우려면 종종 고통이 따르게 마련이라는 사실 또한 잘 알고 있다.

엘린 맥콜건Ellyn McColgan은 최근까지 세계적인 투자금융회사 모건스탠리Morgan Stanley의 글로벌자산관리사업부 최고운영책임자였고, 그전에는 피델리티인베스트먼츠Fidelity Investments의 판매운영팀 리더였다. 그녀는 문제가 생겼을 때 피드백을 듣고 상황을 냉정히 평가하며, 다시 전진하는 능력이야말로 직장생활에 꼭 필요한 힘이라는 값진 조언을 들려주었다.

실패에서도
의미를 찾아라

뉴저지의 저지시티Jersey City에서 자란 엘린이 처음 세상에 눈을 뜨게 된 것은 그녀의 할머니 덕분이다. "아버지는 휴일도 없이 매일같이 일하는 난방 설치기사였고, 어머니는 우리들을 돌보면서 집안일을 하느라 하루하루를 정신없이 보냈어요. 부모님의 인생은 일과 의무로 가득 차 있었죠. 할머니는 늘 내가 큰 인물이 될 거라고 말씀하셨어요. 누구보다 나를 지지해주었고, 원하는 것은 무엇이든 할 수 있다고 가르쳐주셨죠."

엘린의 집은 경제적으로 여유롭지 못했다. "고등학교 때 체험학습을 갈 때마다 할머니는 교통비 20달러를 구하려고 이리저리 궁리해야 하셨죠. 나는 체험학습을 통해서 상상도 못할 만큼 더 큰 세상이 있다는 것을 배웠어요. 또한 그 세상으로 나가기 위해서는 돈과 교육이 필요하다는 것도 알게 되었죠." 그때부터 자립을 향한 엘린의 행진이 시작되었다.

엘린은 몬트클레어 주립대학을 선택했다. 그곳은 모든 학생들이 일을 하며 학교를 다녔다. 졸업 후 현지 백화점 인사부에 취직했다. 그녀가 아파트를 임대할 만큼 수입을 올린 것이 자립의 첫걸음이었다.

대학 졸업 후 5년 동안 몇 차례 직장을 옮기며 인사담당자로서 경력을 쌓은 뒤, 엘린은 제과업체 라이프세이버스캔디컴퍼니Lifesavers Candy Company의 인사부에 들어갔다. 운 좋게도 그곳에서 자신의 잠재력을 알아본 상사를 만났다. 그는 엘린에게 이렇게 말했다. "2주 동안 〈월스트리트저널〉을 읽어보게. 2주 뒤에 아무런 호기심도 생기지 않는다면 자네를 그냥 두겠네. 그러나 궁금한 것이 잔뜩 생긴다면 대학원 진학을 논의해보도록 하지.”

엘린은 야간대학원에 진학해 1학기를 다닌 다음, 회사를 그만두고 하버드 경영대학원에 진학했다. 그곳에서 그녀는 원대한 꿈을 꾸었다. “하버드를 다니며 대기업을 운영하는 경영자의 꿈을 키웠어요. 라이프 세이버의 회장을 떠올렸죠. 키가 크고 잘생긴 사람이었어요. 항상 정장 차림에, 운전기사가 모는 멋진 차를 타고 다녔죠. 그리고 훌륭한 사무실에서 일을 했죠. ‘성공이란 이런 것이다’를 보여주는 것 같았어요. 나는 그게 그렇게 좋아 보였어요.”

하버드에서 엘린은 인사에서 금융으로, 소비재에서 금융 서비스로 관심 분야를 바꾸었다. 자신의 재능을 십분 발휘할 수 있고, 또 자신이 좋아하는 분야를 자각한 것이다. “재능을 발견한 거죠. 한편으로는 인재나 조직 관리를 하고 싶은 마음도 있었어요.”

엘린은 시어슨아메리칸익스프레스Shearson American Express에 입사해 교육을 담당했고, 그 후 몇 년 동안 최고운영책임자COO의 어시스턴트로 일했다. 그녀는 우수한 업무 성과와 튼튼한 인맥을 이용해 보스턴 사업부로 활동 영역을 넓혔다. 하지만 여기서 머물지 않고 다시 새로운 직장을 구했다. 뉴잉글랜드 은행Bank of New England에서 수탁 및 증권 처리 업무를 맡았다. 직원이 5백 명이나 되는 큰 기업에서 엘린은 자신의 꿈에 서서히 다가가고 있다는 자신감을 얻었다.

그러나 삶이 동화처럼 아름답기만 한 것은 아니다. 탄탄대로를 달리던 엘린에게도 돌풍이 여지없이 찾아왔다. 당시 서른다섯 살이었던 그녀는 생애 처음으로 자기 집을 마련했다. 그리고 자신이 그 모든 것을 감당할 수 있다는 것을 보여주기 위해 최선을 다했다. “내가 부엌

리모델링 계약서에 서명한 지 얼마 지나지 않아 은행이 위기에 처하게 되었죠. 나는 이런 생각이 들었어요. '맙소사, 난 해고될지도 몰라. 이제 막 집을 샀는데 날벼락이네. 부엌을 어떻게 하지? 찬장을 벌써 떼어버렸는데!'"

엘린은 팀원들과 함께 맡고 있는 사업부를 매각하는 것을 포함해 몇 가지 방법을 논의했다. "다른 일자리를 찾을 수 있도록 서로 돕자고 약속했죠. 한 명씩 새로운 직장을 찾아갔어요." 엘린 또한 피델리티인 베스트먼츠로 자리를 옮겼다. 이것은 전화위복이었다. 그녀는 새 직장에서 대규모 판매사업을 추진하고 수천 명의 직원들과 고객들을 관리하며, 17년이 넘는 시간동안 이례적인 경력을 쌓았다.

낙관주의자들이 그렇듯 엘린은 모든 곳에서 기회를 발견했다. "1992년이었어요. 401K(미국의 퇴직연금제도) 고객서비스사업부 운영 제의를 받았죠. 당시 401K가 무서운 속도로 성장하고 있는 상황이었어요."

그녀는 401K를 보다 우수한 고객서비스를 제공하는 흑자 사업으로 키우는 업무를 맡았다. "여러 지역에 걸쳐 대대적인 역할 재조정이 필요했어요. 꽤 복잡한 일이었죠. 우선 프로젝트팀을 구성해 추진계획을 세웠어요. 엄청난 분량의 작업을 해야 했죠. 우리는 마침내 켄터키주 코빙턴에 새로운 팀을 만들었어요. 거의 모든 팀원들이 새로운 직무설명서와 새로운 업무를 맡았어요."

그다음은 어떻게 되었는지 쉽게 추측할 수 있을 것이다. 그들이 가는 길에 뛰어넘을 수 없는 구멍이 생겼고, 엘린의 팀은 거기에 빠져버렸다. 조직을 가동한 첫날부터 삐걱거렸다. 정해진 대로 움직이는 것이 하나도 없었다.

그로부터 몇 주 뒤, 엘린은 갑자기 본사에서 파견 나온 간부들과 함께 켄터키 현장을 순시했다. "내 상관의 상관이 우리와 함께 현장을 둘러보았어요. 그가 은행계정을 맡은 젊은 여성에게 이렇게 질문하더군요. '은행계정 조정을 얼마나 자주 합니까?' 그녀가 대답했죠. '매일 합니다.' 그러자 그가 다시 물었어요. '차변과 대변이 맞지 않으면 어떻게 합니까?' '차액만큼 집어넣어 맞춥니다.' '차변과 대변이 맞지 않는 이유를 알아보았나요?' '저는 그냥 차액을 적어넣어 차변과 대변을 맞출 뿐이에요.' 그러자 그가 마지막으로 결정적인 질문을 던졌어요. '차변과 대변이 마지막으로 일치한 게 언제였죠?' 그녀는 '여기서 일한 지 90일 정도 되었는데, 한 번도 일치한 적이 없었습니다'라고 말했어요. 정말 치명적인 대답이었죠."

구멍은 생각보다 매우 깊었다. 피델리티는 고객대표자회의를 열었고, 불만에 가득 찬 고객 5백 명이 참석했다. 엘린이 회의실 앞에 서서 이렇게 말했다. "회사와 전 직원을 대표해 진심으로 사과드립니다. 임무를 다하지 못하고 충분히 주의를 기울이지 못한 점, 깊이 반성하고 있습니다. 앞으로 90일 안에 상황을 바로잡겠습니다. 그때까지 자금 이동을 자제해주시고, 문제를 해결할 수 있도록 협조해주시기를 부탁드립니다."

'운영의 귀재'라는 평가를 받던 엘린에게 이 일은 엄청난 타격이었다. 엘린은 이렇게 회고한다. "정말 끔찍했어요. 이제 나는 끝이라고 생각했죠. 명예를 회복하지 못할 것 같았어요."

그러나 그녀는 비관이 아무런 도움이 되지 않는다는 것을 알고 있었다. 우선 모든 곳으로부터 피드백을 받았다. 그녀의 표현을 빌리면 '발가벗겨지자'고 마음을 먹은 것이다. 그녀는 팀원들에게 이렇게 말했다. "우리는 길을 잃었습니다. 모든 것이 제 탓입니다. 하지만 주저 앉아있을 수는 없습니다. 이제 우리는 다시 길을 찾아야 합니다. 상황을 바로잡으려면 어떻게 해야 할까요?"

그녀가 마음을 열자 팀원들도 적극적으로 힘을 모았다. "도움을 요청했을 때 팀원들이 기꺼이 응했어요. 그 과정에서 나는 미처 몰랐던 그들의 강점을 발견했죠. 그뿐 아니라 스스로도 몰랐던 강점을 발견하기도 했죠."

그다음 엘린은 무력감에 맞서 싸웠다. 시시때때로 두려움이 엄습했다. 그녀의 소중한 보물인 경제적 자립을 잃을까 무서웠다. 그래서 더욱 열심히 일하기도 했지만, 그와 함께 부정적인 생각이 꼬리에 꼬리를 물었다. "잘못하고 있는 건지도 모른다는 생각에 눈앞이 캄캄해지기도 했어요. 집과 차, 돈까지 지금 내가 누리고 있는 모든 것을 잃을까 두려웠죠."

그녀는 '훨씬 더 낙관적인' 동료에게 도움을 청했다. 그와 대화를 나누면서 그녀는 균형 감각을 되찾았다. "그의 사무실에 앉아 '어떻게 해야 할까? 이 방법이 괜찮을까?'라고 물으면, 그는 '그럼, 괜찮지'라고 말하며 이유까지 덧붙여 설명해주었어요."

고맙게도 두려운 시간은 그리 오래가지 않았다. "결국 그 동료와의 대화가 효과를 발휘하기 시작했어요. 아침에 일어나면 그날 하루를 무사히 보낼 수 있을 것 같았어요. 우리는 계속 해결책을 마련했고, 차근차근 꼬인 문제를 풀어나갔어요."

일이 제대로 돌아가기 시작하자, 엘린도 자신감을 되찾았다. "내가 그 상황을 직시할 수 있었던 것은 아버지 덕분이에요. 아버지께 이런 말씀을 드린 적이 있어요. '나 때문에 문제가 생긴 건 아니에요. 내가 책임지고 있었던 것은 프로젝트팀과 직원 관리이지, 은행계정 부문이 아니잖아요. 내 책임이라고 할 수는 없어요.' 그러자 아버지는 엄한 표정으로 나를 쳐다보며, '아니지, 네 책임이라고 할 수 있지. 네가 그 조직의 책임자 아니냐? 그러니 도망치지 말고 문제를 해결해야 한다'고 말씀하셨어요. 실패로부터 많은 것을 배우듯, 잘못을 바로잡는 과정에서도 많은 것을 배운답니다."

고통 없이
성장도 없다

엘린은 젊은 사람들, 특히 일하는 여성들에게 이런 말을 해주고 싶다고 한다. "야망이 있다면 망설이지 마세요. 도전하세요. 당신이 생각하는 최악의 상황은 뭡니까? 해고되는 거요? 물론 해고될 수도 있어요. 당황스럽겠죠. 면목이 없을 것이고요. 하지만 실제로 당신이 해고될 가능성은 매우 낮아요. 설령 해고된다한들, 뭐 어때요! 다른 일자리를 구하면 되죠."

엘린의 낙관적인 태도는 앞으로 나아가는 데, 그리고 궁극적으로 더 큰 성공을 거두는 데 큰 힘이 되었다. 그녀가 저지른 실수로 인해 멀어졌던 상사와의 관계도 회복할 수 있었다. "1년 정도 지나자, 얼어붙었던 상사의 마음이 녹기 시작했어요. 지금은 웃으며 그때 얘기를 하죠. 관련 고객 상당수가 그와 개인적으로 잘 아는 사이였어요. 그가 피델리티로 데려온 고객들이었으니까요. 상사는 그들에 대해 남다른 책임감을 가지고 있었어요. 우리의 서툰 서비스로 그들이 피해를 입었으니 화를 내는 것도 당연했죠. 나는 '언젠가 그가 다시 내게 말을 걸어올 것이고, 괜찮아질 거야'라고 생각했어요. 그리고 실제로 그렇게 되었고요. 누구나 나처럼 실수나 실패를 할 수 있어요. 그리고 나처럼 다시 모든 것을 회복하고 더 발전할 수도 있고요."

엘린은 이 고통스러운 경험으로부터 많은 것을 배웠다. "실패했다고 세상이 끝나지는 않아요. 실수했다고 모두가 나에게 등을 돌리지도 않아요. 시간이 지나면 모든 게 괜찮아질 거예요." 그녀는 자신의 능력 가운데 빠른 회복력을 가장 자신 있게 꼽는다. 그 원동력은 다른 무엇도 아닌 팀원들이라고 한다. "나는 다른 사람들에게서 에너지를 얻어요. 사람들에 둘러싸여 있을 때, 힘을 합쳐 뭔가를 이루어낼 때, 정말 행복해요."

엘린은 난국을 헤쳐나갈 때 낙관적인 태도로 일관했다. "절망은 어떤 방법도 없을 때 느끼는 거예요. 여러 가지 방안을 마련할 수 있다면 그중 하나를 고르면 돼요. 해결책이 하나뿐이라면 그걸 밀고 나가면 돼죠. 혹시 잘못된다면 또 다른 방안을 생각하면 되는 거예요. 복잡할 거 없어요. 복잡하게 생각하는 게 더 문제일 때가 많죠."

대담한 결정력 역시 그녀의 강점이다. 이후 그녀는 피델리티의 소매판매 부문과 기관판매 부문 등 여러 운영 부문을 통솔했다. 그러나 말 그대로 떠나야 할 때가 왔을 때 주저하지 않았다. "2007년, 17년 동안 화려한 경력을 쌓은 뒤 다른 기회를 찾을 때가 되었다고 판단하고 사표를 냈죠."

엘린은 지금도 끊임없이 배우고 성장한다. 그녀는 위기의 순간들을 떠올리며 통찰력 있는 지혜를 들려준다. "두려움을 가지고서는 삶을 제대로 살 수 없어요. 실패하면 그 당시에는 몸을 움츠리게 마련이에요. 하지만 반드시 실패를 발판 삼아 더욱 성장해야 해요. 물론 고통이 따르죠. 그러나 고통은 늘 성장의 밑거름이 되는 법이에요. 사춘기 시절 성장통을 겪는 것처럼.”

엘린은 뒤를 보지 않고 항상 앞을 본다. 그녀가 좌절에서 빨리 빠져나올 수 있었던 것도 그 덕분이다. “지금까지 나는 특별한 길을 걸어가는 여행을 해왔다고 생각해요. 그리고 그 여행은 아직 끝나지 않았어요. 나는 여전히 ‘진화’하고 있으니까요!”

피드백을 받아들여라

현실을 직시하려면 어떤 마음의 준비를 해야 할까? 우선 자신만의 역경 시나리오를 상상해본다. 예를 들어 지금 맡고 있는 프로젝트가 실패했다고 가정해보자. 그로 인해 벌어질 수 있는 모든 일들을 메모한 다음, 실제로 일어날 가능성을 평가한다.

엘린은 잘못된 업무 처리가 초래하는 세 가지 결과를 예견했다. 해고되는 것, 본인 스스로 분개하며 사표를 내는 것, 마지막으로 피드백을 구하면서 상황을 바로잡기 위해 노력하는 것이었다. 믿을 만한 동료와 멘토의 도움을 받아 세 가지 결과가 실제로 일어날 가능성을 평가해보니 각각 5퍼센트, 15퍼센트, 80퍼센트가 나왔다. 가장 걱정했던 해고의 가능성이 실제로는 가장 낮은 것이다. 이렇게 다른 사람들과 함께 상황을 분석하다 보면 자신이 미처 생각지 못한 사실들, 막연히 두려워했던 것의 실체를 알 수 있다.

상황을 기록하는 것 또한 도움이 된다. 당신에게 가장 필요한 능력은 새로운 시각으로 상황을 바라보는 것이다. 힘든 상황에서 실제로 일어난 모든 일들과, 그 일에 관련된 사람들이 상황을 어떻게 해석하는지 기록한다. 그런 다음 당신이 신뢰하고, 그 상황에 대해 직접적인 지식이나 비슷한 경험을 갖고 있는 사람에게 도움을 청하는 것이 좋다. 그러면 더욱 객관적인 사실을 알 수 있다. 당신이 정리해놓은 것을 읽어보고, 덧붙이거나 반박할 점이 있으면 솔직하게 얘기해달라고 부탁한다.

이야기를 나눌 사람이 없다면, 한 걸음 뒤로 물러나 여러 각도에서 상황을 조명해본다. 다른 사람들은 이 상황을 어떤 시각으로 바라볼지 상상해보는 것이다. 이런 습관이 몸에 배면 더 이상 실패를 곱씹으며 괴로워하지 않을 것이다. 앞으로 역경에 부딪혔을 때 두려움에 떨며 주저앉는 것이 아니라, 상황을 객관적으로 진단하고 수습하려 노력할 것이다.

마지막으로 현실을 직시하는 데 필요한 것은 피드백이다. 피드백을 받을 때는 긴장한 나머지 방어적인 태도를 취하게 마련이다. 누가 좋은 이야기를 해줘도 의심부터 들 때도 있다. 그러므로 우선 머리를 식히면서 마음의 준비를 하는 것이 좋다. 긴장하거나 피곤한 상태에서는 마음을 열기 힘들 뿐 아니라 융통성을 발휘하기 어렵다.

피드백을 받아들일 준비가 되었다면 상대에게 '더 자세히 이야기해줄 수 없을까요?' '내가 어떻게 하면 좋을까요?' '어떻게 하면 그러한 능력을 기를 수 있을까요?' '당신은 그러한 능력을 어떻게 길렀죠?' 이처럼 편한 질문 몇 가지를 미리 준비한다.

직접적인 비판을 포함해 모든 피드백은 성장의 발판이 될 수 있다. 여성 리더들은 수차례 우리에게 이런 말을 했다. "실수와 좌절로부터 깨달음을 얻으세요."

엘린처럼 깨달음을 통해 문제를 바로잡아 잃었던 것을 되찾을 수도 있지만, 간혹 그저 깨달음을 얻는 것으로 그칠 수도 있을 것이다. 그러나 모퉁이를 돌아서면 새로운 기회가 당신을 기다리고 있을 테니 너무 걱정하지 마라.

Chapter 9

불안할수록
냉정하게

변호사, 은행가, 기업 고문을 한자리에 모아놓고 대화를 나눈 적이 있다. 모두 무슨 말인가 하고 싶어 했다. 나는 그들에게 말했다. "한 분 한 분께 질문하겠습니다. 어떻게 하면 좋을지 실질적인 대안을 제시해주십시오. 주저하지 말고 말씀해주세요." 그 결과 훌륭한 논의가 이루어졌다.

— 캐런 모지스, 오리진에너지Origin Energy 최고운영책임자

여성들은 남성들보다 뛰어난 적응력을 타고
났다. 엄마들은 갑작스러운 변화에 누구보다 능숙하게 대처한다. 떼를
쓰는 어린아이를 바로 달래고, 10대 자녀의 예상치 못한 요구에 언제
든지 응할 준비가 되어 있다.

여성들은 엄마가 되기 전부터 여러 적응 방식을 터득한다. 또, 자라
는 동안 다른 사람들의 요구를 들어주는 법을 남성들보다 더 많이 배
운다.

이렇게 이미 충분한데도 왜 적응력을 키워야 한다는 말인가? 안타
깝게도 많은 여성들이 사무실에서는 이런 타고난 장점을 제대로 발휘
하지 못한다. 조사결과에 따르면, 여성들은 도전과제가 주어졌을 때
남자보다 두 배 더 열심히 뛰어다닌다고 한다. 하지만 그 과정에서 큰
좌절을 경험하고, 막대한 에너지를 소비한다. 설상가상으로 환경이 바
뀌었을 때 더 효과적인 방법을 아예 찾아보지도 않는다. 그것은 결코
적응력을 제대로 발휘하는 것이 아니다.

환경을 통제할 수 없을 때는 잠을 포기해가며 모든 일을 완벽하게
해내려고 애쓸 필요 없다. 모든 사람들이 만족하는 방법이나 불가능한
절충안을 찾아 동분서주할 필요 없다. 급변하는 환경에서 그저 일만
열심히 하는 것은 오히려 최악의 선택이 될 수 있다. 이때 필요한 것은
차선책이나 완전히 새로운 전략을 신속하게 찾아내는 것이다. 그것이
바로 적응력이다.

크리스틴 라가르드Christine Lagarde(현재 국제통화기금IMF 총재)가 프랑
스에서 여성으로서는 처음으로 재무장관이 되었을 때 그녀에게 필요

한 것은 무엇보다 적응력이었다. 과거 그녀는 세계적인 법률회사 베이커앤맥킨지Baker&McKenzie에서 여성으로서는 처음으로 회장을 지낸 바 있다. 새로운 부류의 여성 리더로서 크리스틴의 경험은 적응력의 중요성을 잘 말해준다.

후회없는
결정을 위해서

우리는 크리스틴에게 베이커앤맥킨지에서 정상의 자리에 오르기까지 19년 동안 어떤 어려움이 있었는지 물었다. 그녀는 웃으며 이렇게 말했다. "'그럼요, 정말 힘들었죠. 얼마나 많은 산을 오르고, 얼마나 높은 벽을 뛰어넘었는지 몰라요'라고 말하면 좋겠지만, 그렇지 않았어요. 행복한 나날이었죠. 내 열망과 성격, 가치관이 회사의 방침과 잘 맞아떨어졌기 때문에 많은 것을 이룰 수 있었죠."

크리스틴이 CEO를 맡을 당시, 회사는 곤경에 처해 있었다. "신뢰를 잃은 경영진은 비난을 한 몸에 받고 있었어요. 경영 방식에 대한 불신이 극에 달했어요. 자부심이 땅에 떨어진 것은 물론이었죠. 내가 할 일은 자부심을 회복하고 조직에 활기를 불어넣는 것이었어요. 회사 내 전문가들은 자기중심적이어서 자기선전이나 자기비판에는 능하지만, 타인의 입장을 헤아릴 줄 몰랐어요. 그래서 직원들에게 고객을 먼저 생각하라고 독려했어요. 그리고 의사결정 방식과 관행, 구조 등 모든 것을 다시 살펴보았죠."

그러나 크리스틴은 광범위한 저항에 부딪혔다. "전문가들 가운데 변호사들이 가장 보수적이었어요. 그전까지 우리는 가급적 리스크를 피하라고 교육받았어요." 그녀의 전임자들은 새로운 것을 시도조차 못 하게 했다. "그들은 '성공하지 못할 겁니다. 너무 어려운 일이에요. 하지 않는 게 나아요.'라고 말했죠."

그러나 크리스틴은 오랜 기간을 두고 조금씩 변화를 시도했다. 그 과정에서 그녀가 택한 방식은 적응과 포용이었다. 우선 그녀는 세계 도처에 있는 파트너들과 상의했다. 그들의 지지가 무엇보다 중요하다고 생각했다. "충분히 시간을 두고 설득해나갈 작정이었어요. 우리는 적극적으로 분석하고, 측정하고, 벤치마킹하고, 조언을 구했어요. 4년 쯤 지났을 무렵 나는 우리가 목적을 달성할 수 있을 거라 생각했어요. 우리는 다양한 시각에서 살펴보고 모든 것을 꼼꼼히 두드려보았기에, 파트너들에게 자신 있게 새로운 아이디어를 제시했죠. 우리의 아이디어를 추진하기 위해서는 75퍼센트의 동의가 필요했어요."

크리스틴은 개혁안을 표결에 부치기 위해 파트너 회의에 참석했다. "장시간 설명과 토론이 이어졌죠. 회의실에 당신보다 더 전문적인 파트너 6백 명이 앉아 있다고 상상해보세요. 그들은 실질적인 운영을 담당하고 있는 데다 하고 싶은 말은 해야 직성이 풀리는 사람들이었어요. 그날 오후 4시까지 모든 논의를 다 끝내고 투표를 했죠. 찬성이 72퍼센트였어요. 나는 다음 날 오전에 다시 모이기로 하고 회의를 마쳤어요."

당신이 크리스틴이라면 어떻게 했겠는가? 그녀는 이렇게 회고한다. "그날 밤 우리는 머리를 맞대고 많은 논의를 했어요. 나는 잠을 거의 못 잤어요. 일부 전임자들뿐 아니라 72퍼센트의 찬성자들이 개혁안을 밀어붙이라고 압력을 가했어요. 예전 같으면 나머지 28퍼센트의 지지를 얻으려고 부지런히 뛰어다녔을 거예요. 다음 날 새벽 6시, 나는 마지막으로 글로벌 간부위원회와 만남을 가졌어요. 우리는 어떻게 할지 논의하고 최종 결론을 내렸어요."

크리스틴은 파트너 6백 명과 다시 한자리에 모였다. "참석자들 대부분 재투표를 할 거라고 기대했죠. 하지만 나는 이렇게 말했어요. '예전 같으면 재투표를 했을 겁니다. 안건이 통과될 때까지 압력을 가하고 다시 논의하고, 또 설득과 회유, 논의를 되풀이했겠죠. 그러나 이번 일은 그런 식으로 처리하고 싶지 않습니다.'"

크리스틴은 모든 파트너들이 깜짝 놀랄 만한 발언을 했다. "1년 더 기다릴 것입니다. 내년에 다시 뵙겠습니다. 우리는 추가로 필요한 모든 작업을 할 것입니다. 여러분의 프로젝트이고, 여러분의 조직이고, 우리 모두의 회사이기 때문에, 저는 여러분들이 이 결정에 만족하기를 바랍니다."

자신이 제안한 안건을 포기하기란 쉽지 않은 결정이다. 더구나 장기간 추진해온 프로젝트라면 더욱 그렇다. 하지만 그 사건은 중대한 분기점이 되었다. 그녀는 자랑스러운 표정으로 이렇게 말했다. "다음 해에 그 안건을 다시 상정했고, 99퍼센트 찬성이 나왔죠. 압도적인 결과를 이끌어낼 수 있었던 것에 대해 대부분의 사람들이 1년 전 우리의 대처 방식 때문이라고 말했어요. 한마디로 우리가 그들의 의견을 존중했기 때문이죠. 존중, 관용, 다양성 같은 회사의 가치관과도 맞아떨어지는 결정이었어요."

그로부터 얼마 뒤 크리스틴은 정부에서 일하기 위해 회사를 그만두었다. 그녀의 표현을 빌리면, 20분의 전화 통화로 전혀 새로운 길을 걷게 되었다고 한다. 그녀의 경험은 적응력과 판단력의 놀라운 조화를 보여준다.

"당시 나는 우리 회사의 뉴욕 지사에서 다른 회사와 합병하는 문제를 논의하고 있었어요. 그것은 4년 6개월 동안 추진해온 흥미로운 프로젝트였죠." 그러나 파리에서는 또 다른 일이 벌어지고 있었다. "프랑스 정부가 금요일 오전에 새로운 내각을 발표할 예정이라는 것은 알고 있었죠. 목요일 아침에 일어나 보니 이메일이 한 통 와 있었어요. 재무장관이 보낸 것이었죠." 이메일의 내용은 단 한 가지, 새로운 정부에 합류하라는 제안이었다.

그녀는 체육관으로 가던 중 발길을 돌려 주요 파트너들에게 전화를 걸었다. 그들 가운데 세 명과 연락이 닿았다. "나 때문에 상의한 건 아니에요. 내가 25년간 몸담아온 회사를 그만둬도, 업무에 차질이 없을지 그들의 생각을 듣고 싶었어요. 그 세 명이 '크리스틴, 우린 당신이 필요해요. 그만두지 말아요'라고 말했다면 나는 회사를 그만두지 않았을 거예요. 그런데 그들은 이렇게 말했어요. '국민의 한 사람으로서 의무를 다하라는 부름입니다. 국가를 먼저 생각하는 것이 옳습니다. 합병 프로젝트는 우리가 알아서 마무리 짓겠습니다.'"

집에 돌아와 보니 새로운 메시지가 도착해 있었다. 이번에는 총리가 그녀와 이야기를 나누고 싶어 했다. "전화를 걸어 총리와 20분 정도 이야기를 나누었어요. 하고 싶은 질문들을 했죠. 그리고 잠시 침묵이 흐른 뒤 내가 '생각할 시간을 얼마나 주실 수 있습니까?'라고 물었어요. 그러자 총리가 '원하는 만큼 줄 수 있습니다. 하지만 대답을 들을 때까지 수화기를 들고 있겠습니다'라고 말했어요." 파트너들의 축하를 받으며 크리스틴은 그날 저녁 미국을 출발했고, 다음 날 장관으로서 프랑스 땅에 발을 내디뎠다.

크리스틴은 어떻게 그렇게 빨리 결정할 수 있었을까? "내 직감을 믿는 편이에요. 물론 실수도 하죠. 하지만 나는 결정을 내리기 전에 두 아들과 상의했어요. 아이들은 날카로운 지적을 해주었어요. 나는 그들의 말에 귀를 기울였죠. 장관이 되면 포기해야 할 것들이 많았기 때문에 고민을 했어요. 하지만 회사는 내가 정부에 참여하는 것을 지지해주었죠."

발코니와 무도장

새로운 사업 개발, 새로운 고객 확보, 혁신적인 프로젝트 추진 등은 모두 적응력이 필요한 도전과제들이다. 그리고 이러한 과제에 맞닥뜨리면 두려운 생각이 들게 마련이다. 어떤 일이 일어날지 알 수 없기 때문이다. 하지만 어차피 멀리까지 내다볼 수는 없으므로, 불투명하고 불확실한 미래를 편하게 받아들일 필요가 있다.

하버드 대학의 로널드 하이페츠Ronald Heifetz와 마티 린스키Marty Linsky 교수는 도전적인 상황에 직면한 리더에게 '발코니에 올라서라'고 말했다. 발코니에서 사람들이 춤을 추는 모습을 내려다보고 있다고 상상해보자. 당신은 무도장 전체에서 무슨 일이 일어나고 있는지 한눈에 볼 수 있다. 이처럼 폭넓은 시각으로 바라보면 새로운 방향이나 돌파구를 찾아내기 쉽다는 뜻이다.

발코니에 서서 혼잡한 무도장을 내려다보며 간접적으로 경험하는 것과, 무도장에서 직접 경험하는 것은 별개의 문제다. 이번엔 발코니 아래 무도장에 서 있다고 상상해보자. 혼잡한 현장 안에서 당신은 분노, 걱정, 혼란, 두려움, 좌절감 등 주변 사람들의 감정을 느끼고 더불어 자신의 감정에 젖어들 것이다.

중대한 변화뿐 아니라 수많은 상황에서 이러한 감정들을 경험한다. 경쟁자와 마주칠 수도 있고, 동료들이 당신의 의견을 단호하게 거부할 수도 있다. 고위간부가 당신이 6개월에 걸쳐 공들여 세운 계획을 헐뜯을 수도 있고, 고객이 당신을 비난할 수도 있다. 마치 8라운드를 치른 권투선수가 된 듯한 기분이 들기도 할 것이다. 지칠 대로 지친 당신은 그저 상대가 기권하기를, 혹은 처참한 이 경기가 어서 빨리 끝나기만을 바랄지도 모른다.

이런 상황에서 해결책을 찾을 몇 가지 방법이 있다. 회의가 원하는 방향으로 진행되지 않는다고 생각해보자. 당신은 갑자기 심장 박동이 빨라지고, 다른 사람의 말허리를 끊으며, 자신의 의견을 횡설수설 늘어놓는다. 다른 사람의 말에 방어적인 태도를 보이기 시작하는 것이다. 이것은 한 걸음 뒤로 물러나라는 신호다. 앞에서도 말했듯이 위험에 처했을 때 인간은 본능적으로 세 가지 반응을 보인다. 맞서 싸우거나, 얼른 도망치거나, 얼어붙어 꼼짝도 못 한다. 원시적인 뇌의 지배를 받기 때문이다.

이럴 때는 발코니에 올라서야 한다. 우선 심호흡을 크게 하고 열까지 숫자를 세어본다. 그런 다음 가능하면 회의실을 떠나 단 몇 분이라도 시간을 가지고 현실을 직시해보라. 멀찍이 떨어져 이 상황 전체를 바라보는 것이다. 회의실을 떠날 수 없는 상황이라면, '관찰자' 입장에서 회의를 관망한다. 다른 사람들, 특히 당신의 의견에 반대하는 사람들의 입장에서 생각해보자. 다른 사람의 이야기에 귀를 기울이고, 사람들의 비평 이면에 어떤 생각이 자리 잡고 있는지 알아본다. 몇 가지 질문으로 그들의 말속에 숨은 뜻을 알아보라. 당신이 회의를 주도하고 있다면, 테이블을 한 바퀴 돌면서 참석자의 의견을 들어보는 것도 좋다. 시간을 가지고 냉정하게 생각해보면 상황이 다르게 보일 것이다.

즉각 대응할 필요가 없다면 더 객관적인 시각을 갖고 있는 멘토나 후원자에게 도움을 청하는 것도 좋다. 그들은 당신이 보다 거시적인 시각으로 상황을 바라보는 데 도움을 줄 것이다. 그들은 당신을 발코니로 데려가줄 것이다.

그러나 위의 방법들처럼 발코니에 서서 바라보는 것만으로는 충분하지 않다는 것을 늘 염두에 두어야 한다. 환경이 급격하게 변하고 있을 때, 그래서 걱정하는 것 말고 달리 무엇을 해야 할지 모를 때는 발코니의 시각과 무도장의 시각 둘 다 필요하다.

그러므로 발코니에 너무 오래 머물지 않는 것이 좋다. 무도장에 합류할 때를 알아야 한다. 무도장 안에 들어가서 직접 부딪혀봐야 한다. 회의가 원하는 방향으로 진행되지 않을 때 참석자들에게 적극적으로 질문을 던져 문제를 해결할 열쇠를 찾고, 신속하고 공격적으로 자신의 논리를 전개하는 태도도 필요하다. 이때 무엇보다 당신의 의견을 지지하고, 보호하고, 혹은 강화할 '우방'을 찾아내는 것이 매우 중요하다. 그러나 적에게도 주의를 기울여야 한다. 적이 반대하는 이유를 알아야 그들의 도전에 맞설 방법을 찾아낼 수 있다.

또한 무도장 안에서 당신은 영향력 있는 본보기가 되어 전세를 역전시킬 수도 있다. 크리스틴이 두 번째 회의에서 모든 파트너를 존중하겠다는 의지를 몸소 보여주었기 때문에, 파트너들은 다음 해에 기꺼이 그녀의 지지자로 돌아섰다.

수많은 여성들이 사람들에게 사랑받기 위해 최선을 다한다. 그러나 모든 사람들이 당신을 좋아하거나, 당신의 뜻을 따르지는 않는다.

몇 사람은 노골적으로 적의를 드러낼지도 모른다. 그럴 때 내면에서 저항이 시작될 것이다. 두려움에 정면으로 맞서야 한다. 그리고 다양한 시각에서 상황을 판단하고, 유연한 태도로 대응하며, 최선의 결정을 내려야 한다.

우리가 인터뷰한 모든 여성 리더들이 굴곡과 모퉁이를 만났고, 그때마다 새로운 기회, 새로운 모험, 새로운 도전에 적응했다. 편향된 시각과 경직된 사고로는 결코 변화에 적응하지 못한다. 그렇게 되면 통제력을 잃고 세상에 휘둘리게 된다. 변화를 언제나 기분 좋게 그리고 냉정하게 받아들이는 연습을 해야 한다.

Chapter 10

결과가 아닌
과정을 이야기하라

도저히 불가능해 보이는 일이 있다면, 어떻게 해결해야 할지 방법을 찾을 수 없다면 방법은 하나다. 더 열심히 하면 된다.

— 앤 스위니, 디즈니-ABC 텔레비전 그룹 대표

에일린 노턴Eileen Naughton이 오르막과 내리막을 수없이 오르내릴 때마다 길잡이가 되어준 것은 낙관적인 성격이었다. 리포터와 여행가이드, 잡지사 경영진으로 일하면서 그녀는 정기적으로 새로운 기회를 모색했다. 에일린은 자신이 꿈꾸었던 타임그룹Time Group 사장직을 몇 년간 수행한 뒤 해고되었고, 지금은 구글에서 매니징 디렉터Managing Director로서 활약하고 있다. 그녀는 여전히 낙관주의자이며 21세기의 르네상스 여성이다.

꿈꾸던 타임에
들어가다

아일랜드 이민자인 아버지는 뉴욕전화회사New York Telephone Company에서 일했다. 어머니는 여섯 명의 자식을 키우느라 늘 바쁜 나날을 보냈다. 부모님은 우리가 선생님을 존경하는 착한 학생이 되기를 바랐다. 우리 집에는 지켜야 할 규칙이 많았다. 방을 깨끗이 정돈해야 했으며, 식사 때는 포크와 나이프를 올바르게 사용해야 했다. 부모님에게 절대 말대꾸를 해서는 안 되고, 교회에 다녀야 했다. 나는 절도 있는 생활을 하면서도 탐험을 즐겼다. 또한 자신감이 넘치고 자신에 대한 신뢰가 강했다.

어릴 때부터 나는 어휘 구사력과 표현력이 뛰어났다. 4학년 때 처음으로 지은 시가 신문에 실리기도 했다. 그것은 내가 살고 있는 아파트 맞은편에 자리한 구두 가게의 제화공을 노래한 시였다. 내가 평생 구두에 애착을 가진 것도 그 때문이 아닌가 한다. 6학년 때는 토머스 제퍼슨 대통령에 대한 에세이로 미국혁명여성회the Daughters of the American Revolution에서 주는 상을 받았다. 나는 미국혁명여성회 회원들이 즐겨 찾는 레스토랑에서 그 에세이를 낭독했다. 많은 사람들 앞에 서본 적이 없었던 나는 다리가 후들거릴 정도로 긴장했다.

대학을 졸업한 뒤 두 곳에서 일자리를 제의받았다. 하나는 월스트리트의 투자은행에서 인턴으로 일하는 것이었고, 다른 하나는 신문기사배급회사(신문사나 다른 언론매체에 기사나 그림을 공급하는 대행사)에서 기자로 일하는 것이었다. 경력을 쌓기에는 은행이 더 좋았지만, 평소 글쓰는 것을 좋아했던 나는 기자의 길을 택했다. 나는 뉴욕으로 건너가 열정적인 상사 밑에서 여행, 주택 개조, 패션쇼에 이르기까지 다양한 분야의 기사를 썼다. 그러나 얼마 후 나는 회사를 그만두었다. 유럽으로 돌아가고 싶었던 것이다. 2개 국어가 가능하므로 여행가이드로 돈도 벌고 휴가도 즐길 수 있었다.

2년 동안 유유자적 즐겁게 보낸 뒤, 이제는 진지하게 생활할 때가 되었다고 생각했다. 나는 뉴욕의 마스터카드인터내셔널MasterCard International에서 홍보팀 커뮤니케이션 책임자로 일하게 되었다. 그곳에서 MBA의 필요성을 느끼고, 펜실베이니아 대학 와튼스쿨에 진학했다. 그리고 남편을 만나 다시 유럽으로 옮겨갔다.

내가 본격적으로 경력을 쌓기 시작한 것은 뉴욕으로 돌아온 1989년부터다. 하루 종일 월스트리트에서 주식거래 화면만 보고 살 수는 없었다. 그것은 내 영혼을 죽이는 일이었다. 스스로 무엇을 좋아하는지 잘 알고 있던 나는 출판 쪽으로 방향키를 잡았다. 나는 언제나 내 적성을 존중했다. 저널리즘이 바로 내 적성이었다.

내가 타임Time Inc.에서 들어가려고 애쓴 것도 결코 우연이 아니
었다. 처음에는 제조사업부에서 일했는데, 매력적이지도 않을뿐더러
MBA도 필요 없는 일이었다. 그러나 타임에서 일하고 있다는 것만으
로 좋았다. 18개월 뒤 나는 포춘의 편집사업부 책임자로 오라는 제의
를 받았다. 그때 한 동료가 "큰 실수를 하는 거예요. 금융 관련 경력을
쌓고 싶다면, 편집 쪽으로 자리를 옮기지 마세요."라고 경고했다. 그러
나 나는 잡지 만드는 일을 배우기로 했다.

나는 그 일이 마음에 들었다. 우리 사업은 호황을 누렸고, 운 좋게
도 포춘 전체의 비즈니스 구조를 재편하는 일에 참여하기도 했다. 나
는 당시 둘째 아이를 임신한 지 8개월째였고, 꿈같은 나날을 보냈다.
일도 삶도 순조로운 듯 했다.

최대의 시련에 맞닥뜨리다

그러던 어느 날 모든 것이 멈춰버렸다. 유전학 클리닉에서 어린 아
들이 선천적으로 취약X증후군fragile X syndrome을 앓고 있고, 앞으로 정
상적인 생활을 할 수 없다는 진단을 받았다. 배 속의 아기 역시 그러한
증후군을 가지고 태어날지 모를 일이었다.

이 사실을 알게 된 것은 화요일 오후 3시였다. 나는 다음 날 수요일
아침에 있을 타임워너Time Warner 연례 간부회의에서 다른 두 명의 간
부와 함께 기조연설을 하기로 되어 있었다. 맨 앞줄에 회장이 앉을 것
이고, 간부회의는 모든 사무실에 방송될 예정이었다. 그런 자리에서
기조연설을 한다는 것은 더없이 영광스러운 일이다. 병원에서 회사로

돌아와 슬라이드 작업을 마무리하고 연설을 준비했다. 내가 침착했다기 보다는 충격으로 정신이 나가 아들의 장애가 매우 심각하다는 것조차 실감하지 못했다.

나는 내가 해야 할 일들을 침착하게 처리했다. 그리고 어떤 것도 두려워할 필요 없다는 것을 깨달았다. 나는 괜찮아질 것이고, 내 아이도 그럴 것이라고 굳게 믿었다. 사실 내가 할 수 있는 일이 이것밖에 없기도 했다.

그 순간 나는 무거운 짐을 조금은 내려놓을 수 있었다. 아이를 뒷바라지하려면 일을 해야 하고, 일이 훌륭한 진통제 역할을 하리라는 것을 알았다. 그 깨달음으로 남은 내 삶이 다르게 느껴졌다. 힘든 일이 더 이상 힘들지 않았고, 중요한 일들이 더 이상 중요하게 여겨지지 않았다. 나는 시련을 포용하는 법, 가혹한 상황을 버티는 법을 배웠다. 삶을 더 긍정적으로 바라보는 기회가 되었다.

두 번째 아이도 취약X증후군일지 모른다는 생각이 들 때면 두려움이 엄습하기도 했다. 아이가 태어나기 전 대성통곡을 한 적도 있었지만 다시 마음을 다잡았다. 다행히 건강한 둘째 딸을 낳았고, 셋째까지 가졌다. 미래가 어떻게 펼쳐질지는 누구도 알 수 없다.

남편과 나는 이를 악물고 나아갔다. 우리는 취약X증후군 전문가가 되다시피 했고, 아들에게 온갖 치료법을 다 써보았다. 처음에는 그 병을 고칠 수 있을 거라고 믿었다. 그러나 몇 년 뒤 우리는 고칠 수 없는 장애라는 사실을 받아들였다.

첫째 패트릭을 보스턴에 있는 특수기숙학교에 보냈다. 참으로 어려운 결정이었다. 그러나 우리는 아이에게 충분한 애정을 쏟았고, 많은 기쁨도 얻었다. 처음 그 학교에 입학했을 때, 패트릭은 포크와 나이프도 제대로 사용할 줄 몰랐다. 그러나 지금 패트릭은 많은 일을 혼자 해내고 있다. 키도 180센티미터가 넘고, 행복하고 재미있는 아이다.

리더의 자격은 무엇인가

어느 날 최고재무책임자CFO가 나에게 자리를 옮기는 문제로 상의할 것이 있다고 했다. 그는 나에게 비용관리 프로그램을 맡아보는 게 어떠냐고 물었다. 분명 필요한 프로그램이라는 것을 알고 있었기 때문에 그 제의를 거절할 수 없었다. 직원들의 원성을 살지도 모를 일이었지만, 어쨌든 나는 그 일을 맡았다. 그 일로 나는 타임을 더 잘 알게 되었고, 경영진과도 더 가까워졌다. 다행히 나를 미워하는 직원이 생기지도 않았다.

2000년 1월, 타임워너와 AOLAmerican Online, Inc.이 합병 계획을 발표했다. 모두 환영하는 분위기였다. 주가는 최고치를 기록했다. 나는 합병 프로젝트를 맡으면서 또 한 번 성장할 기회를 맞았다. 그리고 그해 여름, 타임워너의 IR(투자자관리)부서 사장이 부사장과 함께 회사를 그만두었다. 매우 복잡한 합병을 추진하고 있는 상황에서 IR부서가 제 기능을 하지 못하게 된 것이다. 타임워너 회장이 나를 만나기를 원했고, 그는 나에게 그 부서를 맡을 적임자라고 말했다. 나는 마음속으로 '그럴 리가?'라고 생각했다.

IR부서는 체력 소모가 매우 큰 자리였던 만큼 몇 년 정도밖에 할 수 없다는 것을 알고 있었다. 그러나 한편으로 이런 생각도 들었다. "이 두 거대기업의 합병을 논의하는 자리에 함께할 수 있다니, 얼마나 흥미로운 일인가! 분명 즐거운 경험이 될 거야." 내 생각대로 정말 대단한 경험이었다. 돌이켜보면 내게는 그곳이 전쟁터였다는 생각이 든다.

그로부터 18개월 뒤, 나는 당시 타임 회장이었던 앤 무어로부터 한 통의 전화를 받았다. 그녀는 이렇게 말했다. "에일린, 매우 중요한 이야기를 전해야겠군요." 그 말을 듣는 순간 나는 '드디어!'라고 마음속으로 중얼거렸다. 그녀는 2분 동안 업무 설명을 했고, 나는 "그 일을 맡지 않을 이유가 없죠."라고 대답했다. 두려운 마음도 있었지만, 평생 소망이었기에 기꺼이 받아들였다.

내가 타임 사장이 되리라고는 상상도 해본 적이 없었다. 타임에는 사장이 서너 명밖에 없었고, 모두 남자들이었다. 오랫동안 꿈꿔온 일자리를 실제로 맡게 된 것이다. 믿을 수 없을 만큼 기뻤다. 나는 타임에서 나날이 성장할 수 있었다. 타임의 문화와 성향, 근무환경이 나와 잘 맞았기 때문이다.

우선 나는 신뢰를 쌓는 법을 배웠다. 리더는 어려운 결정도 기꺼이 내릴 줄 아는 사람이라는 것을 직원들에게 보여주어야 한다. 성과가 좋지 못한 직원들을 눈감아주어서는 안 되고, 함께 전쟁터에서 싸울 팀을 만들어야 한다. 유능한 팀을 구축하는 것은 무엇보다 중요한 일이다. 그러기 위해서는 사람들과 마음을 나누고, 더 높은 목표를 달성할 수 있도록 비전을 제시해야 한다. 그리고 직원들에게 길을 보여주고 그들이 그 길을 걸을 때마다 큰 걸음이든 작은 걸음이든 적절한 보상을 해주어야 한다.

또한 나는 정중하고 예의 바르게 행동하지만 할 말은 하는 성격이다. 그렇다고 말이 많은 편은 아니지만 실수를 보면 실수라고 솔직하게 이야기한다. 그것은 개인적인 일이 아니라 어디까지나 비즈니스이기 때문이다. 내버려두면 곪아 터질 문제를 모른 척하거나, 아무런 조치도 취하지 않고 오랫동안 방치한다면 결코 존경받는 상사가 될 수 없다.

리더에게 중요한 것은 현실과 일에 기준을 두고 까다로운 결정을 투명하게 내리는 것이라는 것을 깨달았다. 나는 사람들의 사랑을 받는 것보다 그것을 더 중요하게 여긴다. 그러한 결단력을 타임에서 다양한 경험을 통해 단련할 수 있었다.

진짜 인생을 살아라

2005년 초 AOL과의 합병으로 타임워너는 재정적인 위기에 빠졌다. 그와 동시에 종이, 잉크, 운송비, 우편료 등의 원가가 통제할 수 없을 정도로 오르는 바람에 인쇄 매체들이 곤경에 처했다. 게다가 많은 독자들이 인터넷으로 발길을 돌리고 있었다. 회사가 심각한 변화의 기로에 서 있었다.

2005년 말, 앤 무어는 정리해고를 결정했다. 회사를 구하기 위해 비용을 줄여야 했던 것이다. 그녀는 사업부에서 직급이 가장 높은 사람들부터 정리했다. 2005년 12월 13일, 대량해고가 단행되어 65명이 회사를 떠났다.

앤은 나를 찾아와 흔들리는 목소리로 힘든 결정을 내릴 수밖에 없다고 말했다. 나의 상사와 내 자리를 없애기로 결정했던 것이다. 그녀가 사무실을 나간 뒤, 나는 남편에게 전화를 걸어 갈라진 목소리로 "여보, 내 자리가 없어졌어요."라고 말했다. 남편은 "잘됐네! 드디어 쉴 수 있겠어!"라고 위로해주었다. 그날 저녁 회식 자리를 열었고, 나는 보드카에 흠뻑 취했다. 내가 검은색 차에 타며 "나중에 봅시다!"라고 인사했던 것, 그리고 집에 오자마자 곧장 침실로 들어가 잠자리에 들었던 것만 기억난다.

어떤 의미에서 나의 퇴직은 다행스러운 일이었다. 그만두는 해에 이미 무언가를 결정하거나 투자할 때마다 극도의 제약을 받았을뿐더러 재량권도 크게 제한되어 있었다. 회사에는 의심과 불신이 팽배했다. 그런 환경에서는 결코 발전하거나 성장할 수 없다고 계속 생각하던 때였다.

그러나 막상 회사를 그만두고 나니 첫날은 그저 어리벙벙했고, 그다음 날에는 몹시 화가 났다. 그 뒤로 한 달 동안 기분이 좋지 않았다. 나는 규칙적인 생활에 익숙한 사람이었다. 그래서 요가를 배우러 다니고, 가족을 돌보며 집안일도 했다. 5월이 되어서야 그 생활에 조금씩 적응했다.

나는 다시 일이 하고 싶어졌다. 그리고 다시 일하게 된다면, 세 가지 요건을 갖춘 곳에서 하고 싶었다. 디지털 비즈니스 모델을 가지고 있고, 향후 성장 가능성이 명백한 곳이며, 내가 공감할 수 있는 원칙과 가치관을 지닌 팀이 있는 곳 말이다.

그래서 나는 출판과 관련된 일을 거절했다. 찾아보고, 조사하고, 사람들에게 물어보면 물어볼수록, 구글이 내가 세운 모든 기준을 충족하는 곳이라는 생각이 들었다. 헤드헌터에게 연락해 뜻을 전하자, 그는 "구글에 자리가 있기는 한데, 당신이 생각하는 일인지는 모르겠습니다."라고 말했다. 나는 타임에서 사장까지 지낸 사람이었지만, 구글에서 필요한 사람은 뉴욕 지사의 광고 및 미디어 영업이사였기 때문이다. 회사 규모가 어느 정도냐고 물으니, 4억 달러(약 4억500억 원)가 넘는다고 했다. 그 정도면 상당한 규모였고, 진짜 비즈니스를 해볼 만하다는 생각이 들었다.

나는 구글의 뉴욕 지사 사람들을 만났고, 6월 셋째 주에 근무 제의를 받았다. 그리고 9월부터 출근했다.

이미 많은 기술과 경험을 갖추고 있었는데도, 구글에서는 더 배울 것이 많았다. 나는 무엇보다 구글에 대한 소비자들의 반응이 마음에 든다. 그리고 구글은 광고뿐 아니라, 정보검색 방식, 정보를 제공하는 방식 등에서 기술 혁신이 돋보인다. 내가 타임에 매료되었던 것도 유익한 생활을 위한 정보를 제공한다는 점 때문이었다.

그러나 구글은 많은 부분에서 타임과 다른 회사이기도 하다. 구글은 수직적인 위계조직이 아니라, 매우 수평적인 조직이다. 나는 그 점 역시 마음에 든다.

나는 타임에서 일한 것을 한 번도 후회한 적이 없다. 다만 그림자가 짙게 드리운 상황에서 너무 오랫동안 머뭇거렸던 것을 후회한다. 타임에서 보낸 17년을 떠올려보면 내가 그곳에서 무엇을 보지 못했는지, 지나친 충성심에 사로잡혀 어떤 식으로 주변을 외면했는지 반성하게 된다.

어떤 면에서는 운이 좋았다는 생각도 든다. 미국에서는 갖가지 중대한 사건들이 발생했으며, 오랜 시간 불황에서 벗어나지 못한 탓에 기업들은 온갖 험한 일들을 겪고 있다. 그로 인해 많은 사람들이 불행한 시간을 보내고 있다. 다행히 나는 그런 시간을 조금밖에 맛보지 않았다. 예전의 나와 같은 고민을 안고 있는 사람들에게 시간을 두고 자신을 돌아보라고 말하고 싶다.

나는 언제나 완벽을 추구했다. 심지어 그 바쁜 중에 이유식까지 내가 직접 만들었다. 돌이켜보면 '내가 무슨 생각으로 그랬을까' 놀라울 정도다. 완벽한 사람이 되겠다는 욕심, 완전한 균형을 이루겠다는 생각을 버려라. 어느 날 뭔가가 잘못되었을 때, 내가 할 수 있는 최선은 잠을 자고 다음 날 아침에 일어나 샤워를 한 뒤 그 문제를 다시 한 번 생각해보는 것이다.

나는 야망도 있고 의욕도 넘치지만 어떤 의미에서 미래에 대한 확신이 없었다. 그래서 항상 어떤 자극적이고 참신한 일이 벌어질지 관심을 기울이고, 무언가를 해야겠다고 결심하면 반드시 실행으로 옮겼다. 꼭 높은 지위나 보수를 위한 것이 아니었다. 그런 보상들은 자연히 따라오기도 하지만 항상 그런 것은 아니다. 그러므로 경력을 어떻게 관리했는지 묘사하는 바람직한 방법은 결과가 아니라 과정 그 자체에 초점을 맞추는 것이다.

얼마 전 옷장을 정리하다가 스물다섯 살 때 이탈리아에서 쓴 글을 발견했다. '인생에서 하고 싶은 일들'이라는 제목의 리스트였다. 우선 나는 이탈리아어를 잘하고 싶었고, 그것을 배웠다. 기타를 치고 싶었으나 아직까지 배우지 못했다. 또한 아름다운 정원을 가꾸고 싶었고, 그것을 해보았다. 결혼을 해서 자녀를 낳아 기르고 싶었고, 지금 그것을 하고 있다.

그리고 열아홉 살 때는 타임에서 일하고 싶다는 열망을 품었다. 나는 타임에서 일해보았고, 그러한 기회를 가질 수 있었던 것을 감사하게 생각한다. 뒤돌아보면 지금까지 나는 꽤 괜찮은 삶을 살았다고 말할 수 있을 것 같다.

나는 앞으로도 몇 년 더 일할 것이다. 훗날 과거를 돌아보며 "정말

멋진 인생을 살았어. 가끔 어려운 때도 있었지만, 스릴 넘치고 재미있
는 삶이었어."라고 말할 수 있으면 좋겠다.

Part
03

혼자서는 긴 싸움을
할 수 없다

: 인맥

Chapter II

사람과
사람을 잇다

혼자 힘으로는 아무것도 이룰 수 없다. 모든 일은 각각의 개인이 서로 엮이며 만들어지는 '인생'이라는 태피스트리tapestry(다채로운 색실로 그림을 짜넣은 직물)의 결과물이다.

— 샌드라 데이 오코너, 미국 전前 연방대법관

우리가 인터뷰한 여성 리더들은 인맥이 출세에 도움이 될 뿐 아니라 성취감을 높인다고 말했다. 다채로운 인간관계가 우리의 삶을 결정한다. 남녀를 불문하고 든든한 멘토와 더불어 넓고 다양한 인맥을 가진 사람들이 더 빨리 승진하고, 더 많은 연봉을 받으며, 일에서 더 큰 만족을 얻는다. 특히 여성들은 인맥을 통해 직장에서 발전하고 적극적인 지원을 끌어낸다.

우리는 매일매일 인간관계를 맺는다. 그것은 일상 한가운데 깊숙이 자리하고 있다. 인맥은 단순히 승진하는 데 필요한 것이 아니라, 조직의 안녕을 지켜나가기 위한 것이기도 하다.

동료나 팀원들과 사이가 좋은 사람은 자신이 생각하는 일의 의미나 임무를 그들과 공유한다. 그리고 자신이 중요하게 생각하는 기준이나 규칙에 각별한 주의를 기울이도록 그들의 의욕을 북돋운다. 또한 친한 사람들로부터 지혜와 힘, 기쁨을 얻는다.

제록스Xerox Coporation의 CEO 앤 멀케이는 이렇게 말한다. "성공하기 위해 가장 중요한 것은 나를 지지할 무리를 확보하는 것이다. 고용주나 이사회도 좋지만, 무엇보다 '집단의 지지'를 얻는 것이 가장 큰 힘이 된다."

인간관계는 경청에서 시작한다

여성들은 선천적으로 사람을 사귀는 능력이 뛰어나다. 진화생물학자들은 선사시대부터 전해내려온 능력이라고 주장한다. 남성의 뇌는 위협적인 대상에 맞서 싸우거나, 도망치거나, 얼음처럼 얼어붙는 쪽으로 발달한 반면 여성들은 자식을 지키고, 살아남기 위해 힘을 하나로 모으고, 서로 돕는 능력을 길러왔다.

따라서 여성들은 사회적인 상호작용을 촉진하는 '사회적 호르몬'이 발달했다. 산고가 시작되면 편도체에서 분비되는 옥시토신(분만을 유도하는 호르몬)처럼 말이다. 회사에서 일이 잘못되었을 때 남자들은 고함을 지르며 싸우는 반면 여성들은 서로 다른 시각을 조율하려고 노력한다.

톰슨로이터Thomson Reuters(금융정보 서비스 기업인 톰슨코포레이션과 국제통신사 로이터의 합병으로 탄생한 기업)의 최고혁신책임자CIO 아만다 웨스트Amanda West는 튼튼한 내적·외적 인맥이 성공의 발판이 되었다고 자신 있게 말한다. 그녀는 사람과 사람을 잇고 하나로 뭉치는 재주를 타고났다.

아만다에게 친화력은 살아가는 데 꼭 필요한 능력이었다. 어릴 때 가족이 영국에서 아프리카로 이사하면서, 그녀의 표현을 빌리면 기품 있는 영국 소녀에서 '맨발로 들판을 뛰어다니는 야생 아프리카 소녀'가 되었다. "나는 남동생과 함께 외딴곳을 다니곤 했어요. 그때부터 대담한 모험가 기질을 보였죠." 그러나 2년 뒤 평화로운 시절이 갑자기 끝나버렸다. 아만다가 영국 기숙학교에 입학하게 되었기 때문이다. 그녀는 "잘된 일이야."라며 스스로를 위로했다.

"잠비아에서 영국으로 혼자 비행기를 타고 갔어요. 히드로 공항에서 하룻밤을 보내고, 또 비행기를 타고 목적지에 도착했죠." 하지만 영국에서의 생활은 오래가지 않았다. "영국은 내게 맞지 않았어요. 이미 아프리카 사람이 다 되었기 때문이죠. 그래서 스위스의 기숙학교로 전학을 했어요. 그 학교가 나에게는 하나의 사회였어요. 그곳에서 나는 낯선 사람과 친분을 쌓는 방법을 배웠죠." 아만다는 올바른 인간관계를 맺으면 행복과 성공을 얻을 수 있다는 것을 스스로 깨달았다. "그건 내가 살아남는 방법이었어요. 너무 어린 나이에 나만의 인맥을 만들어야 했죠."

그녀는 새로운 사람을 사귈 때마다 스릴을 느낀다고 말한다. "항상 놀라는 사실이지만, 내가 먼저 이야기를 청하면 대부분의 사람들은 그것을 들어준다는 거예요. 자신이 경계하지 않는 한 상대도 경계하지 않아요."

스위스의 기숙학교에서 몸에 익힌 대인관계 기술이 그녀의 삶에 큰 힘이 되었다. 사회생활 초기에 이미 그녀는 자신의 팀을 이끌 정도로 능숙하게 사람을 다룰 줄 알았다. 아만다는 팀을 이끌면서 한 가지 목표를 세우고, 팀원들 모두와 함께 성공을 이루어내는 방법을 터득했다. "우리는 분기마다 CEO에게 업무 보고를 했어요. 그것은 흥분되면서 동시에 두려운 일이었죠. CEO는 우리가 제안한 방식이 마음에 안 들면 매우 혹독하게 다그쳤어요. 처음에는 나 혼자 설득을 하고 대안을 제시했죠. 하지만 시간이 지날수록 점점 팀 전체가 하나가 되었죠. 우리 모두 한 목소리를 낸 거예요. 하나의 팀으로서 단결된 힘을 보여주었기 때문에 우리는 프로젝트를 예정보다 몇 개월이나 앞당겨 완수할 수 있었죠."

아만다는 어떻게 수많은 사람들과 끈끈하고 돈독한 인간관계를 맺을 수 있었을까? "상대방의 말을 경청하고, 또 경청해요. 무엇으로 상대의 의욕을 북돋울지 알려면 귀를 기울여야 하죠. 당신의 의욕이 아니라 상대의 의욕 말이에요. 여성들은 선천적으로 남의 말을 잘 듣는 편이에요. 이것이 인간관계를 맺는 데 매우 중요하다고 생각해요."

오래전부터 아만다는 먼저 다가가 도움의 손길을 청하는 법을 배웠다. "나에게 적극적으로 멘토 역할을 해주었던 분들, 내가 존경하는 분들과 돈독한 관계를 유지하고 있다는 사실을 정말 자랑스럽게 생각해요. 그 분들께 나의 영향력이나 성과에 대해 균형 잡힌 비평을 들으면 고맙다는 생각이 들어요."

네트워크를 설계하라

아쉽게도 여성들의 대인관계 방식이 직장에서는 크게 효과를 보지 못한다. 여성들은 시간을 두고 조금씩 친분을 쌓기 때문에, 마음이 맞는 몇 명과 깊이 사귀는 편이다. 반면 남성들은 조금 더 피상적이고 폭넓은 관계를 맺는다. 그러므로 남성들은 다양한 인맥을 동원해 보다 많은 기회를 얻는다. 이것이 기업에서 여성들이 불리할 수밖에 없는 이유다. 동일한 직급의 남성 간부들이 여성 간부들보다 몇 배 더 폭넓은 인맥을 구축하고 있기 때문이다.

남성들은 '거래관계'에 익숙한 반면, 여성들은 '진실한 우정'을 맺으려고 한다. 그래서 어떤 여성들은 비즈니스 인맥을 믿지 않는다. 또한 대부분 인맥을 넓힐 시간이 부족하다. 남성들은 인맥을 넓히는 데 몇 시간이든 투자할 수 있지만, 여성들은 집안일이나 개인적인 일을 이유로 비즈니스 인맥을 구축하는 데 충분한 시간을 투자하지 못하고 있다.

한 가지 분명한 것은 인맥을 쌓는 일이 결코 선택사항이 아니라는 점이다. 성공을 꿈꾼다면 비즈니스 네트워크와 대인관계 능력을 반드시 갖추어야 한다. 회사를 다니든 그렇지 않든 다양한 사람들과 폭넓은 인간관계를 맺는 것은 매우 중요하다.

그리고 직장 동료들과 돈독한 관계를 맺든 아니면 회사 밖에서 인간관계의 폭을 넓히든, 인맥 설계에 대해 좀더 구체적으로 생각해볼 필요가 있다. 그렇다고 낯선 사람들을 아무나 만나고 다니라는 이야기가 아니다. 긍정적인 결과를 얻을 수 있고, 함께 성장하고, 발전하는 데 도움이 되는 친구, 동료, 고객, 상사, 지지자를 비롯해 유익한 조언을 해줄 사람들과 지속적으로 관계를 맺어야 한다.

인터뷰 당시 아만다는 갓 합병한 회사에 출근한 지 10일째 접어들고 있었다. 기업문화, 직속상사, 업무 특성 등 거의 모든 것이 그녀에게 새로웠다. 그녀는 회사에 적응하기까지 어느 정도 시간이 걸릴 거라고 예상했다.

아만다는 새로운 동료들에 대해 잘 모를 뿐 아니라, 인수 주체이자 금융 중심의 실용적인 경영문화를 지닌 톰슨에서 자신의 재능과 역할을 인정받을 수 있을지도 의문이었다. 합병 전 그녀가 몸 담고 있었던 로이터는 실험적이고 혁신적인 아이디어를 잘 받아들이는 분위기의 회사였다.

"톰슨은 사업 규모가 큰 데다 좋은 성과를 거두고 있어요. 나는 믿을 수 있고 유용한 인맥을 구축해나가야 해요. 시간이 지날수록 톰슨 간부들이 우리에게 무언가를 얻을 수 있다고 생각하기를 바라요." 아만다는 새로운 기회를 앞두고 자신이 무엇을 해야 하는 지, 어떤 인맥을 설계해야 하는지 분명 알고 있는 것이다.

자신의 인맥에 끊임없이 '신선한 피'를 공급하는 것은 분명 아만다의 또 다른 장점이며, 그녀가 가장 좋아하는 일 가운데 하나다. "인맥을 쌓는 데 공을 들여야 해요. 든든한 인간관계는 공짜로 얻어지는 게 아니에요. 시간과 노력이 필요한 작업이에요. 나는 항상 수첩에 통화를 할 사람들의 목록을 미리 만들어 두죠. 매일 통화하는 시간으로 90분 정도를 따로 떼어놓아요. 이렇게 하면 사람들과 유대를 강화하고, 휴식을 취하는 효과도 얻을 수 있어요." 실제로 아만다는 통화를 하면서 참신한 아이디어와 조언뿐 아니라 프로젝트를 완수하는 데 필요한 정보와 도움을 얻는다.

함께 싸워줄 후원자를 찾아라

인맥이 중요한 이유는 꼭 필요한 때에 적절한 후원을 받을 수 있다는 것이다. 물론 영향력이 큰 사람들의 도움 없이도 성공할 수는 있다. 하지만 누군가 도와주고 지지해주면, 좀더 쉽고 빠르게 목적지에 다다를 수 있다.

인맥 가운데 후원자와 멘토 모두 필요하지만, 실질적인 힘이 되는 것은 후원자들이다. 멘토만으로는 남자들과 같은 속도로 승진하기 어렵다.

후원자는 멘토보다 훨씬 더 중요한 존재다. 후원자는 당신을 믿기 때문에 기회를 마련해주고, 당신이 위기에 처했을 때 도움을 주기 위해 기꺼이 위험을 무릅쓴다. 단지 책임감 때문에 그들이 당신을 돕는 것이 아니라는 것을 명심해야 한다. 그들 또한 당신과의 관계를 통해 많은 것을 얻는다. 후원자가 있어서 제일 좋은 점은 더 이상 혼자 싸우는 게 아니라는 것이다.

아만다의 첫 후원자는 첫 번째 상사였다. 그는 아만다의 잠재력을 알아보았고, 그녀를 믿고 도박을 했다. "그는 나를 한계까지 밀어붙였어요. 한번은 나에게 어떤 부서의 관리를 맡겼죠. 나는 어쩔 줄을 모르고 갈팡질팡했어요. 그리 중요한 일이 아니어서 그나마 다행이었죠." 지친 아만다는 상사에게 그 일을 그만두면 안 되겠냐고 물었다. 하지만 그는 "지금 당신은 앞으로 살아남기 위해서 필요한 것들을 배우고 있는 거예요. 잘하고 있으니 계속하세요."라고 대답했다. 그녀는 그의 후원을 통해서 일을 처리하고 문제를 해결하는 방법을 빠르게 배울 수 있었다.

또다른 후원자인 전 CEO 톰 글로서Tom Glocer는 아만다에게 혁신안을 제출하라고 지시했다. "계획서를 제출하면서 톰에게 이렇게 말했죠. '계획서는 우리가 만들었지만, 실행은 당신이 해야 합니다.' 그가 나를 보며 무뚝뚝한 목소리로 '왜요?'라고 말했던 것을 아직도 기억해요. 나는 속으로 '실행하기 쉽지 않을 테니까요'라고 생각했죠." 아만다는 톰의 탁월한 리더십과 참여가 있어야만 혁신을 이룰 수 있다고 믿었다.

하지만 톰은 자기가 직접 나서지 않고 아만다가 스스로 일을 주도하여 혁신을 이룰 수 있도록 격려해주었다. 그리고 그녀는 톰의 기대와 지원으로 훌륭히 일을 해냈다.

그러나 그녀는 대담한 아이디어 때문에 해고될 뻔한 적이 한두 번이 아니었다. 후원자의 필요성을 다시 절감한 것도 바로 위기에 처했을 때였다.

그녀의 팀이 휴대전화를 이용해 인도의 농부들에게 현지 날씨와 상품가격 정보를 제공하는 획기적인 사업계획안을 제시한 적이 있었다. 그러나 회사 내에서 격렬한 반대의 목소리가 터져나왔다. 그 계획이 효과를 거둔다면 톰슨로이터는 인도에서 값진 대규모 정보시장을 손에 넣을 뿐 아니라, 다른 시장에까지 적용할 수 있다.

그러나 이제까지 그런 부류의 고객에게 비즈니스를 제공한 전례가 없었다. "정말 위험한 일이었어요. 팀원들과 둘러앉아 사업계획서를 작성할 때, 나는 거대한 기회와 더불어 그 속에 내재된 극도의 불확실성을 보았죠. 그 계획에 반대했던 사람들은 하나같이 '그 정도 예산을 나한테 주면 내일이라도 당장 그보다 두 배 더 큰 회사를 만들 수 있습니다'라고 말했어요. 다들 우리가 제정신이 아니라고 생각했겠죠. 실패할 경우 매우 큰 리스크를 감당해야 했기에 그렇게 생각하는 것도 무리가 아니었어요."

그러나 톰 글로서는 계속해서 그녀의 팀을 독려했다. 그의 믿음 덕분에 그녀는 멈추지 않고 일을 추진할 수 있었다. "그 계획의 실효성을 설득해나가는 과정에서 톰의 지지를 얻기까지 마음이 몹시 흔들린 적이 몇 번 있어요. 나보다 직급이 높은 책임자들은 이렇게 말했죠. '그 일을 추진할 방법은 없어요. 괜히 나서지 말고 저기 뒤에 가서 가만히 앉아 있는 게 나을 거예요.' 그런 말을 들을 때마다 괜찮다고 스스로를 위로했어요. 그들은 내가 잘못된 길을 가고 있다고 확신했죠. 하지만 나는 그렇지 않다고 굳게 믿었어요. 우리를 믿고 격려를 아끼지 않은 톰이 있었기 때문이죠."

이제 머릿속에서 이런 질문이 떠오를 것이다. '어떤 사람이 나에게 알맞은 후원자인가?' '어떻게 해야 나를 도와줄 최적의 후원자를 찾을 수 있을까?' 아직 든든한 후원자가 없다고 미리 실망하거나, 후원자를 찾는 방법을 모른다고 조급해할 필요 없다. 당신에게 실질적으로 도움을 줄 후원자를 찾기 위해 앞으로 무엇을 해야 하는지 3부 전체를 통해 살펴보자.

Chapter 12

여자에게
포용력은 무기다

과거에는 리더가 해결책을 제시했다면 지금은 직원들의 의견을 구해야 한다. 직원들이 스스로를 가치 있는 존재로 느끼는가, 아니면 그 반대인가? 이처럼 기본적인 환경을 마련해주어야 직원들과 함께 커다란 변화를 이끌 수 있다.

— 브렌다 반즈, 사라리Sara Lee Corporation 회장 겸 CEO

여성 리더들에게 인간관계에 대해 물어보면, 대부분 자신을 후원해주는 상사보다 팀과 회사 직원들에 대해 더 많은 이야기를 한다. 그녀들은 팀이 발휘하는 마법 같은 힘이나, 조직이 단합하는 모습을 보면서 자부심을 느꼈던 경험을 들려주었다. 또 직원들이 발전하는 모습을 지켜보면서 마치 가족의 일인 양 뿌듯함을 느꼈다고 한다.

포용력이 리더가 갖춰야 할 귀중한 덕목이라는 점은 누구나 알고 있다. 하지만 여성 리더들은 귀에 딱지가 앉을 정도로 포용력의 중요성을 특히 강조한다. 앞에서도 말했듯이 여성들은 사람들과 관계를 맺고 그것을 키워나가는 능력을 타고났다. 도와주고 감싸는 선사시대의 사고방식이 여전히 우리의 생존이나 성공에 영향을 미치는 '사회적 호르몬'을 통해 오늘날까지 전해지고 있다.

제록스의 CEO 앤 멀케이Anne Mulcahy는 대학을 졸업하고 1976년 제록스에 입사해 뿌리를 내렸다. 그녀의 강점은 바로 타인을 보살피고 포용하는 것이다. 모범적인 기업으로 평가받던 제록스는 2001년 증권거래위원회SEC 조사에서 회계 부정을 저지른 사실이 드러나면서 하루아침에 주가가 폭락했다. 앤 멀케이는 모든 직원들의 힘을 하나로 모아 추락한 제록스를 다시 일으켜세웠다. 그녀는 제록스가 되살아나는 데 꼭 필요한 구원투수였던 셈이다.

사람의 마음을
얻어라

앤은 소박하며 매우 따뜻했던 어린 시절을 기억하고 있다. 당시의 사고방식으로 드물게 그녀의 부모는 하나뿐인 딸을 네 아들과 똑같이 대했다. "아들딸 구별 없이 나에게도 많은 기대를 했어요. 가족과 친구들로부터 전폭적인 지지를 받으며 자랐다는 점에서 나는 축복받은 사람이죠."

앤이 제록스를 택한 것은 사회적 책임이나 포용력과 같은 가치를 중시하는 기업으로 평가받고 있었기 때문이다. 제록스에 입사했을 때 그녀는 무엇보다 매우 고무적인 회사 분위기에 반했다. "입사해서 20년 동안 나는 정말 즐겁게 일했어요. 내가 존중받고 있으며, 회사에 공헌하고 있다는 것을 느꼈죠. 그것은 무엇보다 중요한 일이었어요." 앤에게 제록스는 가족과 같았다.

앤은 처음에 영업부에서 일했다. 자신의 성과를 양적으로 측정할 수 있고, 금전적인 보상도 따랐기 때문이다. 당시 미국에서는 여성이 대기업 영업부에서 일하는 경우가 드물었다. 그러나 앤은 부모님이 심어준 가치관을 굳게 믿고 있었다. 남자들이 할 수 있는 모든 일을 자신도 할 수 있다고 생각했다.

그녀는 승진의 벽에 부딪혔을 때 비로소 세상에는 자신에게 호의적이지 않은 '보이지 않는 벽'이 있음을 깨달았다. "영업부 책임자가 되려고 승진 면접에 참여했다가 탈락했어요. 자라면서 내가 누린 축복 가운데 하나는 내가 여자이기 때문에 할 수 없다는 생각을 해본 적이 없다는 거예요."

앤은 영업부 책임자가 되기 위해 계속 노력했다. 마침내 메인 주를 담당하는 팀의 총책임자 자리를 제안받았다. 하지만 크게 성장할 만한 기회는 아니었다. 게다가 팀원들은 오랜 경력을 지닌 장기근속자들인 만큼 앤의 지시를 잘 따를지도 의문이었다. 호의적인 근무 환경이 아니었기에 그 자리는 일종의 모험이었다.

앤은 전환점이 될 수 있다는 생각으로 그 제안을 기꺼이 받아들였다. "팀원들에게 기회를 제공하고, 소통하며, 아낌없이 협조한다면, 그들이 스스로 움직이기 시작할 거예요. 보통 직원들이 일반적인 환경에서 해내는 것보다 훨씬 더 많은 것을 이루어낼 겁니다." 그녀는 불가능해 보이는 일도 팀원들이 힘을 합치면 해낼 수 있다는 것을 배웠다. 그녀는 팀원들의 잠재력을 온전히 끌어냈고, 그것이 곧 리더의 자질이라는 것을 깨달았다.

앤은 북미의 노른자위 뉴욕에 입성할 때까지 도전을 멈추지 않았다. 그녀는 경영진으로 올라설 준비가 되어 있었다. 그리고 드디어 제록스 미국 사업부 사장에게 직접 업무 보고를 하는 자리를 제안받았다. 하지만 집에 있는 어린 자녀들을 포함해 다른 중요한 일들이 있었던 그녀는 그 자리를 거절했다. 친구들은 매우 좋은 기회를 차버렸다고 아까워했지만, 그 일을 수락하면 가족을 데리고 이사를 해야 했기에 어쩔 수 없었다.

앤은 별 고민 없이 결정을 내렸다고 말한다. 대신 그녀는 마케팅 업무를 맡았고, 최종적으로 인사부에서 일하게 되었다. 그녀는 인사 부문에 큰 관심을 가지고 있지는 않았지만, 결과적으로 중대한 기회를 얻었다. "당시 회사는 급격한 변화를 겪고 있었어요. 그래서 변화를 관리하고 조직을 효율적으로 구성하는 인사관리 업무에 매력을 느꼈죠.

인사부가 제록스의 미래를 좌우하게 되었을 때 몹시 흥분되더군요.”
앤은 인사부에서 중요한 사실을 배웠다. “사람이든 비즈니스든 문제를
바로잡는 것을 정말 좋아해요. 현명한 팀원들과 열정만 있으면 어떤
문제든 해결할 수 있어요.”

그 과정에서 앤은 자신을 도와준 사람들과 돈독한 관계를 다졌다.
“나는 어떤 사람보다 도움을 많이 받았어요. 현장 사람들과 지속적으
로 연락을 주고받으며 관계를 유지해나가는 것은 정말 값진 일이에요.
기업운영의 방향을 결정하는 데 중요한 지식을 얻을 수 있거든요. 내
가 성공할 수 있었던 것도 그 덕분이에요.”

폭넓고 깊은 인간관계는 그녀가 CEO가 되어 회사를 되살려야 하
는 도전적인 상황에 맞닥뜨렸을 때 정말 큰 도움이 되었다. 처음부터
그녀는 그 일을 범회사 차원의 팀 프로젝트로 접근했다. “직원들에게
바로 자신들이 제록스 흥망의 열쇠라는 것을 일깨워주려고 노력했어
요. 직원들의 마음을 얻어야 목표를 이룰 수 있다고 생각했고, 직원들
도 제 마음을 알고 있었죠. 그것이 또한 직원들에게 자극제이자 활력
소가 되었어요.”

앤은 많은 CEO들이 그런 유대감을 이끌어내지 못하기 때문에 원
하는 결과를 얻지 못한다고 말한다. “유능하고 똑똑한데 포용력이 부
족한 리더들이 있어요. 의사결정을 내리고 기업경영에 기여하는 유능
한 사람들은 많지만, 조화가 생명인 대기업에서 무엇보다 중요한 것은
포용력이에요. 이것은 목적을 이루는 하나의 방법이죠.”

사람들은 직장에서 커뮤니티가 활성화될수록 일하는 보람을 느낀
다. 앤은 커뮤니티의 도움으로 힘든 시간을 극복했다. “우리는 커뮤니
티를 통해 관계를 맺고 경험을 나눠요. 우리가 구축하려는 것은 바로

‘감정 은행’이에요. 시간이 지날수록 주고받는 감정들이 쌓이고 깊어지는 것이죠. 직장에서 최선의 결과를 얻으려면 커뮤니티에 대한 애정이 있어야 해요. 그것은 무엇과도 비교할 수 없는 소중한 것이죠. 회사에 대해 이야기할 때 여성들은 남성들보다 더 자연스럽게 ‘사랑’, ‘감정’, ‘열정’이라는 단어를 씁니다. 그만큼 유대감을 중요하게 생각하죠.”

앤에게 사랑과 포용의 근원지는 가정이다. 그녀의 성공적인 직장생활의 비밀 재료도 역시 사랑과 포용이다. 그녀에게 가정과 직장은 하나이고, 같은 것이다.

포용력으로 감정을 읽다

앤 멀케이가 성공할 수 있었던 것은 포용력 때문이다. 다른 사람을 감싸고 받아들이려 노력했기 때문에 수많은 제록스 ‘가족들’과 돈독한 관계를 맺을 수 있었다.

포용력을 지닌 여성 리더들은 직원들이 무엇을 원하는지 안다. 그리고 그들을 위해 더 나은 환경을 조성한다. 이처럼 긍정적인 에너지가 새로운 아이디어를 낳고, 새로운 아이디어가 긍정적인 에너지를 북돋우는 선순환을 일으킨다. 앤이 말했듯이 자신이 팀원들을 아끼고 도와주며 그들의 의견과 희망을 받아들일 때, 그들도 최고의 성과를 거두기 위해 노력한다. 그리고 한 팀이 성공하면 그러한 경험이 다른 팀으로 확대되고, 결국 조직 전체에 퍼진다.

또한 포용력은 성공적인 결정에 영향을 미치기도 한다. 포용력을 발휘해 사람들과 가까이 지내다 보면 상대의 감정을 쉽게 읽을 수 있다. 그래서 여성들은 특정 상황의 흐름과 분위기를 남성들보다 더 정확하게 이해한다. 회의에 참석한 여성들에게 무슨 일이 있었는지 한번 물어보라. 그리고 남성 참가자들에게도 같은 질문을 해보라. 여성들이 회의 중에 일어난 일들을 더 많이 기억한다. 또한 '표정의 변화', '목소리의 높낮이'와 같은 참가자들의 감정에 대한 단서를 더 많이 언급할 것이다. 특정인이 어떤 생각을 가지고 있는지 혹은 어떤 행동을 한 이유가 무엇인지, 남성들이 미처 생각지 못했던 것들을 더 잘 알고 있다. 이처럼 부가적인 정보를 수집하는 능력을 이용하면 아무래도 더 나은 결정을 내릴 수 있다.

돈독한 관계를 통해 다른 사람들이 가진 재능과 잠재력을 끄집어내고, 말과 행동 뒤에 숨은 감정을 읽어내는 포용력은 성공적인 직장생활에 도움이 된다.

포용력을 활용하라

당신도 포용력 있는 리더로 성장할 수 있다. 당장 할 수 있는 것부터 시작하자. 잠시 틈을 내어 '나는 무엇 때문에 다른 사람들과 가까이 지내려고 하는가?' '나는 혼자 일할 때는 기분이 어떻고, 팀원들과 같이 일할 때는 기분이 어떤가?'를 생각해보라. 그리고 다른 사람들이 당신에게 어떤 도움을 주었는지 떠올려보라. 직장 선배에게 어떤 식으로 조언을 구해야 할지 몰라 망설이던 때를 생각해보자. 그때 어떤 것이 도움이 되었는가?

훌륭한 아이디어, 확실한 로드맵, 계속 나아가라며 부드럽게 등을 떠밀어준 누군가의 격려 등 많은 것을 떠올릴 수 있다. 그때 당신에게 도움이 되었던 것들을 바로 지금 다른 사람들도 필요로 한다. 이런 도움을 통해 팀원들의 마음을 얻을 수 있을 뿐 아니라 조직의 결속을 다질 수 있다.

소속감을 북돋워 팀의 성공을 이끄는 포용력은 여성들의 강점 가운데 하나다. 이러한 능력은 자신뿐 아니라, 주변 사람들과 조직에도 도움이 된다. 포용력을 적극 활용하라.

Chapter 13

먼저 손을
내밀어보라

한 투자처 간부와 대화를 나누다가 아들 문제를 상의하게 되었다. 아들이 컴퓨터를 너무 많이 해서 고민이라고 하자 그가 말했다. "내버려두세요. 실컷 하게 그냥 두세요. 부모님은 내가 컴퓨터에 푹 빠져 살아도 그냥 내버려두셨어요. 그랬기 때문에 지금 이렇게 열정적인 엔지니어가 되었죠." 이처럼 내 이야기를 하고 상대의 이야기를 듣는 것, 이것이 관계를 맺는 방법이다.

— 패트리샤 나카체, 트리니티벤처Trinity Ventures 투자담당자

여성들은 비교적 관계를 잘 맺는 편이다. 거의 본능적으로 다른 사람들에게 손을 내민다. 그러나 직장에만 가면 이야기가 달라진다. 회사에서는 남성들이 여성들보다 관계를 더 잘 맺는다. 여성들이 생물학적 본능에 따라 관계를 맺는다면, 남성들은 사회적 본능에 따라 관계를 맺기 때문이다.

어떻게 남자들은 농구장에서 처음 만난 사람들과 농구경기를 할 수 있는 걸까? 경기장에 앉아 4만 명의 다른 팬들과 함께 경기를 즐길 수 있는 이유가 무엇일까? 심리학자 로이 바우마이스터Roy Baumeister는 "남성들이 여성들보다 더 많이 즐기는 것이 팀 스포츠, 정치, 대기업, 경제 네트워크 등 대집단 활동이다."라고 말했다.

이러한 네트워크는 일시적인 관계를 토대로 하기 때문에 지극히 거래적이다. 또한 양측이 모두 이익을 얻을 수 있는 관계이므로, 이들을 잇는 연결고리가 매우 튼튼하다. 서로에게 이득이 되는 '호혜互惠관계'라고 할 수 있다. 기업 내에 피상적이고 폭넓은 네트워크가 널리 퍼져 있는 것도, 남성 임직원의 비율이 압도적으로 높은 것도 호혜관계 덕분이다.

남성들이 처음 보는 사람들과 삼삼오오 모여 격의 없이 이야기를 나눌 때, 여성들은 불편해하며 자리를 피한다. 여성들은 깊은 관계를 맺으려는 경향이 강하기 때문이다. 남성들의 관계에는 결국 '당신이 내 편의를 봐주면, 나도 당신 편의를 봐주겠다'는 의식이 깔려 있다. 여성들은 그것을 몹시 기분 나쁘게 생각한다. 이익을 주고받는 관계를 부정적으로 여기기 때문이다.

여성들은 단순히 무언가를 얻기 위해 누군가를 가까이 하는 것은 옳지 않다고 생각한다. '뻔뻔하다', '상대가 너무 바쁘다', '상대가 거절할 것이다', '너무 상업적이다' 등 여러 가지 이유로 호혜관계를 거부한다. 하지만 흥미롭게도 여성들은 배우자나 자녀, 친구들과는 별 신경 쓰지 않고 호혜관계를 맺고 있다.

이제 리프레이밍을 할 때다. 호혜관계의 핵심은 '상대가 내게 바라는 것을 해줘라'다. 심리학자 조너선 하이트는 호혜를 '사회를 하나로 이어주는 접착제'라고 말했다. 불교에서 조로아스터교에 이르기까지 거의 모든 종교에서 호혜를 중시하는 것도 이 때문이다.

서로 주고받는 관계는 인간으로 살아가는 데 중요할 뿐 아니라 사회적으로 성공하는 데도 유용하다. 다른 사람을 도와주고 격려해줄 때 그들도 당신에게 도움과 격려를 주기 때문이다. 주고받음이 확실하다고 해서 더 깊은 관계를 맺지 못하는 것은 아니다.

미국의 유명 백화점 삭스피프스애비뉴Saks Fifth Avenue의 인터넷 쇼핑몰 삭스다이렉트Saks Direct 사장 데니스 인칸델라Denis Incandela는 신생기업을 지금과 같은 규모로 키워냈다. 데니스는 1999년 삭스에 입사해 삭스다이렉트를 기획하고 출범시켰다. IT붐이 꺼지면서 거의 망할 뻔도 했으나 극진한 보살핌으로 다시 살려냈다. 실패와 성공의 갈림길에서 그녀가 살아남을 수 있었던 것은 호혜관계 덕분이다.

네트워크가
성공의 열쇠

데니스는 5년 동안 해오던 컨설턴트 일을 정리하고 삭스에 들어갔다. 쉽지 않은 결정이었다. "처음 그 일을 맡았을 당시, 정확히 어떤 웹사이트를 만들어야 하는 지도 몰랐어요. 조직을 만들고는 있었지만, 조직을 운영한 경험도 없었고요. 힘들었지만 정말 열심히 일했어요. 필요한 기술을 익히느라 극심한 스트레스에 시달리기도 했고, 실수도 많이 저질렀죠."

삭스닷컴Saks.com은 인터넷 열풍이 절정에 달한 시기에 문을 열었다. 데니스와 동료들은 1억 달러 규모의 비즈니스를 뒷받침할 인프라를 구축했고, 곧 5억 달러의 매출을 올릴 수 있을 거라고 기대했다. "처음 1년은 매출을 거의 올리지 못했어요. 얼마나 참담했을지 상상해보세요. 회사는 엄청난 손실을 입었고, 결국 고용한 지 얼마 되지도 않은 직원들을 40퍼센트나 해고했죠. 긴급한 상황에 대처할 대비책도 없었어요. '서두르지 않고 천천히 사업을 추진할 것입니다'라고 말할 수 없었죠. 너무 순진했던 것 같아요."

나중에 데니스는 실패의 원인이 무리한 비즈니스 계획과 과도한 투자 때문이 아니라, 자신이 응당 해야 할 일을 하지 않았기 때문이라는 것을 깨달았다. 그것은 바로 삭스닷컴과 그녀에게 도움을 줄 풍부한 경험을 지닌 간부들과 관계 맺는 일을 간과한 것이었다. 그래서 그녀가 실패했을 때 누구도 도와주는 사람이 없었다.

똑똑하고 유능한 사람이 어떻게 그런 큰 실수를 저질렀을까? 데니스는 삭스에 합류하면서 그저 소매를 걷어붙이고 매일 16시간씩 일하면 원하는 것을 이룰 수 있다고 생각했다. 그러나 현실은 그것만으로는 충분하지 않았다.

"팀원, 동료, 상사들과 관계를 맺는 것이 중요하다는 것을 몰랐어요. 혼자 힘으로 성공할 수 있을거라 자신했죠. 다른 사람들도 이 사업을 의미 있게 생각해야만, 내가 성공할 수 있다는 것을 몰랐던 거죠. 실패하고 나서야 이 사업이 성공하든 말든 다른 사람들은 아무 관심 없다는 것을 깨달았죠. 그건 전적으로 내 잘못이고, 내 책임이었어요.”

그녀는 혼자였고 절망감에 빠졌다. “거의 여섯 달 동안 마음을 닫고 살았어요. 그저 출퇴근만 반복했죠. 그러나 영원히 절망에 빠져 있을 수는 없었어요. 스스로에게 이렇게 말했죠. ‘다른 일을 찾아보든지, 아니면 일이 되도록 노력하든지 둘 중에 하나를 선택해. 귀중한 시간을 이런 식으로 낭비하면 되겠어? 적극적으로 달려들어 흑자로 만들든지, 아니면 이곳을 떠나!’ 내 자신에게 울린 경종이었어요. 그러자 상황을 되돌릴 수 있다는 생각이 조금씩 들더군요.”

데니스는 사고방식을 바꾸고 상사의 건전한 비판을 수용하면서 자신이 저지른 실패를 바로잡기 시작했다. 상사는 그녀가 앞으로 나아갈 수 있도록 ‘모진 사랑’의 피드백을 던져주었다. “그는 내가 무엇을 잘못했는지 일러주었어요. 그리고 주요 간부들을 찾아가 ‘한 번 더 기회를 주세요. 그녀는 지금 배우고 있는 중입니다. 자신이 뭘 잘못했는지 이제는 알고 있습니다. 달라진 모습을 보여줄 겁니다’라고 말해주었어요. 상사 덕분에 나는 더욱 성숙해졌죠.”

데니스는 또 한 번 기회를 얻은 것이 행운이었다고 말한다. 그 기회를 잘 살리기 위해 그녀는 먼저 어떻게 하면 호혜관계를 구축할 수 있을지부터 생각했다. “나의 비즈니스에 영향을 미칠 만한 사람이 누구인지 생각해봤어요. 그런 다음 내가 그들로부터 얻을 수 있는 것이 아니라, ‘내가 그들을 위해 할 수 있는 것’을 우선으로 생각했어요. 어떻게 하면 그들이 이 사업에 관심을 가질까? 그들의 마음을 얻으려면 나 자신이나 사업이 왜 필요한지를 이야기할 것이 아니라, 내가 그들을 위해 실질적으로 무엇을 할 수 있는지를 제시해야 해요. 비즈니스에서 사람들과 돈독한 관계를 맺을 때 중요한 것은 내 입장이 아니라 상대의 입장에서 사업의 의미를 생각해보는 거예요. 그들이 투자하고 있는 브랜드의 인지도를 높이고 고객 이용률을 높이는 것처럼, 이 사업이 회사에 어떤 긍정적인 효과를 가져다줄지를 먼저 생각하는 거죠."

데니스는 천천히 그녀의 네트워크를 구축했다. 가장 큰 도전과제는 '굴러들어온 돌'인 데니스에게 적대적인 감정을 갖고 있는 고위간부의 호감을 사는 것이었다. "그는 내가 '애송이 주제에 MBA만 믿고 모든 걸 갈아엎으려 한다'고 생각했던 것 같아요. 내가 하는 방식이 못미더웠는지, 내가 추진하는 일에 사사건건 반대했죠."

데니스는 다른 고위간부에게 부탁을 해서 점심식사 자리를 마련했다. "단도직입적으로 그에게 말했어요. '우리는 시작부터 좋지 않았다고 생각합니다. 저를 싫어하고 또 인정하지 않는다는 것도 잘 알고 있습니다. 정말 유감스러운 일이에요. 제가 어떻게 하면 당신과 잘 지낼 수 있을까요? 저는 정말 당신과 단합하고 싶어요.' 그는 적극적인 내 태도에 적잖이 놀란 것 같았어요. 때로는 정면으로 맞설 필요가 있어요. 이후 나는 사람들과 긴밀한 관계를 맺을 수 있도록 매우 튼튼한 토대를 꾸준히 마련해왔어요. 지금은 회사 곳곳에 나를 응원하는 사람들이 있어요. 그리고 그 간부와도 훨씬 가까워졌고요."

데니스에게 동료나 고위간부, 팀원들과 관계를 맺는 일은 무엇보다 중요했다. 성공과 실패를 가를 정도로 말이다. "나는 유능한 팀을 갖고 있어요. 그 팀을 구축하는 데 몇 년이 걸렸죠. 열정적인 사람들과 함께 일하면 절로 힘이 생겨요."

소중한 사람들과 성공의 결실을 나누고 그들로부터 깨달음을 얻으면서, 데니스는 점점 자신감을 회복했다. "언제부턴가 내가 일을 잘하고 있다는 느낌이 들었어요. 그러자 출근하는 게 즐거웠어요. 물론 여전히 배울 것이 많지만, 나에게 가장 중요한 것은 좋은 인간관계를 맺는 것이라고 생각해요. 쓰라린 경험에서 얻은 가장 소중한 교훈 중 하나죠."

과거를 회상하며 그녀는 이렇게 말한다. "나는 삭스닷컴이 첫째 아이이고, 딸아이가 둘째 아이라고 생각해요. 물론 딸이나 남편이 들으면 섭섭하겠지만 사실이에요."

유익한 선물
여덟 가지

인간관계를 맺는 능력이 뛰어난 사람들, 특히 윗사람과의 인맥이 두터운 사람들은 '받기 전에 먼저 주어야 한다'는 사실을 잘 알고 있다. 그로부터 관계가 시작되기 때문이다. 직장 상사나 선배에게 무엇을 선물해야 할지 모르겠다면 이제부터 그 방법을 살펴보자.

사람들은 보통 뭔가를 받으면 다시 뭔가를 주어야 한다고 생각한다. 일종의 의무감을 느끼는 것이다. 당신이 어떤 나라에 살고 있든, 어떤 문화에 속해 있든 마찬가지다. 인간의 행동에는 '호혜'가 깊이 뿌리내려 있다.

우리 조상들은 식량이 많을 때 다른 이들과 나누어 먹으면, 자신이 힘들 때 그들로부터 식량을 얻을 수 있다는 사실을 일찌감치 터득했다. 오늘날 먼저 선물을 주는 전략은 이미 효과가 입증된 판촉 방식이다. 마케터들은 공짜 샘플을 나누어주고, 자선단체들은 기념품을 제공한다. 공짜 샘플이든 기념품이든 뭔가를 받고 나면, 자신도 뭔가를 주어야 한다는 생각이 들게 마련이다.

이런 호혜를 이용하면 전혀 모르는 사람도 어렵지 않게 사귈 수 있다. 예를 들어 한 유명한 여성 리더가 두 명의 후보 가운데 한 명을 채용한 경험담을 들려준 적이 있다. 한 후보는 그녀에게 전화를 걸어 단도직입적으로 그 일을 자신에게 맡겨달라고 부탁했다. 진취적인 태도는 분명 바람직하다. 또 한 명의 후보는 전화를 걸어 그 일에 포함된 도전과제들을 곰곰이 생각해보고 자신의 생각을 보고서로 정리했다고 말했다. 여성 리더는 그 보고서가 상당히 유익하다고 생각했다. 그녀는 어떤 후보를 선택했을까? 당연히 후자였다. 호혜의 법칙에 따라 유용한 정보를 받은 여성 리더는 그 후보에게 기회를 준 것이다.

호혜의 개념이 여전히 낯설게 느껴진다면 일상에서 작은 것부터 시작하면 된다. 최근 함께 일했던 간부에게 그가 흥미를 느낄 만한 기사를 전송하는 것처럼 말이다. 기사를 전달받은 사람은 당신이 생각했던 것보다 더 기뻐할 것이다.

사람들은 종종 호혜관계를 구축할 실마리를 스스로 제공하기도 한다. 자신이 무엇을 필요로 하는지 은연중에 이야기하는 것이다. 그러므로 주의를 기울이면 얼마든지 단서를 얻을 수 있다. 때로는 약간의 사전조사와 아이디어가 필요하다. 관계를 맺고 싶은 사람에 대한 정보를 가능한 많이 수집하는 것이 좋다. 어떤 선물이 좋을지, 어떤 선물을 줄 수 있을지 생각해보라. 유익한 선물들로 어떤 것이 있는지 목록을 만들어보았다.

1. 나만의 노하우

친해지고 싶은 사람이 중요하게 생각하는 정보가 무엇인지, 그것을 어떤 방법으로 전달할지 생각해보자. 예를 들어 팟캐스트podcast(오디오나 비디오 파일 형태로 각종 콘텐츠를 제공하는 미디어) 정보를 찾아내 mp3 플레이어에 담아 주거나, 관련 책 내용을 요약해서 이메일로 보내주는 것도 좋다.

2. 나의 인맥

상대에게 도움을 줄 만한 사람을 주변에서 찾아본다. 상대의 관심 분야에 속한 인맥이나 필요한 정보를 제공해줄 사람을 소개하는 것도 좋은 선물이다.

3. 나의 현장 정보

고위간부는 현장에서 멀리 떨어져 있으므로 생생한 정보를 접하기 힘들다. 때때로 기업 주변부의 반응이 기업의 중요한 결정에 큰 도움이 된다. 조직 구성원들의 의견이나 현장에서 직접 들은 고객의 목소리를 일목요연하게 정리하고, 객관적인 의견을 제시하는 것도 좋다.

4. 나의 시간

시간은 생각보다 값진 선물이다. 과중한 업무에 시달리고 있는 동료를 대신해 일부 업무를 처리해줄 때, 혹은 더 나은 성과를 거둘 수 있도록 도와줄 때, 상대는 당신이 선물한 '시간'을 잊지 않을 것이다. 우선 친해지고 싶은 상대가 진행하는 프로젝트를 도와주면 훨씬 가까이 다가갈 수 있다.

5. 나의 귀

상대의 이야기를 잘 들어주는 것만으로도 선물이 될 수 있다. 우리가 만난 한 여성 리더는 회사에서 경청하는 것이 중요하다고 말한다. 그녀는 프레젠테이션을 연습할 때도 다른 사람들의 솔직한 의견을 들으려고 한다.

6. 가족 도와주기

가족은 누구에게나 가장 중요한 사람들이다. 친분을 맺고 싶은 사람의 자녀나 배우자에게 어떤 도움을 줄 수 있을지 생각해보자. 가족을 통하면 더 편하게 자신을 소개하고 더 쉽게 가까워질 수 있다.

7. 나의 질문

질문을 잘 하는 것만으로 상대에게 소중한 카운슬러가 될 수 있다. 적절한 질문을 하기란 결코 쉽지 않은 일이다. 상대에게 도움이 될 만한 질문을 하려면 사전조사를 해야 한다. '~라면 어떨까?'라는 식의 질문이 쓸모 있을 때가 있다.

8. 열린 제안

지금 특별히 해줄 것은 없지만, 도움이 필요하면 언제든 불러달라고 미리 말해두는 것도 좋다. 물론 상대가 먼저 당신을 도와줄 수도 있다. 하지만 다른 좋은 생각이 떠오르지 않을 때는 이 방법을 이용하는 것도 나쁘지 않다.

사람을 사귀는 것 역시 화학작용이자 성향의 문제다. 외향적인 사람들은 새로운 만남을 즐기기 때문에 어디를 가든 처음 보는 사람과도 잘 사귄다.

그러나 내성적인 사람들은 잘 모르는 사람들이 많이 모이는 자리에 참석한다는 생각만으로 초조해한다. 아는 사람이 없으므로 주눅이 들게 마련이고, 두려운 생각마저 든다. 그럴 때는 출세나 행복 등 새로운 인간관계를 개척해야 하는 중대한 이유를 떠올려보자. 유익한 여덟 가지 선물을 이용하면 낯선 사람들과 어울리는 자리가 좀 더 편해질 것이다.

관계의
씨앗을 뿌려라

거래로 생각하든 아니면 의미 있는 방법이라고 생각하든 호혜는 정상을 향해 가는 사람뿐 아니라, 이미 정상에 오른 리더에게도 꼭 필요하다.

무슨 일을 하든 첫걸음을 떼기가 힘든 법이다. 여성들은 호혜관계의 필요성을 인정하지만 쉽게 시도하지 못한다. 그러나 남성들은 언젠가 보상을 받을 거라고 확신하기 때문에 먼저 도움의 손길을 내민다. 그러므로 호혜적인 관계를 맺는 습관을 들여야 한다. 바로 정기적으로 손을 내밀어보는 것이다.

호혜를 기계적으로 생각할 필요는 없다. '호의를 베푼다, 기다린다, 뭔가 보상을 받는다, 그리고 또 호의를 베푼다'는 식으로 생각하지 말라는 얘기다. 주는 시점과 받는 시점 사이에 몇 년의 시간차가 있을 수도 있다.

　마지막으로 몇 차례 호의를 베풀었는지, 몇 차례 보답을 받았는지 헤아리는 것은 좋지 않다. 모든 사람들이 기대한 만큼 돌려주지 않는다. 상대가 도움을 줬는데도 당신이 미처 모를 때도 있고, 받기만 하고 주지 않는 사람도 있다. 그런 사람에게도 계속 호의를 베풀어라. 도와주는 것만으로 뿌듯할 테니, 그 또한 선물을 받은 것과 같다.

Chapter 14

사람을 따라
인생 지도를 그리다

마음의 문을 활짝 열고 긍정적인 태도로 기꺼이 배우겠다는 의지를 보이면, 다른 사람들이 당신의 삶 속으로 걸어 들어올 것이다.

— 캐럴 션, 에스티로더 중국지사 전무

냉랭한 회의실도, 설득의 기술도 잊어라. 명함도 핸드백 속에 그대로 넣어둬라. 지금부터는 인맥을 이용하는 방법을 살펴볼 테니, 그런 것들은 필요 없다.

누구나 인맥을 쌓고 있지만, 대부분 그것을 제대로 관리하지 못하고 있다. 이제부터 업무에 인맥을 이용하는 방법을 알아볼 것이다. 당신이 꿈꾸는 이상적인 환경을 상상해보라. 그곳에는 당신이 필요로 하는 것을 제공하는 특별한 사람들이 있다. 따뜻하고 친밀한 사람들에 둘러싸여 있다고 상상해보자. 흐뭇하지 않은가? 사람들은 누구나 그러한 소속감을 느끼고 싶어 한다. 그러한 환경을 만드는 것이 바로 네트워크 디자인이다.

글로벌 회계법인 언스트앤영Ernst&Young LLP의 제약 부문 리더이자 유명한 여성운동가인 캐롤린 벅 루스Carolyn Buck Luce는 내성적인 성격을 가졌지만 네트워크를 디자인하는 능력이 누구보다 뛰어나다.

네트워크를 디자인하라

캐롤린은 여덟 살 때부터 세계적인 리더가 되겠다고 결심했다. "어린 여자아이가 정말 당돌한 포부를 갖고 있었죠. 나는 존 F. 케네디에게 매료되어 있었어요. 그는 인간이 달에 갈 수 있다고 말했고, 나는 그 말을 믿었어요. 그는 국제적인 서비스 사업에 자발적으로 나서야 한다고 말했고, 나는 정말 그 일을 하겠다고 결심했어요."

캐롤린은 어머니와 아버지의 성격을 모두 가지고 태어났다. 어머니는 선천적으로 부끄러움을 많이 타는 사람이었다. 그러나 그런 성격을 극복하고 25년 동안 변호사로 일한 뒤 판사가 되겠다고 결심한 과감한 개혁가였다. 역시 변호사였던 아버지는 개성이 강하고 모험을 즐기는 사람이었다. "형제자매 가운데 둘째였던 나는 항상 더 높이 올라가고, 더 빨리 뛰려고 했어요. 수영을 못하면서도 호수에 뛰어들려고 했죠. 나는 항상 들떠서 새로운 것을 시도했어요. 가끔 내 행동이 지나치다고 주의를 받을 때면 머릿속에서는 '왜 안 되지?'라는 의문이 떠나지 않았어요. 틀에 얽매이는 것을 싫어했죠."

1960년대 말, 캐롤린은 모든 사회규범에 의문을 품었다. 그녀는 분명 반항적인 학생이었다. "아무도 내가 무언가를 이루어내리라고 생각하지 않았어요. 적절하든 부적절하든 당시의 모든 질서에 도전했죠. 그러나 나는 그만둬야 할 때를 알았어요. 일찍부터 나에게 맞는 일이 무엇인지 어렴풋이 알고 있었기 때문에 자제할 수 있었어요."

오랫동안 학교에 가지 않고 캄보디아 침공에 관한 장기 토론집회를 조직한 일로 고등학교 3학년 때 정학을 당한 캐롤린은 대학 진학에 실패했다. 그 후 그녀는 롤링입학제도rolling admission(정원이 채워질 때까지 일정 자격을 갖춘 지원자들을 순서대로 입학시키는 제도)를 통해 오하이오 주립대학에 입학했다.

캐롤린은 대학에서 장래를 위한 준비를 차곡차곡 해나갔다. 그녀는 조지타운 대학으로 편입을 희망했으며, 그러기 위해서는 모든 과목에서 A학점을 받아야 했다. 캐롤린은 불가능으로 보였던 일을 해냈다. 그다음 전공을 로망스어Romance languages(스페인어나 이탈리아어 등 라틴어 계통의 언어)에서 러시아어와 경영학으로 바꾸었다. 그다음에는 해외 서비스 담당직으로 취업하기를 결심했고, 이 또한 해냈다. 그녀는 꿈을 향해 나아가고 있었다.

소비에트연방에서 일하게 된 캐롤린은 살아남기 위해 험난한 길을 헤치며 인맥을 쌓아갔다. "적대적인 환경에서 근무했어요. 타슈켄트, 우즈베키스탄, 아제르바이잔의 바쿠와 모스크바에서 일했죠. 원어민이 아니었기 때문에, 사람들이 내 말을 잘 믿어 주지 않았어요. 서로에 대한 불신을 떨치려면 내가 먼저 그들에게 다가가야 했죠. 그들과 이야기를 나누려고 노력했어요. 18개월 동안 인맥을 쌓으면서 상대방 입장에서 생각하는 법을 배웠어요. 그들이 어떤 생각을 가지고 있고, 어떤 감정을 느끼는지, 이해하고 그에 책임지려고 했죠."

그녀는 여러 차례 실수와 실패를 겪었지만, 오히려 자극을 받아 장기적인 목표를 세우고 자신의 네트워크를 디자인했다. 그녀는 이미 알고 있는 사람들을 통해 새로운 사람을 소개받았다. "나는 장기적인 계획을 세우는 사람이에요. 10년 후의 큰 목표를 세운 다음 세부적인 목표들을 달성해나가죠. 인생의 목적지를 정했다면 그 다음에는 '누구를 만나야 할지'를 생각하고, 그들을 만나는 데 주력해야 해요." 캐롤린은 각기 다른 분야의 다양한 인맥이 필요하다는 것을 알고 있었다. "분야별로 각기 다른 색깔을 이용해 네트워크 지도를 만들었어요."

그녀는 분야나 영역별로 두세 명씩 만나야 할 사람을 정했다. 우선 그들에 대한 정보를 습득하고, 직접 그들을 만나 자신의 관심 분야를 설명하고 필요한 정보와 경력을 얻은 다음, 자신이 또 만나보아야 할 다른 사람이 있는지 추천해달라고 부탁했다. 이 방법을 되풀이하면서 캐롤린은 사고의 폭을 넓혔고, 더불어 다양한 인맥을 쌓았다.

"사람들과의 관계를 네트워크 지도로 나타내고, 인맥을 점점 넓혀

가는 것은 매우 기분 좋은 일이에요. 자신이 네트워크의 한가운데 있다는 것을 깨닫게 되거든요. 사람들이 나를 찾아오고, 내가 그들을 도와주는 거죠. 내가 언스트앤영에서 일하게 된 것도 그 덕분이에요. 사실 전혀 관심도 없던 회사였어요.”

그녀의 인맥은 전략적 제휴가 핵심이다. 늘 이런 질문을 하면서 네트워크를 관리해야 한다고 주장한다. “인맥 안에 누가 포함되어 있습니까? 당신이 그들을 도와줄 때와 그들이 당신을 도와줄 때를 어떻게 알 수 있습니까?”

또한 그녀는 부지런히, 그리고 끊임없이 인맥을 쌓아야 한다고 강조한다. 네트워크의 규모가 중요하기 때문이다. “기업의 지적자본 가운데 50퍼센트를 차지하는 것이 인적자산이에요. 그리고 개인 자본 가운데 75퍼센트를 차지하는 것이 인간관계죠.”

캐롤린은 전략적 제휴를 구축하고, 얼마나 많은 멘토와 협력자, 후원자가 필요한지 늘 계산했다. 그러나 그녀가 깊고 넓은 인맥을 쌓을 수 있었던 진짜 비결은 공감과 따뜻한 마음이다. “선천적으로 부끄러움을 많이 타면서도, 사람들에 대해 궁금한 것이 많았어요. 그래서 나 혼자서는 절대 파티에 가지 않지만, 일단 파티에 참석하면 푹 빠져버렸죠. 그리고 파티에 온 사람들이 무슨 생각을 하고 어떤 감정을 느끼는지 늘 궁금했어요. 누구를 만나든 싫지 않았어요. 사람마다 내가 좋아할 만한 특성을 한 가지씩 갖고 있게 마련이거든요. 인맥을 쌓아가면서 내가 배운 한 가지 교훈은, 자신보다 상대에게 더 관심을 기울이는 것이야말로 상대를 아는 지름길이라는 거예요. 늘 이 교훈을 가슴에 새기며 살아요.”

쉰 살에 캐롤린은 다시 한 번 새로운 네트워크를 디자인하기로 했다. "예순 즈음에는 자유를 누리면서 세상을 바꿀 수 있는 자리에 있었으면 해요. 그래서 정당에서 일해보는 게 어떨까 생각했죠. 하지만 그때까지 모금운동조차 해본 적이 없었어요. 그래서 학교에서 일하는 것은 어떨지 생각해보았죠. 하지만 나는 유명한 사상가도 아니었고, 학생들을 가르쳐본 적도 없었어요. 그다음에 떠오른 것이, '회사 밖에서 여성 리더들을 위해 할 수 있는 일이 없을까?'라는 것이었어요. 그래서 직장 여성들의 네트워크, 업무 환경과 지위 등에 대한 연구를 시작했죠. 필요한 사람들을 찾아가 조언을 구하고, 또 함께 팀을 꾸리기도 했어요."

캐롤린은 일찍 목표를 정하고, 어떻게 인맥을 쌓을지 계획을 세우라고 조언한다. "인맥이 필요할 때 쌓으려면 너무 늦어요. 인맥은 미리 쌓아두어야 합니다. 꿈을 이루려면 많은 준비가 필요해요."

스승과 멘토 역할을 하면서 캐롤린은 일부 여성들이 직장에서 제대로 인맥을 구축하지 못하는 이유가 무엇인지 곰곰이 생각해보았다. "여성들은 개인적인 친분을 토대로 인간관계를 맺어요. 직장에서는 인간관계가 비즈니스로 변질되어버린다고 생각하죠. 그래서 마음을 열지 않는 거예요. 여성들은 원래 베풀기를 좋아하면서도 직장에서는 제대로 베풀지 못해요. 주고받는 비즈니스 관계가 부담스럽기 때문이죠. 그러한 부담에서 벗어나야 해요. 나는 다른 사람에게 관심을 기울이고, 다른 사람은 나에게 관심을 기울이도록 만들어야 해요. 말하자면 서로 정보를 공유하는 거죠. 언제 서로를 필요로 할지 모르니까요."

캐롤린은 네트워크 지도를 통해 재계와 학계, 자선단체에서 새로운 인맥을 쌓았다. 또한 각 분야별로 '귀감'이 되는 사람들을 엄선해 일명 '고문단'을 만들었다. "그들은 일에서 성공한 사람들이고, 내가 닮고 싶은 사람들이에요. 나는 몇 년 동안 지속적으로 그들을 만나면서 친분을 쌓았죠. 그들 모두 내가 높이 평가하는 목표와 능력을 갖고 있어요. 그들은 늘 나를 채찍질하죠. 내가 올바른 목적을 세우고 제대로 일을 하고 있는지 확인해줘요. 심사숙고할 일이 있을 때 믿고 의지할 만한 사람들이에요. 그들에게 일 문제만 상의하는 것은 아니에요. 부모로서, 자식으로서, 배우자로서, 중대한 고민이 있을 때마다 도움을 청하죠."

인생의 목적을 정하고 그에 필요한 인맥을 구축하는 것은 삶의 의미를 정의하는 데도 도움이 된다. "당신이 귀감으로 삼은 사람들은 바른 길을 알려줄 거예요. 당신이 가진 모든 것을 어떤 한 가지 일에만 쏟아부으면 온전한 삶을 살 수 없어요. 친구를 만나거나 가족을 돌보는 것, 커뮤니티에 참여하거나 무언가 배우는 것도 분명 의미 있는 일이에요."

네트워크 지도
그리기

어떤 모임에서 가장 큰 영향력을 지닌 사람의 환심을 사기 위해 가식적으로 구는 것은 바람직하지 않다. 그런 사람들이 모이는 자리에는 계속 참석하고 싶은 마음이 생기지 않는다.

인맥을 쌓는 일은 정치가 아니다. 인간관계에서 중요한 것은 먼저 손을 뻗는 것, 새로운 사람에게 관심을 보이고 도움을 주는 것이다. 인맥은 개인적으로나 일적으로 당신이 성장하는 데 중요한 열쇠가 된다. 그러므로 지금부터 인맥에 대해 리프레이밍해보자. 생각만 해도 흥분되지 않은가?

이미 알고 지내는 사람들 가운데 당신에게 적극적으로 관심을 가지고 도와줄 사람들을 적어보는 것은 인맥을 정리하는 데 좋은 출발점이다. 우선 두 가지 기준을 충족하는 사람들을 적어본다. 하나는 지난 2년 동안 가까이에서 함께 일한 사람들이고, 다른 하나는 지난 2년에 걸쳐 적당히 교류해온 사람들이다.

그다음 그들이 당신의 일에 어느 정도 영향력을 미치는지 생각해본다. 회사에서 어느 정도 영향력을 지닌 사람인가? 그들과 얼마나 친한가?

이제 당신의 인맥에 어떤 종류의 관계들이 있는지 떠올려본다. 무슨 조직과 업계에서 어떤 역할을 하며, 어느 사회집단에 속하는지 꼼꼼히 따져본다. 당신을 위해 새로운 기회를 제공해줄 후원자가 있는가? 회사 밖에서 삶의 의미와 소속감을 일깨워주는 사람들도 잊지 마라. 그들도 인맥의 한 부분이다.

당신의 인맥에 속한 사람들을 적은 다음, 네트워크 지도에 그들과의 관계를 표시한다. 수평축은 당신이 그들과 얼마나 잘 아는 사이인지를 가리키고, 수직축은 그들의 사회적, 경제적 영향력을 나타낸다.

스윗스팟sweet spot(배트에 맞았을 때 공이 가장 잘 날아가는 최적의 지점), 즉 오른쪽 상단 사분면을 차지하는 사람은 누구인가? 스윗스팟에 위치하는 사람들이 많을수록 당신이 제대로 인맥을 쌓아온 것이라고 할 수 있다. 그들이 바로 당신의 후원자가 될 가능성이 높은 사람들이다. 그 자리를 차지하는 사람이 한 명도 없을 수 있을 것이다. 하지만 지극히 정상적인 것이니 걱정할 필요는 없다. 수백 명의 젊은 여성들을 대상으로 테스트한 결과, 대부분 이 영역을 차지하는 사람수의 비율이 매우 낮았다.

　당신도 직접 테스트해보면 오른쪽 하단에 사람들이 몰릴 가능성이 높다. 진한 우정을 나누고 있지만 권력이나 영향력이 별로 없는 동료들이 주로 오른쪽 하단을 차지한다.

　왼쪽 상단에 있는 사람들은 영향력은 있지만 아직 당신을 지지하지 않는 부류다. 당신이 먼저 다가가지 않은 것이다. 영향력을 가진 사람들은 감히 범접할 수 없는 듯 보인다. 혹은 좋지 않은 소문을 듣고 편견을 가지고 있는지도 모른다. 한 여성은 직장생활 초기에 회사내 소문을 믿고 특정 상사와 함께 일하기를 꺼린 적이 있다고 고백했다. 소문을 무시하고 다가가보니 그는 누구보다 재미있게 일하는 사람이었다. 그는 훗날 그녀의 가장 중요한 후원자가 되었고, 그러한 관계가 오랫동안 지속되었다. 복도에서 들은 모든 소문이 진실인 것은 아니다. 설령 진실이라 해도 당신과 상관없는 것이라면 무시해도 좋다.

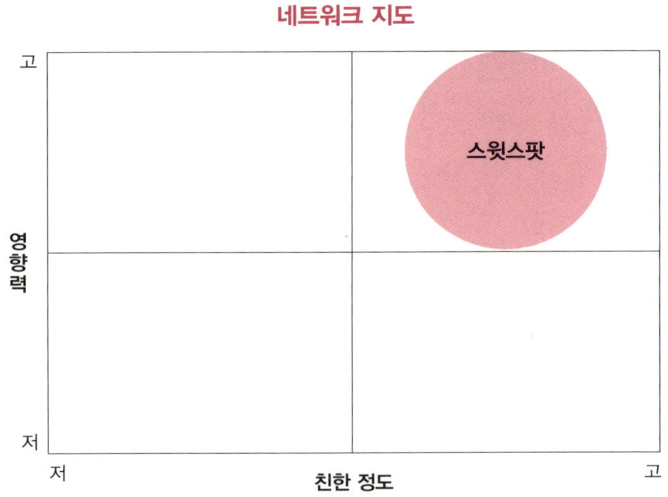

네트워크 지도

당신의 네트워크 지도는 얼마나 균형을 이루고 있는가? 앞으로 당신은 어디에 투자해야 하는가? 당신의 스윗스팟에는 과연 몇 명이 있는가? 앞으로 얼마나 더 많은 인맥을 쌓아야 하는가?

사람과 사람을 연결하라

인맥을 쌓을 때 단 하나 명심해야 할 점은 '다양화'다. 캐롤린이 말했듯이 당신이 속한 기업, 사업부, 혹은 회사 밖의 모임까지 생각하라. 당신의 잠재력에 재갈을 물리지 마라. 모든 조직은 저마다 독특한 시스템을 가지고 있다. 풍성한 인맥을 통해 정보의 폭을 넓히고, 다양한 시각으로 지식을 향상할 수 있다.

중대한 변화를 꾀할 때일수록 특히 인맥이 중요하다. 사람들은 당신에 대해 한 가지 면만 바라본다. 무의식적으로 편견을 갖고 있는 것이다. 더구나 같은 회사나 직종에서 일하는 사람들은 다른 분야에 숨어 있는 기회를 보지 못한다. 직업 혹은 직장을 바꿀 계획이라면, 연결고리 역할을 해줄 새로운 인물들을 사귀는 것이 좋다.

인맥은 공식적인 네트워크와 비공식적인 네트워크로 나누어볼 수 있다. 회사에 멘토 제도가 마련되어 있다 해도, 비용면에서 비공식적인 네트워크만큼 효율적이지 못하다. 공통 관심사와 호감을 토대로 자발적으로 구축하는 비공식적인 네트워크는 유기적으로 성장한다. 그리고 비공식적인 네트워크가 공식적인 네트워크보다 경력에 훨씬 더 큰 영향을 미친다.

눈을 더 크게 뜨고 넓은 세계를 바라보라. 그리고 기회를 줄 후원자와 뒤에서 지지해줄 후배들이 있는지 돌아보라.

관계의 6단계 법칙six degrees of separation(여섯 명만 거치면 세상 모든 사람들과 연결될 수 있다는 법칙)을 이용해 도움을 줄 사람을 찾아보자. 당신이 알고 있는 다섯 명을 통해 훨씬 더 많은 사람들과 연결될 수 있다. 예를 들어 다른 회사에 다니는 사람들 가운데 당신의 업무 분야나 관심사와 공통된 사람들이 있는지 알아본다. 그다음 당신의 가족, 친구의 친구, 단체 회원, 고객, 이웃, 급우, 팀원, 직원 등이 그 사람들과 어디에서 어떻게 연결되는지 광범위하게 따져본다.

그렇게 하다 보면 곧 수십 명이 넘는 새로운 사람들을 만날 수 있다. 뒤로 한 걸음 물러서서 당신이 만든 커뮤니티를 바라보면 흡족한 기분이 들 것이다. 그것은 가치를 공유하면서 당신을 지지하고 있는 흥미로운 이해집단이다.

그러나 우리는 아직 그 단계에 이르지 못했다. 살아 있는 모든 것이 그렇듯 적극적으로 보살피지 않으면 인맥도 시간이 갈수록 쇠퇴한다. 이것은 단순히 알고 지내는 문제가 아니라 '관계의 질'을 말하는 것이다. 인맥을 관리하는 소프트웨어도 있지만, 단순하고 구시대적인 종이와 펜, 간단한 스프레드시트가 더 유용하다. 그것을 가지고 인맥을 어떻게 키워나가고 있는지, 그 속에 포함된 사람들과 얼마나 자주 연락하는지 체크해보자. 사람들을 알고 지내려면 적어도 몇 차례의 상호작용이 필요하다.

여러 가지 색깔과 선을 이용해 캐롤린의 네트워크 지도를 만들다 보면 당신은 흥미로운 패턴을 발견하게 될 것이다. 먼저 당신이 사람들을 소개해주면 네트워크가 한층 풍요로워진다. 도움을 줄 사람과 도움이 필요한 사람을 연결해주는 것이다.

그리고 당신의 인맥 포함된 모든 사람들이 어떻게 성장해나가는지 눈여겨보라. 당신이 사람들을 더 많이 도와줄수록, 그들이 당신을 도와줄 가능성이 더 높아질 뿐 아니라 기분도 더 좋아진다. 그것이 바로 '호혜'다. 캐롤린이 그랬던 것처럼 어느 날 당신이 만든 네트워크 지도가 곧 '인생 지도'라는 것을 깨닫게 될 것이다.

Chapter 15

나를 후원해줄
사람이 있는가

내가 성공하기까지 가장 큰 힘이 되어준 사람은 데이비드 록펠러David Rockefeller다. 그는 아마도 뉴욕에서 가장 영향력 있고, 가장 사려 깊은 사람일 것이다. 그를 만나면서, "나는 뉴욕 시에 대한 그의 헌신과 영향력을 지렛대 삼아 이 지역을 재건할 것이다."라고 생각했다.

— 캐서린 와일드, 뉴욕시티 파트너십Partnership for New York City CEO

직장에서 당신을 후원해주는 사람이 있는가? 당신이 인정받고 있는지, 노력한 만큼 성공을 거두고 있는지 관심을 가지고 지켜보는 사람이 있는가? 당신이 빛날 기회를 만들어주는 사람이 있는가? 그런 사람이 바로 '후원자'다. 성공한 인물들 옆에는 언제나 그들을 도와준 후원자가 있었다.

아직 후원자가 없다면 이제부터 만들어야 한다. 그리고 이미 후원자를 가지고 있다면 이제 당신이 누군가의 후원자가 되어야 한다. 누군가를 믿고 그에게 시간과 노력을 투자하면, 언젠가는 되돌아오게 마련이다.

미국의 대표적인 투자금융회사 모건스탠리의 최고재무관리자인 루스 포랏Ruth Porat은 세 자녀의 엄마로, 유방암을 한 번도 아니고 두 번이나 이겨낸 강인한 여성 리더다. 투자은행에서 여성을 좀처럼 볼 수 없던 시절부터 지금의 자리에 오르기까지 루스는 후원자들을 믿고 의지하면서 굳건한 관계를 유지해오고 있다. 그들은 그녀가 성공하는 데 큰 힘이 되어주었다.

멘토와 후원자 사이

루스는 멘토와 후원자 사이에 두 가지 중대한 차이점이 있다고 말한다. 첫째, 멘토는 지혜를 나누어줄 뿐 당신 일에 개입하지 않지만, 후원자는 당신을 위해 적극적으로 뛰어든다. 둘째, 후원자는 전적으로 당신을 신뢰하지만, 멘토는 그 단계까지 이르지 못할 수도 있다. 이 두 가지 차이점에 유의하며 루스의 경험담을 들어보자.

그녀가 입사 2년째에 접어들었을 때, 소비재 생산업체 회장이 그녀의 회사 상무에게 전화를 걸어 이사회에서 여성이 프레젠테이션을 맡으면 좋겠다고 요청했다. 그 회사의 주요 고객이 여성이었기 때문에 여성의 시각이 무엇보다 중요했던 것이다. 상무는 루스에게 프레젠테이션을 맡으라고 지시했다. "나는 이사회에서 발표를 해보기는커녕 회의실에 들어가본 적도 없었어요. 나는 너무 당황해서 돌처럼 굳어버릴 지경이었어요. 그러자 그가 '헤엄칠 건지, 아니면 빠져 죽을 건지 선택하세요'라더군요."

그녀는 헤엄치는 길을 택했다. "지금도 내가 저질렀던 실수들을 생각하면 긴장돼요. 하지만 좋은 경험이었어요. 그가 나를 믿고 위험을 감수했기 때문에 해낼 수 있었죠." 남다른 인내력과 결단력을 가지고 있는 루스는 처음부터 월스트리트에서 자신의 길을 찾았다.

그녀는 그녀의 아버지가 영국 대학에 몸담고 있을 때 태어났다. 그는 유대인 대학살을 피해 계속 도망 다녔다. 그의 꿈은 가족들을 데리고 미국으로 건너가는 것이었다. 미국으로 건너가기 위해 독학으로 물리학을 공부했고, 루스가 세 살 되던 해에 하버드 대학 교수직을 얻었다. 그녀의 가족은 매사추세츠와 캘리포니아, 그리고 다시 영국으로 옮겨다니다가 루스가 열 살 되던 해에 캘리포니아에 정착했다. 성장과정을 보면 루스가 인내력과 학습의욕, 위험을 감수하는 능력이 뛰어난 것도 결코 놀라운 일이 아니다.

열심히 일하는 성격 역시 자연스럽게 길러진 것이다. 심리학자였던 루스의 어머니는 항상 일을 했다. "학교 갔다가 집에 돌아오면 아무도 없었어요. 나는 모든 것을 혼자 해야 했죠. 그래서 일하는 것이 너무나 당연했어요."

루스는 스탠포드 대학에서 경제학 공부를 마친 다음 워싱턴으로 건너가 법무부에서 일했다. 그러나 루스는 그 일을 곧 그만두었다. "경영대학원에서 M&A(인수합병)에 대해 본격적으로 공부하게 되었어요. 전략이 필요한 일이기는 했지만, 실질적인 교섭을 할 수 있다는 점에서 매력을 느꼈어요."

당시 월스트리트에는 선도적인 투자업체 세 곳이 있었고, 그중 최고로 꼽히던 곳이 모건스탠리였다. 루스는 모건스탠리의 사람들과 기업윤리, 문화가 마음에 들었다. 1987년 그녀가 M&A부서에 발을 들여놓았을 때는 마침 기업들의 파산이 줄을 잇고 있던 시기였다.

그녀는 열심히 일했다. "밤새 일하고 얼른 집에 가서 샤워를 한 다음 바로 다시 출근할 때가 많았어요. 하지만 그때가 가장 즐거웠어요. 우리가 성사한 모든 거래가 〈월스트리트저널〉 1면을 장식했죠."

루스는 사회생활 초기에 M&A 업무를 하면서 풍부한 경험을 지닌 사람들을 많이 만났다. "나는 월스트리트의 전설적인 인물들 밑에서 일하는 영광을 누렸죠. 아직 어린 나이였는데도 최고의 자리에 올랐을 때 어떻게 행동해야 하는지 배웠어요." 그녀는 스스로를 행운아라고 말했다.

루스는 적극적으로 후원자를 찾아 나서라고 조언한다. "당신을 위해 기꺼이 위험을 무릅쓰지 않는 사람 밑에서는 일할 필요 없어요. 당신이 상사를 바꾼다는 것은 거의 불가능하기 때문이죠. 그런 사람 밑에서는 성공할 수 없어요. 나는 남자들과 함께 일했어요. 상사들도 모두 남자였는데, 그들은 편견이 심했죠. 그래서 남자들과 동등한 기회를 가질 수 없었어요. 여성의 가장 큰 문제점은 자신이 고개를 숙이고 부지런히 일만 하면 언젠가는 사람들이 알아줄 거라고 생각하는 거예요. 나쁜 상사는 결코 당신의 노력을 알아주지 않아요. 그런 사람을 위해 부지런히 일해봤자 얻는 것은 한 가지뿐이에요. 상사만 유능해 보이고, 당신은 오도 가도 못 하는 신세가 되는 거죠. 그러니 후원자가 될 가능성이 없는 사람 아래에서 참고 일하는 것보다는 빨리 떠나는 것이 현명해요."

운좋게 후원자를 찾았다면 그다음에는 그와 돈독한 관계를 맺어야 한다. 이때 그 사람이 당신의 어떤 장점을 지렛대로 이용할 수 있는지 알아두는 것이 좋다. 루스의 장점은 인내심, 근면성, 판단력, 성실함이었다.

루스는 처음부터 후원자 역시 자신에게 바라는 것이 있음을 알았다. "그가 단순히 친절을 베푸는 것은 아니라는 것쯤은 알고 있었어요. 나는 그가 출세하는 데 뒷받침이 되어주었죠. 내가 여러모로 도움을 주었어요. 하지만 밤낮없이 일하며 고객들과 시간을 보내는 것이 즐거웠어요. 그러니 결코 불리한 거래는 아니었죠."

1992년 그녀의 후원자 가운데 한 명이 모건스탠리를 그만두고 경쟁업체로 자리를 옮길 때 그녀도 따라갔다. 그녀는 새로운 사무소에서 2년 동안 금융지원팀을 운영했다. "모건스탠리를 떠나기 전 경영진에게 터놓고 이야기하지 못한 게 후회돼요. 그곳을 그만둘 수밖에 없는 이유와 그곳에 남아 있을 경우 어떤 점이 우려되는지를 말이에요. 아버지도 이렇게 말씀하셨죠. '모건스탠리 같은 회사를 그만두다니 이해할 수 없구나. 모건스탠리는 매우 건실한 기업이고, 너는 그 점을 항상 높이 평가했잖니?'라고요."

그녀는 모건스탠리를 떠나자마자 후회했다. "터놓고 이야기했다면 모든 문제가 해결되었을 거예요. 사실 그만두고 싶지 않았거든요. 오랜 시간을 바친 회사였던 만큼 나나 그들을 위해서도 솔직히 이야기하는 게 옳았어요. 물론 그들이 '당신의 기대를 충족할 수 없으니 그만두고 싶으면 그렇게 하시오'라고 말했을지도 몰라요. 하지만 어느 정도는 인정하고 받아들였을 거예요. 그 일을 통해 한 가지 배운 것이 있어요. 불만을 모두 털어놓고 그것이 받아들여지지 않았을 때 사표를 내도 늦지 않다는 거예요."

후원자와 돈독한 관계였는데도 루스는 새로운 회사의 문화나 일이 마음에 들지 않았다. 그로부터 2년 뒤 모건스탠리로 돌아갈 기회가 찾아왔다. 하지만 직급을 한 단계 낮춰야 했다. 그녀의 동료였던 사람들은 모두 상무가 되어 있었다. 사실 그런 조건은 보통 받아들이기 힘든 것이다. 그녀는 CEO에게 이렇게 말했다. "저는 회사를 배신하면 어떻게 되는지 보여주는 본보기가 될까 걱정스럽습니다. 모건스탠리 사람들이 '봐, 떠나지 않았으면 지금 더 높은 자리에 앉아 있을 텐데'라고 수군대는 소리를 듣고 싶지 않습니다." 그러자 CEO가 대답했다. "걱정하지 말아요. 1년은 무척 힘들겠지만, 2년 뒤에는 분명 잘한 결정이라고 생각할 테니."

그녀는 그의 말을 '보증수표'로 받아들였다. 두 사람 모두 감수해야 할 리스크가 있었지만, 루스는 그를 믿어보기로 했다. 그리고 그녀는 다른 후원자를 찾아냈다. 많은 상무들이 그녀를 지지해주겠다고 약속했다. "그들은 나에게 돌아오기가 결코 쉽지 않았을 거라며 격려해주었어요. 결과적으로 옳은 결정이었죠."

그로부터 몇 년 뒤 루스는 유방암 진단을 받았다. "과거를 되돌아보며 이렇게 말할 수 있어서 정말 기뻐요. 내가 일에서 거둔 성과도 자랑스럽고, 결혼해서 자식을 가진 것도 정말 기쁘게 생각해요. 나는 일 이상의 무언가를 이룬 것 같아 무척 행복해요." 그녀는 이렇게 덧붙였다. "여성 세 사람 가운데 한 사람은 향후 유방암에 걸릴 가능성이 있다고 해요. 또 가까운 사람들이 이런 일을 겪을지도 모르죠. 당신이 생각하는 것만큼 시간이 많지 않아요. 그러니 가능한 일찍 균형 잡힌 생활을 찾아야 해요."

루스가 암을 이겨내는 데 있어 후원자와의 관계가 매우 중요한 역할을 했다. 처음 유방암 진단을 받았을 때, 또 다른 후원자인 투자은행 글로벌 총책임자는 일을 계속하는 것이 건강을 회복하는 데 도움이 될 거라고 조언을 해주었다. "모건스탠리가 아니라 나 자신을 위해 계속 일하는 것이 나을 거라고 말하더군요. 그 말이 큰 힘이 되었어요. 그는 내가 일을 얼마나 사랑하는지 잘 알고 있었어요. 나 역시 가능한 일을 계속하고 싶어요. 마음 같아서는 앞으로 20년 더 일하고 싶어요. 일상의 여유 못지않게 일하는 시간들이 소중해요."

멘토보다 후원자가 낫다

멘토는 자신의 경험과 지혜로 현명한 조언을 해줌으로써 길잡이 역할을 한다. 멘토가 있다는 것은 정말 좋은 일이며, 많으면 많을수록 행복하다. 그러나 멘토는 인생의 경로를 바꾸려고 할 때 직접적인 도움을 주지 않는다. 루스 말대로 후원자는 당신이 원하는 것을 이룰 수 있도록 직접적인 도움을 준다. 당신 편에 서서 경력에 영향을 미친다.

다시 말해 후원자는 기회의 문을 열어주는 사람이다. 또한 당신이 실수를 저질렀을 때 당신을 보호해주는 것 역시 후원자다. 후원자가 있으면 혼자 외롭게 싸우지 않아도 된다.

후원자들은 보이지 않는 곳에서 당신을 도와주기도 한다. 예를 들어 당신이 참석하지 않은 회의에서 당신을 칭찬함으로써 간접적인 도움을 줄 수도 있다. 또한 그들은 조직의 정책이나 문화규범, 두각을 나타내는 방법이나 리더십을 발휘하는 방법 등을 가르쳐준다. 당신을 진심으로 걱정하는 후원자라면 위기가 닥쳤을 때 당신이 슬기롭게 헤쳐나갈 수 있도록 기꺼이 도와줄 것이다.

마지막으로 후원자는 가장 소중한 피드백을 제공하고, 당신이 성장통을 겪고 있을 때 평온한 마음을 유지할 수 있도록 힘을 준다. 그가 진정 당신을 아낀다면 마음을 열고 받아들이기만 하면 된다.

후원자를 찾아라

당신을 이끌어줄 그들은 어디에 숨어 있는 것일까? 입사하고 곧바로 후원자를 찾을 만큼 운이 좋은 사람은 거의 없다. 아직까지 후원자가 없다면 지금부터 찾아 나서야 한다.

이제 막 사회생활을 시작했다면, 동료들은 어떻게 후원자를 찾았는지 이야기를 들어보자. 후원자들은 종종 공통된 관심사가 있거나, 어떤 일에 열정적으로 함께 참여하면서 후배들과 가까워진다. 많은 후원자들이 자신의 일에 진심으로 열의를 보이는 사람에게 전문지식을 나누어주고, 그 사람의 요구에 적극적으로 응한다고 말한다. 당신이 무엇을 할 수 있는지 먼저 보여주면 후원자 관계로 발전하는 데 도움이 될 것이다.

즉, 당신이 어떤 장점을 가지고 있고, 어떤 일에 열정을 다하는지 생각해본 다음 '관계의 6단계 법칙'을 이용해 당신이 관심을 가지는 분야나 업무에 관여하고 있는 고위간부를 찾아내라. 그들에게 먼저 당신이 어떤 일에 관심이 있는지 내비친다. 물론 이때도 '호혜'의 전략을 잊어서는 안 된다.

또 다른 방법은 과거에 후원자 역할을 해본 적이 있는 사람들 중에서 찾는 것이다. 사실 대부분의 고위간부들은 후원자가 되고 싶어 하지 않는다. 하지만 한번 누군가의 후원자가 되어 만족한 결과를 얻은 사람은 계속 관계를 만들고 유지하려고 한다. 동료들과의 비공식적인 네트워크를 이용하거나 누구에게 도움을 받았는지 직접 물어보는 것도 좋다.

물론 당신이 찾은 사람을 다른 사람들 또한 후원자로 원할 가능성이 크다. 많은 사람들이 관심을 가지고 있지는 않지만 좋은 후원자가 되어줄 사람들은 얼마든지 있게 마련이다. 그런 사람들을 찾아내 리스트를 만들고, 장점을 비롯해 그들에 대해 더 많은 정보를 수집한다. 그런 다음 한 걸음 뒤로 물러나 당신의 후원자로 적합한 사람인지 평가한다. 특정 관심사에 대해 당신만큼 열정을 가지고 있는가? 당신의 성공에 중대한 영향을 미칠 만한 자리에 있는가? 그 사람에게 일뿐 아니라 개인적인 문제까지 편하게 이야기할 수 있는가? 대부분 당신의 기준에 잘 맞지 않을 것이다. 하지만 시간이 걸리더라도 당신에게 꼭 맞는 후원자를 찾아내야 한다.

후원자 없이 성공한 여성 리더도 있다. 하지만 후원자가 큰 힘이 되는 것 또한 사실이다. 그들은 반드시 당신과 당신의 팀을 응원해주고, 당신이 더 빨리 성장할 수 있도록 밑거름이 되어줄 것이다. 그들로 인해 회사에 대한 소속감이 강해지고, 일에서 의미를 찾을 것이다.

당신과 후원자의 관계는 결코 일방통행이 아니다. 도움을 주는 사람 역시 만족을 얻게 마련이다. 후원자들은 자신들이 도움을 준 사람들을 회사에 남긴 유산으로 여기고 뿌듯해할지 모른다. 어쩌면 이런 관계를 단순히 즐기는 사람도 있을 것이다.

또한 당신이 성공을 하거나 어느 정도 위치에 오른다면 후원자가 되어야 한다는 것도 잊어서는 안 된다. 모든 여성들이 다음 세대 여성들에게 후원의 손길을 내민다면, 더 많은 여성들이 즐겁게 일하며 성취감을 느낄 것이다.

기회는 두려움 뒤에 숨어 있다

: 정면 승부

Chapter 16

울타리를 넘으면
더 큰 세상이 있다

고등학생 시절, 나는 남학생밖에 없는 테니스부를 찾아가 코치에게 테니스를 하고 싶다고 말했다. 예상외로 그는 "실력을 한번 보여주렴."이라고 대답했다. 나는 남학생과 시합을 해서 당당히 이겼다. 그때 코치가 받아주지 않았다면 아마 받아줄 때까지 찾아갔을 것이다.

— 도너 오렌더, 전 미국여자프로농구협회 회장

우리는 두 가지 시선으로 인생을 바라볼 수
있다. 하나는 인생을 '내게 일어나는 일'이라 여기는 것이다. 그리고 다
른 하나는 인생을 '내가 창조하는 것'으로 보는 것이다. 후자의 시선으
로 인생을 바라보면 훨씬 더 능동적이고, 조화롭게 살아갈 수 있다. 말
그대로 일과 생활을 둘러싸고 있는 울타리들을 넘는 것이다. 그것은
자신을 위해 할 수 있는 가장 좋은 일이다.

울타리를 넘어서기 위해서는 자신이 원하는 것을 얻고자 하는 굳
은 의지와 용기가 있어야 한다. 그리고 자신의 의사를 밝히고, 책임감
있게 발전을 도모하며, 리스크가 따르는 기회라도 기꺼이 붙잡고, 마
음 깊숙이 자리 잡은 두려움에 당당히 '정면 승부'해야 한다.

데임 스텔라 리밍턴Dame Stella Rimington은 그야말로 울타리를 뛰어
넘어 인생을 바꾼 사람이다. 그녀는 영국 정보국 MI-5Military Intelligence
Section 5(군사정보국 제5과) 최초로 여성 국장이 되었다. 1960년대에 그녀
는 여성들을 반기지 않는 세계에 발을 들여놓았다. 처음 그녀가 맡은
일은 기록보관인으로서 역사가들이 이용하는 교구 및 마을 관련 자료
들을 체계적으로 정리하는 것이었다.

결혼을 하고 남편이 인도 파견 근무를 가게 되면서 그녀에게 새로
운 기회가 찾아왔다. "외교관인 남편을 따라 인도로 건너갔어요. 그런
데 칵테일 파티에서 MI-5에 들어오라는 제의를 받았죠. 냉전이 절정
에 달하던 때였어요. 동서 진영이 만나는 인도는 정말 냉전의 최전선
이었죠. 여기저기 스파이들이 들끓었어요. 미스터리한 세상의 한복판
에 있다는 것을 체감할 수 있었죠. 그런데 한편으로 재미있겠다는 생

각이 들었어요. 제임스본드가 될 수 있을 것 같았죠. 그래서 그 제의를 기꺼이 받아들였습니다."

그녀는 뛰어난 재능을 보였다. MI-5에서 27년간 일하면서, 그녀는 여성 최초로 사원에서 애널리스트와 감독관을 거쳐 정상에 올랐다. "뭔가를 해낼 때마다 나에 대한 선입견이 조금씩 바뀌기 시작했어요. 나를 보며 여자라서 할 수 없다는 생각을 더 이상 하지 않았죠. 윗사람들은 '지난 번에 해낸 걸 보면 이 일을 맡겨도 되겠어'라고 생각하기 시작했어요."

당당하게 요구하라

영국에서 자란 스텔라는 일찍이 자기 의사를 당당하게 밝힐 줄 알았다. "늘 남들과 다른 길을 걷겠다는 생각을 했어요. 흥미진진한 삶을 살고 싶었죠. 사람들이 '커서 뭐가 되고 싶니?'라고 물으면, '비행기 조종사가 되고 싶어요'라고 대답했어요. 당시 여성은 비행기 조종사가 될 수 없었는데도 말이에요. 하지만 나는 오히려 '그러니 더더욱 비행기 조종사가 되고 말 거야'라고 생각했죠."

정면 승부는 '내 목소리를 내는 것'에서 시작한다. 하지만 대부분의 여성들은 자신의 의사를 제대로 밝히지 못한다. 다른 사람에게 이끌려 가지 않고, 반대로 이끌려면 자신의 생각을 분명하게 전달해야 한다. 그래야 상대가 당신이 어떻게 생각하는지 알고 따를 수 있다. 쉽지 않은 일이지만 오늘부터 의사를 표현하는 습관을 들여라. 그렇지 않으면 시간이 갈수록 점점 더 어려워지고, 사람들은 더 쉽게 당신의 생각을 무시할 것이다.

투자회사의 한 여성 고위간부는 의견을 제시하는 법을 어떻게 배웠는지 들려주었다. "월요일마다 간부회의가 있었어요. 처음에는 그저 듣기만 했죠. 나는 남자들이 어떻게 하는지 보면서 배웠어요. 그들은 예전부터 그 회의에 참석해온 사람들이었으니까요." 그녀는 롤모델들을 유심히 살펴보면서 교훈을 얻었고, 끊임없이 연습했다. 시간이 갈수록 사람들이 그녀의 말에 주의를 기울이기 시작했다.

1970년대 영국으로 돌아간 스텔라는 출산휴가가 끝난 뒤 다시 일을 시작했지만, 맡은 일은 사무직이었다. "여자들이 서류를 정리하고 정보를 분석하는 일을 잘한다는 고정관념 때문이었어요. '최전방'의 정보를 다루는 일은 아니었죠. 현장을 직접 뛰어다니는 일이 아니라 인력을 충원하고 관리하는 일이었어요. 네모난 유리상자 속에 갇힌 기분이었죠."

스텔라는 여성 동료 몇 명과 함께 뜻을 모았다. "그즈음 여직원들이 꽤 있었어요. 우리는 한 목소리를 내어 이렇게 주장했죠. '우리가 남자들과 다를 것이 없는데, 어째서 남자들과 다른 길을 걸어야 합니까?' 실권자들은 당황했어요. 성차별 금지 법안을 눈앞에 두고 있었던 만큼 상황이 더욱 복잡했죠. 결국 그들은 우리 중 몇 명을 승진시키기로 결정했어요. 승진한 여성들은 당연히 그들의 임무를 훌륭히 해냈죠. 이제 여성들은 가장 위험한 영역에서도 자신의 역할을 매우 잘 해내고 있어요."

의사를 표현하는 방법은 학습할 수 있다. 그러기 위해서는 우선 자신이 무엇을 원하는지 정확하게 알아야 한다. 한 가지 놀라운 사실은 '원하는 것을 잘 요구하는 것'이 성공의 비결 가운데 하나라는 점이다.

선입견에 사로잡혀 가능한 것을 불가능하다고 생각할 수 있다. 거절당할 것이 두려워 처음부터 아무것도 요구하지 않는 사람도 있다. 아직 준비되지 않았다며 망설이는 사람도 있고, 성공 자체를 두려워하는 사람도 있다. 하지만 당신이 먼저 말하지 않는 한 다른 사람들은 당신이 무엇을 원하는지 모른다. 심지어 관심조차 없을지도 모른다. 그러므로 꿈을 이루고 싶다면 용기를 가지고 자신 있게 원하는 것을 요구할 줄 알아야 한다.

자신이 원하는 일을 할 수 있게 된 스텔라는 '남자 요원들이 하는 일'을 자신도 할 수 있다는 것을 보여주고 싶었다. 먼저 남자 요원들을 기준으로 설계된 현장 테스트를 했다. 그녀는 술집에 들어가 처음 만나는 사람에게 접근해 가능한 많은 정보를 수집해야 했다. 그리고 직급이 더 높은 요원이 들어와 그녀의 신분을 노출해도 냉정을 잃지 않아야 했다.

"나 같은 사람에게 맞지 않는 테스트였어요. 그들이 택한 술집은 역 근처 싸구려 술집이었거든요. 남자들, 특히 불량해 보이는 남자들이 들끓는 곳이었어요. 때 묻은 레인코트를 입은 남자들이 카운터에 기대 맥주를 마시고 있었어요. 그런 술집에 나 같은 여자가 나타나자 꽤 놀라더라고요. 하지만 내가 정보부 요원인 줄은 전혀 몰랐어요. 나는 한 남자와 이야기를 나누기 시작했어요." 직급이 더 높은 요원이 술집에 들어섰을 때, 그녀는 오히려 안도했다. "정말 당황스럽고 어색해했어요. 그 일이 있고 나서 내가 정말 하고 싶은 일인지 고민했죠."

의사를 표현한다는 것은 단순히 이야기를 하는 것과 다르다. 전하고 싶은 메시지를 잘 다듬어 제대로 전달하는 것이다. 다른 모든 활동들이 그렇듯 의사 표현에도 사전 준비가 중요하다. 무엇을 전달하고자

하는지 철저하게 검토하고, 효과적으로 전달하려면 무엇이 필요한지 알아보자. 좀더 구체적으로 접근하는 것이 좋다. 의사를 전달하는 과정에서 일어날 수 있는 모든 일들을 가정해보고, 갖가지 저항에 어떻게 대응할지 계획을 세우면 성공 확률이 그만큼 높아진다.

할 수 없는
일이란 없다

용기를 내어 자신의 생각을 말하고, 새로운 기회를 추구하며, 위험에 정면으로 맞설 때, 자신감만큼 힘이 되는 것이 없다. 자신감은 하고자 하는 일에 헌신적으로 매달릴 수 있는 에너지가 된다. 더 좋은 점은 부정적인 피드백에도 흔들리지 않고, 세찬 공격을 받아도 옆으로 밀려나지 않을 수 있다는 것이다.

성공하려면 주인의식 역시 필요하다. 스텔라는 매우 간단한 규칙을 가지고 있었기 때문에 계속 전진할 수 있었다. 바로 '나보다 무능한 사람을 위해 일하지 않겠다'는 것이었다. "그 규칙이 나를 계속 채찍질했어요. 정상에 오르겠다는 야망은 없었어요. 하지만 나라면 더 잘할 수 있다고 생각했기 때문에 점점 더 높은 자리를 원하게 되었죠. 인생과 일 모두 내 것이기에 내가 중심이 되어야 해요." 이것이 바로 주인의식이다.

2년 동안 대첩보팀에서 활약한 후, 스텔라는 대테러팀을 맡으라는 제의를 받았다. "상관은 그 자리를 제의하면서 약간 망설이는 것 같았어요. 내 전문 분야가 아니라고 생각했던 거죠. 하지만 나는 '한번 해보고 싶습니다'라고 대답했어요. 누군가 나에게 흥미로운 일을 제의하면, 곧바로 그 일이 내가 하고 싶은 일이 되었죠. 실패의 위험 같은 건 생각하지 않았어요. 누군가 내게 어떤 일을 요청하고, 내가 그 일을 잘 해낼 수 있다고 생각하면 반드시 그 일을 해냈죠. 캄캄한 한밤중에 '큰일 났군. 내가 도대체 무슨 일을 맡은 거야?'라는 생각이 들 때도 있겠죠. 하지만 '이 일을 할 수 없을 것 같습니다'라고 말하지는 않아요."

1980년대 말, MI-5는 IRA(아일랜드 공화국군, 북아일랜드의 반영反英 군사조직)와 전쟁을 벌였다. IRA는 영국을 북아일랜드에서 몰아내기 위해 테러를 감행했다. 그들은 런던을 폭격하고, 독일에 주둔한 영국군을 공격했다. 스텔라는 IRA의 테러 공격으로 대테러팀 업무를 수행하기가 더 어려웠다고 회고한다. "대테러팀에 임명된 지 사흘도 지나지 않아, 팬암103 여객기가 스코틀랜드 로커비 상공에서 폭발하는 사고가 발생했어요. 당시 나는 대테러 활동 경험이 없었죠. 그렇다고 가만히 있을 수는 없었어요. 그 상황을 직시하고 무엇을 해야할지 생각했죠. 현장에 적절한 지원을 하고 있는지, 충분히 검토하고 세운 작전인지, 확인하는 것이 내 일이라는 걸 파악했어요. 그리고 정부부처 장관들과 총리를 만나 상황을 설명하는 일도 맡았죠. 처음엔 걱정이 많았지만 다행히 상황이 호전되면서 나는 크게 고무되었어요."

당신이 비밀요원이 되겠다는 열망을 갖고 있지 않다고 해도 스텔라가 분명 롤모델이 될 수 있다. 당신의 커리어에서 다음 이정표가 무엇인지 생각해보자. 그 이정표에 도달하려면 무엇을 해야 하는가? 이 정표에 도달하느냐 마느냐가 당신 손에 달려 있다고 생각하는가? 이 정표에 도달하기 위해 무엇을 하고 있는가?

'모르겠다', '누군가 내 발목을 잡고 있다', '가능성이 희박하다', '내가 할 수 있는 일이 많지 않다'는 대답이 나왔다면, 우리는 그 모든 망

설임을 뒤로하고, 도전에 정면으로 맞서는 몇 가지 방법을 알려줄 것
이다.

리스크에는
기회가 따른다

정면으로 승부한다는 것은 리스크를 감수한다는 뜻이다. 그리고 그
밑바닥에는 늘 두려움이 자리 잡고 있게 마련이다. 열망하는 것을 이
루기 위해 앞으로 나아갈 때 늘 안전한 길만 펼쳐지는 것은 아니다. 우
리가 인터뷰한 여성 리더들은 리스크를 아예 하나의 '성공 패키지'로
생각했다. 물론 태도나 방법에서 약간의 차이가 있긴 했다. 어떤 여성
은 두려움 없이 과감히 뛰어들었다. 또 다른 여성은 리스크를 분석한
뒤 결정하는 용의주도함을 보였다.

정면 승부하기란 결코 쉽지 않은 일이다. 스텔라는 이렇게 회고한
다. "모든 것이 너무 쉽고 원만하기만 하면, 정상에 오르는 데 필요한
단단함과 용기를 기르지 못합니다." MI-5의 국장에 승진하면서 그녀
는 개인적으로 전례 없는 위험에 처했다. 처음으로 정부에서 누가 국
장에 내정되었는지 공개적으로 발표했기 때문이다. 각 언론사 기자들
이 그녀의 집으로 몰려드는 바람에 그녀의 가족은 한밤중에 몸을 피
해야 했다. "가족들과 떨어져 있어야겠다는 생각이 들었어요. 아직 어
린 딸아이가 있었거든요. 딸아이는 친구들에게 엄마가 뭐 하는 사람인
지 말한 적이 없어요. 숨어 살면서 본명으로는 편지도 받지 않았어요.
딸아이는 어린 나이에 믿을 만한 친구를 가려내야 했어요. 정신적으로
충격이 컸을 거예요."

만약 스텔라가 자신과 가족이 위험에 처할 수 있다는 리스크를 감수하고 상황을 정면으로 맞서지 않았다면 성공하지 못했을 것이다. 성공적인 삶의 토대가 되는 모든 결정에는 리스크가 내재되어 있다. 다른 사람들이 당신에게 기대하는 궤도를 벗어나지 않는 범위 내에서 대안들을 생각해보자. 자신의 강점과 좋아하는 일, 의미 있게 생각하는 것들을 감안했을 때, 그것이 진정 올바른 선택이라면 상관없다. 하지만 그렇지 않다면 훨씬 더 큰 위험이 될 것이다.

하버드 대학 심리학과 교수이자 《행복에 걸려 비틀거리다Stumbling on Happiness》의 저자 다니엘 길버트Daniel Gilbert는 '인간은 특정한 환경에서 어떤 일이 일어날지 상상하고, 그것을 눈으로 그려보는 경향이 있다'고 말한다. 부정적인 상황에서는 잠재적인 불행을 과대평가하므로 무언가를 새롭게 시도하지 않는다. 하지만 리스크를 미리 알고 자신이 직접 선택한 사람들은 부정적인 상황에서도 행복을 느낀다. 당신 앞에 놓인 변화의 기회가 너무 큰 리스크를 안고 있다면, 최악의 경우 어떤 일이 일어날지 스스로에게 물어보라. 그리고 실패를 피하는 방법을 생각해보자.

스텔라는 자신감과 명확한 비전이 어떻게 리스크를 줄이는지 보여준다. 리스크를 줄이는 가장 효과적인 방법은 당신이 선택한 영역에 대해 전문지식을 쌓는 것이다. 전문지식과 경험이라는 견고한 토대가 새로운 역할이나 무거운 책임에 따르는 리스크를 줄여준다.

스텔라가 일찍이 깨달았듯이, 여성들은 리스크를 줄이는 데 도움이 되는 한 가지 타고난 장점을 가지고 있다. 다른 이들과 협력하여 의사결정을 내린다는 것이다. "국장이 되고 가장 먼저 얻은 교훈은 나와 다를 뿐 아니라 나를 두려워하지 않는 동료들을 확보해야 한다는 것이었어요. 두려움 없이 그리고 가감 없이 조언해줄 사람들 말이에요. 무엇을 해야 할지 확신이 안 설 때가 종종 있거든요."

스텔라는 자신의 뜻에 반하는 의견을 피하지 않고 겸허히 받아들이는 것도 정면 승부의 한 방법이라고 생각한다. "내가 하는 일에 '예'라고 대답하지는 않더라도 다른 사람의 말을 잘 들어야 합니다. 어떤 한 가지를 무조건 옳다고 주장하며 사람들을 설득하는 태도는 지양해야 해요."

가정교육, 습관, 경쟁에 대한 두려움, 자기불신, 평가에 대한 불안감 등 많은 것들이 정면 승부를 방해한다. 그렇다고 타협을 하거나 피하는 것은 당신이 걸어가는 길에 스스로 커다란 바위를 갖다 놓은 것과 같다. 불공평한 경쟁 환경만으로 이미 벅차다. 그러므로 적어도 스스로 장애물을 만들지는 않아야 한다.

도전과 기회에 정면으로 맞설 때 마음속에서 현재를 즐기고자 하는 작은 불씨가 타오를 것이다. 그 불을 환히 밝히면 삶 전체가 환하게 밝아진다.

Chapter 17

당당하게 나를
드러내는 법

한 여성이 자녀가 출연하는 연극을 보기 위해 슬그머니 사무실을 빠져나간 적이 있다고 털어놓았다. 나는 그녀에게 말했다. "더 이상 그러지 마세요. 나는 당당히 중앙홀을 걸어다녀요. 못마땅하게 생각하는 사람들이 있어도 상관없어요." 그들을 똑바로 쳐다보며 이렇게 말하라. "마음에 들지 않으면 해고하세요. 나처럼 유능하고 헌신적인 사람은 얼마든지 다른 일을 찾을 수 있으니까요."

— 셸리 라자루스, 오길비앤매더Ogilvy&Mather 회장

많은 여성 리더들이 자신의 의사를 표현하
는 방법과 회의에서 효율적으로 의견을 피력하는 기술을 배워야 한다
고 조언한다. 당당한 의사 표현은 자신의 존재감을 드러내고, 주변 사
람들로부터 신뢰와 헌신을 끌어낼 수 있다.

그럼에도 대부분의 여성들이 당당하게 의견을 밝히지 못하는 이유
가 무엇인가? 남성들이 자신의 말을 가로채도 가만히 있는 이유가 무
엇인가? 여성들이 어떤 변명을 늘어놓는지 알고 나면 아마 깜짝 놀랄
것이다.

- "얘기할 만큼 중요한 의견이 아니니까요."
- "다른 누군가가 이미 언급했거나, 아니면 분명히 언급할 것이기
  때문이죠."
- "남자들은 원래 말하는 것을 좋아하니 그냥 내버려두는 것뿐이
  에요."
- "말보다 행동이 더 중요하니까요."
- "내가 끼어들 자리가 아니에요."
- "다른 사람들의 의견을 들어보려고 온 거예요."
- "이런 자리가 처음이라 나서기가 힘드네요."
- "거기에서 내가 가장 어리니까요."
- "회의실 밖에서는 내가 다 하니까요."

이런 변명에는 두려움이 깔려 있다. 두려움을 숨기기 위한 변명인

셈이다. 본래 모습이 드러날지 모른다는 두려움, 비웃음을 살지도 모른다는 두려움, 자격이 부족하다는 사실이 들킬 수도 있다는 두려움 말이다. 사람은 자신을 방어할 때 우선 합리화하려는 경향이 있다. 더 깊이 파고들면 진정으로 두려워하는 것이 무엇인지 알 수 있다. 두려움에 정면으로 맞서야 한다.

많은 여성들은 두려움 때문에 누구도 뛰어넘을 수 없는 높은 장벽을 스스로 만든다. 그런 여성들은 입을 다물고 오래 기다리기만 할 뿐 결국 회의에 끼어들지 못한다. 그것은 마치 점프하기도 힘들 뿐 아니라, 줄이 돌아가는 동안 멈추지도 못하는 더블더치 줄넘기double Dutch jump rope(두 사람이 양손으로 두 개의 줄을 돌리는 줄넘기)와 같다. 침묵이 마치 존중의 표현인 양 착각하는 여성들도 있다.

여성들의 경우 의사를 밝히지 않는 것도 문제지만, 의사를 밝히는 것도 문제가 될 수 있다. 당당히 의사를 밝히는 여성들에게 '공격적이다', '까다롭다', '자기자랑이 심하다'는 꼬리표가 붙을 수도 있기 때문이다. 조사결과에 따르면, 여성들은 다른 누군가를 위해 의견을 내는 것은 어렵지 않으나 자신을 위해 그러기는 힘들다고 말한다. 그러므로 다른 사람이 알아줄 때까지 마냥 기다린다. 더구나 말하지 않았는데도 알아주는 것이 훨씬 더 의미 있다고 생각한다.

여성들이 제자리에서 기다리는 동안 남성들은 원하는 것을 얻기 위해 협상을 벌이고 더 높은 자리로 올라간다. 여성들은 남성들보다 협상하는 횟수가 훨씬 적다. 여성들 가운데 20퍼센트는 아예 협상을 해본 적이 없다고 한다. 비슷한 지위에 있는 여성과 남성을 대상으로 최고 소득에 대한 기대치를 조사한 결과, 남성들의 기대치가 여성들보다 30퍼센트 이상 높은 것으로 드러났다.

헤드헌팅 업체 스펜서스튜어트Spencer Stuart의 북미 중역 전문 헤드
헌팅팀 리더 줄리 돔Julie Daum은 여성이 자신의 의사를 밝히는 데 도움
이 되는 몇 가지 교훈을 들려주었다.

줄리의
교훈

교훈 1 | 쉽지 않은 일이라고 해도 의사를 명확히 밝혀야 한다.

"나를 믿어준 직장 선배가 '이제 당신 차례야'라고 말했어요. 나에
게 의사를 밝힐 권리가 있음을 일깨워준 거죠. 나는 그제서야 비로소
내 생각을 말했어요. 많은 여성들이 그렇듯 나는 정답을 알고 있어야
이야기할 수 있다고 생각했던 것 같아요." 이런 이유로 많은 여성들이
조용히 일만 한다.

교훈 2 | 기여할 값진 방법을 찾아내라.

줄리는 대화나 회의 자체를 의사결정의 일부라고 말한다. 그렇게
생각하면 자신의 의견을 표현하는 것이 얼마나 중요한 일인지 깨닫게
된다. "회의에서 아무 말도 하지 않는다면 사람들은 당신을 없는 사람
으로 취급할 거예요. 그리고 어떤 기여도 하지 않았다고 생각할 거예
요. 결국 필요 없는 존재가 되는 거죠."

그녀는 효과가 입증된 의사 표현 기술을 하나 권했다. 바로 '논의를
시작한 후 5분 이내에 말하기'와 '늦어도 여섯 번째 안에 말하기'다. 두
가지 모두 효과가 있다. 오래 기다리면 기다릴수록 말을 꺼내기가 어
렵다. "부끄러움을 많이 타는 성격이라 처음에는 무척 어려웠어요. 하

지만 무조건 손을 들고 내 의견을 말하기 시작했죠. 정말 열심히 노력했어요."

교훈 3 | 때로는 잘못된 길을 걸어봐야 진정 무엇을 원하는지 알 수 있다.

"나는 일찌감치 좌절을 경험했어요. 정말 하고 싶은 일이 아니었던 거죠. '이 길이 아니야. 나는 행복하지도 않고, 그렇다고 편하지도 않아'라고 인정하는 데 2년이 걸렸어요." 줄리는 더 이상 망설이다가는 매일 아침 아무 생각 없이 출근하는 반복적인 일상에 빠져들지도 모른다고 생각했다. 마침내 그녀는 "이 일을 그만두어야 해. 그리고 내가 원하는 일이 무엇인지 찾아야 해."라고 결심했다.

그녀가 정말 하고 싶은 일을 할 수 있는 기회가 우연히 찾아왔다. 신생기업에서 인력 고용을 담당하는 일이었다. 파트타임이었기 때문에 임금도 전보다 훨씬 적었다. 그러나 줄리는 그 일을 하고 싶었다. "돈이 전부가 아니라는 것을 알 나이였죠. 중요한 것은 내가 좋아하고 잘하는 일을 하는 것이었어요."

교훈 4 | 열정을 느끼는 대상을 변호하라.

1992년 출산휴가 중에 줄리는 '애니타 힐 인사청문회(애니타 힐이 자신의 상사이자 대법원 판사로 내정된 클레런스 토머스한테 성희롱을 당했다고 발표하면서 벌어진 인사청문회)'를 보면서, 여성 리더들을 위해 일하고 싶다는 생각을 했다. "나는 그때까지 그녀가 쌓은 경력을 살펴보았어요. 그리고 남자들이 그녀를 어떤 식으로 대했는지 주목했죠. 나는 우리 여성들이 크게 출세한 적이 없다는 것을 깨달았어요."

줄리는 여성 인력을 늘리기 위해 노력하는 비영리단체 캐털리스트 Catalyst에서 일했다. 위에서부터 변화가 시작되어야 한다고 믿었던 그녀는 더 많은 여성들이 이사회에 진입할 수 있도록 도와주고 싶었다. "우선 여성 이사가 몇 명이나 되는지 세어보았죠. 믿을 수 없을 정도로 적었어요. 미국 인구의 50퍼센트가 여성인데, 이사회 임원 가운데 여성이 5퍼센트밖에 되지 않았어요."

캐털리스트는 이 조사결과를 발표했고, CEO들이 이사회 임원을 물색하는 일을 돕기 시작했다. "이 보고서는 여성들이 이사회에 진출하는 데 지속적으로 영향을 미치고 있어요. 이사회 여성 임원의 수는 여전히 기대에 못 미치고 있지만 꾸준히 늘어나고 있죠."

교훈 5 | 자신의 의사를 밝히는 것이 바로 주인의식이다.

스스로에게 중요한 것이 무엇인지 자신보다 잘 아는 사람이 없다. 아무 말도 하지 않으면 상대는 추측할 수밖에 없다. 어쩌면 아예 관심조차 두지 않을 것이다. "원하는 게 있다면 스스로 쟁취해야 해요. 다른 사람들에게 먼저 '이 일을 하고 싶습니다. 어떻게 하면 될까요?'라고 물어보세요."

줄리는 자신에게 필요한 것이 무엇인지 당당하게 요구했던 남자 동료를 떠올렸다. "그는 이렇게 말했어요. '주말에는 일할 수 없습니다. 평일은 하루 24시간 근무할 수 있어도, 주말까지 그럴 수는 없습니다.' 그러자 아무도 그에게 주말 근무를 요구하지 않았어요. 나라면 저런 말을 못 했을 거예요."

줄리는 일도 포기하지 않으면서 가족들도 충실하게 돌봐야겠다고 생각될 때, "무엇이든 할 의지가 있습니다. 대신 몇 가지 조건이 있습니다.”라고 당당하게 원하는 것을 말했다. 그러자 회사는 그녀의 요구를 흔쾌히 받아들였다.

표현력을 길러라

누구나 노력하면 자신이 원하는 것, 의견, 주장을 명확하게 말할 수 있다. 그 전에 자신 안의 두려움을 마주볼 수 있어야 한다. 우선 참석자 명단을 가지고 회의에 들어가보자. 회의 중에 참석자들이 의견을 말할 때마다 1점부터 5점까지 점수를 매겨본다(5점이 가장 통찰력 있는 발언이고, 1점이 가장 어수룩한 발언이다). 그들의 발언을 평가하고, 회의가 끝난 뒤 평균 점수를 내본다. 발언 수준이 생각보다 높지 않다는 것을 알게 될 것이다. 그러니 조금도 두려워할 필요 없다.

당신의 의견을 효율적으로 전달하기 위해 가장 먼저 해야 할 일은 얘기하고 싶은데 입이 쉽게 떨어지지 않는 사안들을 기록하는 것이다. 사람들 앞에서 말하려고 할 때 심장 박동이 빨라진다면 꺼내기 쉽지 않은 얘기라는 뜻이다.

그런 다음 모의 실험을 해본다. 친구에게 당신의 역할을 해달라고 부탁하는 것이다. 친구가 하는 얘기를 들어보면 당신이 의견을 내고 무언가를 요구했을 때, 상대가 어떤 기분을 느끼고 어떻게 받아들일지 간접적으로 경험할 수 있다. 한 가지 주의할 점은 친구가 당신과 똑같은 방식으로 의견을 말하는 것이다. 그러면 의견을 전달하는 방식에 대해 보다 정확하게 점검해볼 수 있다.

마지막으로 스스로 부족한 부분이나 고쳐야 할 점들이 보인다면 개선해 나가면 된다. 그러면 꺼내기 어려운 사안도 좀더 편하게 이야기할 수 있다.

전달 방식도
메시지다

의견을 전달하는 방식이 내용만큼이나 중요하다는 것을 알아야 한다. 여성들은 보통 남성들보다 감성이 풍부하다. 하지만 감성적으로 말하는 것이 언제나 유익하지는 않다. 그렇다고 열정을 누르고 상대의 편의를 봐주라는 얘기가 아니다. 다만 어떤 어조로 말할지 신중하게 선택하고, 내 주장을 뒷받침해줄 증거를 함께 제시한다.

'비폭력 대화'를 창안한 미국의 심리학자 마셜 로젠버그Marshall Rosenberg는 마찰 없이 어려운 상황을 효과적으로 해결하는 방법으로 다음과 같은 상황을 예로 든다.

태스크포스팀에서 함께 일하는 수지와 밥은 중대한 제품 출시 계획을 검토하고 있었다. 수지는 몇 가지 까다로운 사안에 대해 동의를 구하려고 밥의 사무실에 앉아 있었다. 밥은 계속 블랙베리Blackberry(무선통신 기능이 있는 휴대용 장비)를 체크했고, 그의 사무실에 들르는 동료들에게 인사를 건넸다. 이런 상황이 이어지자 수지는 점점 위축되면서 불안해지기 시작했다. 급기야 마음속에서 이런 소리가 들렸다. "수지, 저 사람한테는 당신이 조금도 중요하지 않아. 당신을 거들떠보지도 않잖아. 가만있지 말고 뭐라고 말해."

그녀는 감정을 정리하고 고민한 끝에 말을 꺼냈다. "밥, 우리 대화가 계속 끊어지니 좌절감이 드네요. 내 이야기에 귀를 기울이면 좋겠어요. 중요한 사안이기는 하지만 지금 대화에 집중할 수 없다면 당신이 편한 시간에 다시 약속을 잡는 게 좋겠어요."

수지는 자신의 입장을 내세우지도, 그렇다고 그를 비난하지도 않았다. 그녀는 그저 자신이 본 대로 이야기했을 뿐이다. 어떤 기분이 드는지, 무엇이 문제인지 담담하게 설명한 것이다. 게다가 밥의 상황을 충분히 고려해 해결 방안까지 제시했다. 그제서야 밥은 마음의 문을 열고 그녀의 이야기에 귀를 기울였다. "당신 말이 맞아요. 사실 좋지 않은 소식을 기다리는 중이어서 집중이 잘 안 되네요. 시간이 된다면 오후 늦게 다시 만나는 게 어떨까요? 괜찮다면 바깥 커피숍에서 만나요. 거기라면 방해받지 않고 이야기를 나눌 수 있을 거예요."

자기감정에 휘둘리지 않고도 상대에게 정면으로 맞설 수 있다는 것을 잘 보여주는 사례다. 사실로부터 감정을 분리하고, 상대의 이야기를 경청하며 공감하려고 노력할 때 상대의 반감도 줄어든다. 그러면 두려운 마음이 조금은 덜할 것이다.

때로는 '노No'라고 말하는 것이 가장 좋을 때가 있다. 수많은 일에 파묻히지 않으려면 이 가르침을 가슴에 새겨둬라. 직장에서 '노'라고 말하기는 쉽지 않다. 이 말 한마디에 소중한 관계가 깨질지도 모른다는 걱정이 들 것이다. 불행하게도 여성들은 부탁을 거절하지 못하는 편이다.

협상 전문가 윌리엄 유리William Ury는 효과적으로 거절하는 방법을 가르쳐준다. 우선 무언가를 부탁한 상대의 말을 진지하게 들은 다음 정중하고 분명하게 거절을 한다. 그런 다음 두 사람 모두에게 보탬이 될 만한 대안을 이야기한다. 그러면 상대는 기분이 상하지 않을 것이고, 당신은 부담스럽지 않은 방법으로 상대를 도와줄 수 있다.

지나친 자기주장은
독이 된다

자신의 의견을 명확하게 말하는 것만큼이나 상대의 말을 경청하는 것도 중요하다. 열정이 넘쳐서 다른 사람이 말할 틈도 주지 않고 계속 떠들어대는 사람이 있다. 오늘은 주로 상대의 말을 듣겠다고 마음먹지만, 막상 회의에 들어가면 자기도 모르게 이야기하고 있다.

이런 사람들은 동료나 상사, 팀원들, 거래처 사람들과 터놓고 이야기해보자. 통제력을 잃고 떠들어댈 때 신호를 보내라고 부탁한다. 회의 때 자신의 행동을 모니터링하는 것도 좋다. 다른 사람들에 비해 얼마나 오래 이야기하는지 알아보는 것이다. 상대에게 질문을 던지는 것도 좋은 방법이다. 그만큼 이야기하는 시간이 줄어든다.

타인의 의견을 귀담아듣는 열린 사람이라는 이미지를 심어주면서 회의에도 적극적으로 참여할 수 있다. 회의 중에 메모를 하는 것도 좋은 방법이다. 상대의 이야기에 좀더 집중할 수 있기 때문이다.

단순히 이야기를 듣는 것과 진심으로 귀를 기울이는 것은 분명 차이가 있다. 그저 적절한 대답을 하려고, 혹은 상대가 당신의 의견에 동의하는지 확인하려고 듣는 것이 아니다. 상대의 감정을 이해하려고 듣는 것이다. 당신이 상대의 이야기에 공감할 때, 그 상대 역시 당신에게 공감할 것이다.

의사를 표현하고 존재감을 강조하기 위해, 당신이 갖고 있는 모든 것을 동원하라. 단, 마음을 열고 상대의 이야기에 귀를 기울이는 것이 자신을 드러내는 가장 기본적인 방법 중 하나임을 잊어서는 안된다.

Chapter 18

행운은 그냥 오는 게 아니다

1999년 사업을 인수하던 날, 나는 대형 상점 밖에 서서 한숨만 내쉬었다. "도대체 내가 무슨 짓을 저지른 거야? 막대한 부채를 떠안고 있는 회사잖아. 내가 뭘 한 거지?"라는 생각이 들었다. 그러나 나는 회사를 살리고 싶었다. 그러기 위해 해야 할 일이 무엇인지 고민했다. 그리고 지금 회사는 오스트레일리아 최고의 젊은 여성 브랜드로 성장했다.

— 나오미 밀그롬, 수산그룹Sussan Group 회장 겸 CEO

'어떤 사람들은 참 운이 좋던데, 그 이유가 뭘까?'라는 생각을 해본 적이 있을 것이다. 우리가 인터뷰했던 여성들은 모두 자신이 운이 좋은 사람이라고 생각했다. 하지만 깊이 파헤쳐보면 그녀들 스스로 성공할 수 밖에 없는 환경을 만들고 있다는 사실을 알게 된다. 그녀들은 새로운 기술이나 정보를 접하는 데 머뭇거리지 않고, 더 많은 기회를 얻기 위해 기꺼이 리스크를 감수한다.

무엇이든 스스로 만들어나갈 때 운은 따라오게 마련이다. 인생을 개척할 수 있다고 믿는 사람들은 성공 확률이 높지 않은 일에도 자신감을 가지고 열정적으로 뛰어든다. 상황이 악화되거나 부정적인 피드백이 돌아올 때도 좌절하지 않는다. 더 나은 결과를 만들어낼 수 있다고 믿기 때문이다.

선도적인 헤지펀드 업체 튜더캐피털Tudor Capital의 전략책임자 올리브 다라프Olive Darragh는 스스로 인생의 행운을 만들어낸 대표적인 여성이다.

이것은
당신의 삶이다

올리브는 그리 좋은 환경에서 자라지 못했다. 정세가 불안정한 북아일랜드에서 장녀로 태어난 그녀는 어쩔 수 없이 일찍 철이 들었다. 올리브는 농장에서 보낸 한가로운 여름날에 대한 추억을 보물처럼 간직하고 있다. 그러나 북아일랜드 사람들은 어느 누구도 1970년대 폭동을 초래한 구교와 신교의 정치적 갈등에서 벗어날 수 없었다. "내가 열 살 때부터 분쟁이 시작되었어요. 대학에 진학하려고 북아일랜드를 떠날 때까지 악몽같은 하루의 연속이었죠." 그녀가 북아일랜드를 떠날 즈음, 10여 명의 친구들과 지인들이 목숨을 잃었다. "어디를 가든 죽음을 볼 수 있었어요. 끔찍한 슬픔 속에서 일상을 의미 없이 보냈죠."

올리브의 부모님은 농사일을 돕기 위해 어려서부터 학교를 그만두어야 했다. 생활이 어려웠기 때문에 그것은 피할 수 없는 선택이었다. 그래서 그녀의 부모님은 아이들만큼은 힘껏 뒷바라지하겠다고 결심했다. 가난을 물려주고 싶지 않았던 것이다. "우리는 돈도 없고 땅도 없었어요. 가진 게 아무것도 없었죠. 하지만 어머니는 너무나 명랑한 분이셨어요. 우리가 학교에서 미적분을 배우자, 어머니는 자식들 공부를 도와주려고 야간학교를 다니며 미적분을 배웠어요."

그녀의 부모님은 그녀가 고등학교를 졸업하고 좋은 직장을 얻을 거라고 기대했다. 현지 은행에 출납계 직원으로 취직해 먼훗날 책임자가 되기를 바랐다. 그러나 올리브는 북아일랜드를 떠나 스코틀랜드의 에든버러 대학에 들어가고 싶었다. 한 번도 가본 적 없는 곳이었는데도 말이다.

에든버러 대학에 들어간 지 2년째 되던 해 올리브는 펜실베이니아 대학에 교환학생으로 갈 기회를 얻었다. "말 그대로 비행기를 타고 펜실베이니아로 날아갔죠. 부모님은 '좋은 경험이 되겠구나. 한번 해봐라'고 격려해주었어요. 하지만 처음 몇 달은 정말 끔찍했어요."

에든버러 대학에서는 우등생이었지만 펜실베이니아에서는 달랐다. 첫 번째 회계시험에서 올리브는 반도 맞추지 못했다. 실망하지 않겠다고 결심한 그녀는 "포기하지 마. 가르치는 방식이 달라서 그런 것

뿐이야.”라고 스스로를 위로했다.

펜실베이니아 대학에 익숙해지자, 미국에서의 직장생활도 재미있을 거라는 기대감이 들기 시작했다. 그녀는 대학을 졸업할 즈음 대형 회계법인에 지원서를 보냈다.

“불합격 통지서를 여덟 통이나 받았어요. 그런데 당시 최고의 회계법인에서 일자리를 제안했어요. 그들은 먼저 에든버러에서 일해보고, 우수한 성과를 거두면 다른 지역으로 옮겨주겠다고 말했죠. 나는 그 제의를 받아들일 작정이었어요. 그런데 어느 날 저녁, 식사를 하고 있는데 전화가 한 통 걸려왔어요. 룸메이트가 받더니 필라델피아의 터치-로스Touche-Ross라는 거예요. 처음에는 장난치는 줄 알았어요. 그런데 전화기 너머의 남자가 이렇게 말하더군요. ‘당신이 보낸 지원서 잘 받았습니다. 이곳에서 일할 기회를 드리겠습니다. 여기까지 오시는 데 드는 항공료는 우리가 지원하겠습니다. 18개월 동안 일해보시고 우리 회사나 당신 중 어느 한쪽이 마음에 들지 않으면, 그때는 자비自費로 돌아가셔야 합니다.’ 나는 그 말을 듣는 순간 그 회사에 들어가기로 결정했어요. 재미있는 것은 내가 그 회사에 출근했을 때 나한테 전화한 남자는 이미 퇴직하고 없었다는 거예요.”

그러나 미국에서 인정하는 회계 자격증이 없었기 때문에, 올리브는 회사에서 사무업무를 볼 수밖에 없었다. 화가 난 올리브는 자격증을 따기로 결심하고 9개월 동안 미국의 회계 시스템에 대해 공부했다. “어느 날 커다란 은색 별이 달린 우편물이 배달되었어요. 광고전단지인 줄 알고 버려버렸죠. 몇 주 뒤 사무책임자가 나를 부르더군요. 나는 ‘드디어 해고구나’라고 생각했어요. 그런데 그가 ‘언제 말할 거죠? 회계시험에서 2등을 했다면서요?’라는 거예요.”

　몇 년 동안 회계업무를 담당한 뒤, 그녀는 하버드 경영대학원에서 MBA를 취득하고 맥킨지앤컴퍼니McKinsey&Company에 입사했다. 하지만 맥킨지에서 오래 머물지 못했다. 컨설턴트 일이 적성에 맞지 않았던 것이다. 그만둘 생각을 할 즈음 또 다른 기회의 문이 열렸다. 오스트레일리아에서 6주 동안 일할 기회가 생긴 것이다.

　"부유한 개인고객을 관리하는 금융기관의 프로젝트였어요. 내가 잘 아는 분야였죠. 하지만 그것은 중대한 궤도 수정이기도 했고, 그 프로젝트는 미궁에 빠진 상황이었어요. 첫 번째 고객을 만나는 자리에서 같은 팀 동료 가운데 두 명이 졸았어요. 얼마나 피곤했으면 그랬겠어요. 하지만 어쨌든 우리는 프로젝트를 훌륭히 해냈고 고객들도 크게 만족했어요. 원래 6주 예정이었던 일을 9개월 동안 수행했죠."

　올리브는 운이 좋은 듯 보인다. 하지만 그녀에게도 좌절이 찾아왔다. 자신이 할 수 있는 것이라고는 아무것도 없는 프로젝트를 맡았던 것이다. "정말 최악이었어요. 그 파트너가 나를 해고한 거예요. 사무장을 찾아가자 그는 '우리 시스템상 그는 당신을 해고할 수 없습니다'라고 말했어요."

　여전히 실권을 쥐고 있던 올리브는 주인의식을 발휘했다. "사람들은 내가 무슨 생각을 하고 있는지 금방 알았어요. 내 표정이나 목소리에 그대로 드러났으니까요. 사표를 내든지 적응하든지, 둘 중 하나를 선택해야 했죠. 나는 남기로 했어요. 회사를 그만두더라도 기분 좋게 떠나고 싶었어요. 좌절감을 안은 채 떠나고 싶지 않았거든요." 이번에는 배우는 과정이 훨씬 더 힘들었다. "내 성격이 문제였죠. 내 문제점을 고치고 나니 훨씬 편하더군요."

　그로부터 18개월 뒤, 올리브는 파트너로 선출되었고 궁극적으로는 시니어 파트너senior partner에 올랐다. 그로부터 14년이 지난 2004년, 올리브는 튜더인베스트먼트에서 전략 및 인재 관리를 맡기 위해 다니던 회사에 사표를 냈다.

오늘날 그녀는 어렸을 때는 상상조차 하지 못했던 막대한 부와 명예를 누리고 있다. "아버지는 이렇게 말씀하시곤 했어요. '네가 지금 어디 있는지 걱정하지 말거라. 가장 좋은 것은 네가 그동안 얼마나 멀리까지 왔는지 돌아보는 거란다.' 나는 내가 어디서든 할 수 있다는 것을 보여주었어요. 튜더에서든 또 다른 곳에서든, 무슨 일이라도 잘 헤쳐나갈 거예요."

올리브는 '내 인생의 주인은 바로 나다'라는 생각이 중요하다고 말한다. "실패를 경험해보아야 합니다. 그렇지 않으면 아무것도 이루어내지 못할 겁니다. 항상 편한 것만 해서는 발전할 수 없어요. 이것은 당신의 세계이고, 당신의 삶이에요. 어느 누구를 탓할 수 없는 일이죠. 당의 인생을 어떻게 만들어 나갈지는 당신이 결정해야 합니다."

당신은 통제력을 갖고 있다

올리브처럼 우리도 새로운 기회가 나타나는 순간 주저하지 않고 뛰어들 수 있을까? 물론 그렇다. 사회심리학자들의 표현을 빌리면, 통제위치locus of control(사건을 통제해서 영향을 미치는 지점)가 내부에 있는 사람은 스스로 운명을 좌우할 수 있다고 믿는다. 통제위치가 외부에 있는 사람은 자신의 노력이나 행동과는 무관하게 사건이 발생하고, 외부의 사건들이 자신의 삶을 결정한다고 생각한다.

통제위치가 내부에 있는 사람은 자신감이 넘치고, 의욕적이며, 리스크를 두려워하지 않는다. 반대로 통제위치가 외부에 있는 사람은 외적인 요인에 따라 자신의 가치를 평가한다. 연구결과에 따르면 유감스럽게도 통제위치가 외부에 있다고 믿는 여성들이 더 많다. 다음 질문은 당신이 어떤 유형에 속하는지 알려줄 것이다.

1. 특별한 연줄이나 배경 없이도 승진 혹은 취직을 할 수 있다고 생각하는가?
2. 연봉 협상을 해본 적이 있는가?
3. 대부분의 경우, 문제에 정면으로 맞서면 해결책을 찾을 수 있다고 생각하는가?

세 질문에서 '아니오'라는 대답이 두 번 이상 나왔다면 통제위치가 외부에 있을 가능성이 크다. 그러나 너무 걱정하지 않아도 된다. 외부에 있는 통제위치를 내부로 옮길 수 있다.

우선 동료들에게 당신이 업무에서 얼마나 통제력을 발휘하는지 물어본다. 특히 멘토나 후원자들이 큰 도움을 줄 것이다. 그들은 객관적인 시각으로 당신을 바라보기 때문이다. 당신은 아마 자신의 통제력이 생각보다 훨씬 강하다는 사실을 알게 될 것이다.

그리고 다른 사람들(예를 들어 남자들)에게 자기의 통제력이 어느 정도라고 생각하는지 물어본다. 그리고 그들이 원하는 결과를 얻기 위해 협상이나 거래를 하는 방법을 살펴보라. 다른 사람들과 비교를 해보면 당신의 통제력이 남들 못지않다는 것을 깨닫게 될 것이다. 즉, 모든 일은 당신에게 달려 있다.

이제 다른 사람이 자신의 길을 결정해줄 때까지 기다리지 마라. 자신이 어디로 가고 싶은지, 무엇을 하고 싶은지 생각해보라. 올리브처럼 말이다. '지금 하고 있는 일이 나에게 도움이 될까? 이 일이 적성에 맞을까?'라고 자신에게 물어보라. '그렇다'는 대답이 나온다면 지금보다 더 발전하기 위해 필요한 정보나 기술이 무엇인지 찾아본다. '아니다'라는 답이 나온다면 새로운 길을 찾기 위해 노력해야 한다. 운명이나 우연에 휘둘리지 마라. 모든 것이 자기의 의지와 노력에 달려있다고 생각하고, 스스로 결정을 내린다면 어느새 삶의 주인이 되어 있을 것이다.

올리브는 항상 해피엔딩으로 끝나는 동화 속 주인공이 아니었다. 그녀 역시 수차례 실패의 위기를 겪었고, 자신에게 꼭 맞는 일을 찾기까지 일자리를 세 차례나 옮겼다.

나에게 맞지 않는 회사에 들어가 시간을 낭비하지 않으려면 어떻게 해야 할까? 먼저 당신이 성장할 수 있는 기반을 제공하는 기업을 찾아야 한다. 여성이 주요 자리에서 활약하는 기업은 투명한 평가제도와 공정한 승진제도를 갖고 있을 가능성이 크다. 선택할 수 있는 혜택들을 명확하게 제시하는 복지제도와 높은 성과를 거둔 유능한 사람이 제대로 인정 받는 프로세스를 가진 기업이 좋다.

직장생활이 맞지 않는 사람은 창업을 선택할 수도 있다. 어차피 성공에 정답이란 없다. 당신에게 가장 맞는 일, 당신이 가장 원하는 인생이 찾는 것이 중요하다.

어떤 사람들은 성공과 행복으로 다가서는 '가장 올바른' 길을 찾아내야 한다는 중압감에 시달린다. 올리브는 올바른 길이 단 하나가 아니라는 것을 보여준다. 하나에만 매달리는 고집은 당신의 발목을 붙잡는다. 어떤 길로 가든 한 걸음 내딛는 것만으로도 꿈에 더 가까이 다가설 수 있다.

야망을
드러내라

주인의식과 야망은 바늘과 실의 관계다. 그러나 많은 여성들이 야망을 금기시하는 경향이 있다. 여성들은 왜 남성들의 야망을 부러워하면서도, 야망 있는 여성로는 비쳐지고 싶지 않은 걸까? 그것은 어릴 때 배운 성性에 대한 고정관념 때문이다. 전통적으로 사회적 성공이란 남성의 영역이었다.

오늘날 여성들이 거의 모든 분야에서 성공을 거두고 있다. 그럼에도 불구하고 우리 사회에는 아직까지 구시대적인 가치관들이 남아 있다. 여전히 리더가 갖추어야 할 덕목으로 손꼽히는 것들은 대부분 남성적인 특성이다. 리더는 분석적이고, 자기주장이 강하며, 기꺼이 위험을 감수하고, 결단력이 있어야 한다고 생각한다. 이것은 남성들의 전형적인 특성이기도 하다. 리더가 순종적이고, 이해심 많고, 어린아이 같고, 부드럽고, 창의적이어야 한다고 말하지는 않는다.

여성 리더들은 자부심이 강하고, 리스크를 감수하며, 명석하고, 야심만만한 의사결정권자들이다. 자신의 의사를 당당하게 밝히고, 스스로 운명을 개척한다. 그러면서도 그녀들은 이해심이 넓고 긍정적이며, 창의적으로 일하는 즐거움이 넘치는 사람들이다. 언젠가는 이러한 특성들이 남녀를 가리지 않고 모든 리더들이 갖추어야 할 덕목이 될 것이다.

자신의 야망을 숨기지 말고 드러내라. 사고를 구속하지 않으면 놀라울 정도로 긍정적인 효과가 나타난다. 자신을 믿어라. 우리는 당신을 믿을 것이다.

Chapter 19

성공과 리스크는 비례한다

나는 특별히 스릴을 즐기지는 않지만 스키를 타고 절벽에서 점프하는 것을 좋아한다. 내가 절벽에서 점프할 수 있는 것은 무사히 안착하리라 믿기 때문이다. 설령 제대로 안착하지 못하더라도 그리 위험하지 않다는 것을 알고 있다. 하지만 자신을 과대평가하다가 종종 부상을 입는 사람도 있고, 뛰어난 기술을 갖고 있지만 점프를 두려워하는 사람도 있다. 막 점프하려는 찰나 심장이 고동치는 순간, 나는 그 순간을 사랑한다.

— 쇼너 브라운, 구글 사업운영부 수석부사장

젊은 여성들에게 리더십을 교육하면서 우리
는 중요한 사실을 알게 되었다. 기회가 찾아올 때마다 젊은 여성들은
먼저 리스크를 따진다는 것이다.

새로운 도전에는 으레 리스크가 따르게 마련이다. 회사를 옮길 때
새 직장에 적응하지 못할 수도 있다는 리스크가 따른다. 역할이나 임
무가 바뀔 때 제대로 못 해낼지 모른다는 리스크가 따른다. 사표를 내
기로 결심하면 경제적 불안정이라는 리스크가 따른다. 이처럼 리스크
는 선택이 아니라 필수다.

기회를 붙잡으려면 두려움에 정면으로 맞서는 법을 배워야 한다.
기회는 두려움 뒤에 숨어 있다. 두려움을 넘어서면 그 뒤에 가려져 있
던 기회가 보일 것이다.

로라 차Laura Cha는 리스크 관리 전문가로서 업계 정상의 자리에 올
랐다. 그 후 그녀는 아직 성숙하지 못한 중국의 주식시장을 관리하고
감독함으로써 또 한 번 이름을 날렸다. 사실 당시 그녀의 친구는 그 일
을 맡지 말라고 조언했다.

리스크
전문가가 돼라

상하이에서 태어난 로라는 1950년대 초, 가족과 함께 홍콩으로 이
주했다. 그러다 대학 진학을 위해 미국으로 이민해서 정착했다. 로라
는 책임감이 강하고 조심성이 많은 맏이였다. "어렸을 때 나는 항상 낮

선 사람들에 대해 막연한 두려움을 갖고 있었어요. 그래서 늘 그 점을 극복하고 싶었어요. 어느 날 두려움을 없애려면 그에 맞설 수밖에 없다는 것을 깨달았죠.”

로라는 일찍 결혼했다. 남편은 그녀와 같은 홍콩 출신 중국인이다. 미국에서 함께 대학을 다닌 두 사람은 대학원도 함께 진학할 예정이었다. 그러나 아이가 태어나면서 로라는 집에서 아이를 키우고 남편은 경영대학원에 진학했다. 그로부터 6년 뒤, 두 자녀를 키우면서 로라는 로스쿨에 입학했다. “남편은 반대하지 않았지만 다른 가족들이 반대했어요. 사실 공부 자체는 힘들지 않았지만 책임져야 할 것들이 너무 많아 벅찼죠.”

그러나 이것은 로라의 인생에서 큰 전환점이 되었다. “내 인생에서 가장 중대한 결정이었어요. 아이들이 생긴 뒤에 많은 고민을 했죠. 로스쿨에 진학하기 전에는 내가 무리를 하는 게 아닌지 종종 의문이 들었어요. 변호사가 되고 나서 비로소 자신감이 생겼죠.”

로라는 최고의 법률회사에서 들어갔고 그 일을 사랑했다. 그리고 1980년대 남편이 가족 사업을 돕기로 결정하면서, 그녀는 가족과 함께 홍콩으로 돌아갔다. 로라는 뉴욕 소재 법률회사의 홍콩 지사에 근무하면서 중국에 진출하는 미국 대기업들의 협상을 도왔다.

지금까지 이야기에서는 별다를 게 없어 보인다. 대부분의 여성 리더들도 그와 비슷한 길을 걷고 있다. 대학에 진학하고, 학위를 받고, 첫 직장을 얻고, 두 번째 직장을 얻고, 수년간 열심히 일해서 승진을 하고 전문가로서 충만한 삶을 영위하는 것 말이다.

로라도 그 길을 갈 수 있었지만 그녀는 다른 길을 선택했다. 1989년, 홍콩 정부는 홍콩 주식시장에 대한 투자자들의 신뢰를 회복하기 위해 안간힘을 쓰고 있었다.

어느 날 그녀는 헤드헌터로부터 뜻밖의 전화를 받았다. 증권선물시장을 개혁하기 위해 홍콩 증권선물위원회Securities and Futures Commission, SFC가 막 조직된 상황이었다. 당시 로라는 SFC의 개혁이 막대한 영향력을 발휘하여, 홍콩 금융시장이 신뢰를 회복할 거라고 믿었다. "홍콩 금융시장이 거의 초토화된 지 2년이 지났을 때였어요." 로라의 예상과 달리 SFC의 개혁이 효과 없이 끝날 수도 있었다. 더구나 로라는 편하고 확실한 직업을 갖고 있었다. "처음에는 정말 위험한 일이라는 생각이 들었어요. 새로 생긴 조직이었고, 아는 사람이 한 명도 없었으니까요. 하지만 색다른 무언가를 할 수 있는 흥미로운 기회라는 생각도 들었어요."

로라는 샌프란시스코 법률회사에 있는 그녀의 멘토에게 전화를 걸었다. 그는 로라에게 놀라운 조언을 해주었다. "가서 날개를 펴고 높이 날아올라 세상을 내려다봐." 리스크보다 더 큰 기회가 온 것을 일깨워준 것이다. "최악의 경우 어떤 일이 일어날까? 마음에 안 들면 언제든 법조계로 돌아오면 돼."

로라는 2, 3년 머물 작정으로 계약서에 서명했다. 결국 그녀는 SFC에 10년간 머물며 부회장 자리까지 올랐다.

그러나 10년이 지나자 로라는 지겹다는 생각이 들기 시작했다. 특히 기업 지배구조 개혁을 놓고 벌어진 정치 싸움에 신물이 났다. "대중의 관심을 받는 데 지쳤어요. 더 자유롭고 덜 조직적인 일을 하고 싶었죠. 그래서 계약을 연장하지 않겠다는 뜻을 전했어요."

로라가 그 일을 그만두자마자 베이징에 있는 친구한테 연락이 왔다. "중국 총리가 내가 중앙정부에서 일하기를 바란다는 거예요. 나는 그의 말을 제대로 이해하지 못했어요. 그저 조언해줄 사람이 필요하다고 생각했죠. 그러자 친구가 '아니야. 내 말을 못 알아들었군. 네가 베이징으로 와야 해. 중국 증권감독관리위원회Securities Regulatory Commission 부위원장을 맡으라는 거야'라고 설명해주었어요."

로라는 중국 본토 사람이 아니면서 중국 주요기관의 요직에 오른 최초의 인물이었다. 이것을 달리 말하면 정치적으로 그녀를 감싸줄 보호막이 없고, 관료들이 의심의 눈초리로 그녀를 대한다는 것을 의미했다. 사람들은 그녀에게 이렇게 경고했다. "알려지지 않은 일들이 너무 많아. 이런저런 일들로 비난받게 될 거야."

로라는 미국에서 꿈을 이루기 위해 고국을 떠난 지 50년이 지나, 서구의 투자시장을 소개하기 위해 다시 고국을 찾았다. "가장 잊혀지지 않는 순간은 총리가 직접 나를 설득한 일이에요. 누구에게나 중요한 사건일 거예요. 리스크가 있었지만, 부정적으로 생각하지 않았어요. 모험은 부정적인 면보다 긍정적인 면이 더 많다고 생각해요."

물론 리스크가 따르기도 했다. "나는 많은 일로 비난을 받았어요. 그러나 내가 성심을 다하고, 헌신적이고 열정적이며, 좋은 성과를 내려고 애쓴다는 것을 중국 당국도 잘 알고 있었어요."

로라는 평생의 기회를 어떻게 붙잡았을까? "기회를 알아보려면 먼저 자신감을 가져야 해요. 맡은 일을 훌륭하게 해내다 보면 자신감이 절로 생기죠. 그래서 열심히 일하는 게 최선이에요. 그렇지 않으면 눈앞에 있다해도 결코 기회를 알아보지 못할 거예요. 설령 운 좋게 기회를 알아본다 해도 당신에게 주어지지 않아요. 나는 육아 때문에 6년이나 뒤늦게 로스쿨에 들어갔어요. 그러나 내가 졸업했을 때, 중국에서는 외국인 직접투자가 절정에 달해 있었죠. 나는 샌프란시스코에서 최고로 알아주는 법률회사에 들어갔어요. 내가 홍콩에 돌아왔을 때, 뉴욕 법률회사에서 나에게 손을 내밀었죠. 그리고 중국 최초의 맥도널드 같은 합작투자 건을 맡기 시작했어요. 시기가 잘 맞았지만 그 기회를 내 손에 잡기 위해서 노력을 했죠. 나는 한 번에 한 걸음씩 내 길을 만들어왔어요.”

로라는 심각한 병에 걸리기도 했지만 긍정적으로 생각하려고 노력했다. “나는 새로운 기회를 만나면 흥분하는 경향이 있어요. 어떤 일이든 귀찮게 생각하지 않아요. 모든 일을 도전의 기회로 받아들이고, 최선을 다해요. 예전에 몸이 좋지 않았을 때, 사람들이 남편에게 ‘당신 아내는 정말 열심히 일하는 것 같습니다. 그것을 말리거나 하지 않습니까?’라고 물은 적이 있어요. 남편은 ‘아내는 열심히 일하는 게 낫습니다. 그렇지 않으면 더 큰일납니다’라고 대답했죠. 내게 있어 일은 성취감, 만족감, 자아실현을 의미해요. 내 인생을 중요한 사건을 기준으로 몇 개의 시기로 나눈다면, 각 시기마다 가장 좋은 삶을 누렸다고 생각해요.”

늘 같은 길로만 가는 이유

한 가지 짚고 넘어갈 것은 지금부터 말하는 리스크가 회사의 사활이 걸릴 만큼 중대한 것이 아니라는 점이다. 그저 친숙하고 편안한 현재에서 벗어나는 도전을 감행했을 때, 그에 따르는 리스크와 불안감을 이야기하는 것이다.

대개 여자들은 남자들보다 더 조심스럽게 행동한다. 조사결과에 의하면 여성 세 명 가운데 한 명은 리스크를 감수한다고 해서 일적으로 성공하는 것은 아니라고 생각한다. 또한 여자들이 남자들보다 더 리스크를 꺼리고 두려워한다.

조직에서 자신의 보호막이 되어줄 영향력 있는 후원자를 갖고 있는 여성이 드물다. 또한 남성에 비해 여성들은 동료들의 지지를 훨씬 적게 받으며, 역할모델이 되어줄 멘토를 찾기가 매우 어렵다. 그래서 많은 여성들이 안전한 길을 벗어나 새로운 길을 개척하고 싶어 하지 않는다.

보상이 리스크에 비례하는 것은 사실이다. 모험을 하지 않으면 아무것도 얻을 수 없다. 성공을 위해 리스크를 감수하는 것이 부담스럽다면 성장을 위한 발판이라고 생각해보라. 새로운 도전에 부딪히면 그 결과가 실패하더라도 성장하게 마련이다.

늘 가던 길이 아닌 아직 가본 적 없는 길에 발을 디디면 무슨 일이 일어날까? 그곳에는 온갖 두려움이 존재한다. 길을 잃을지도 모른다는 두려움, 실패할지도 모른다는 두려움, 통제력을 상실할지도 모른다는 두려움, 상처받을 수도 있다는 두려움. 그러나 동시에 스릴을 경험할 수 있고 활력을 북돋워준다. 그 길 위에서는 한순간도 방심하지 않고, 정신을 바짝 차리게 될 것이다.

우리가 이 책에서 여성 리더들이 겪은 실패와 좌절, 잘못된 선택과 실수에 관한 여러 가지 이야기들을 소개하는 것은 "그래도 가보라!"는 메세지를 전하기 위함이다. 봉우리가 있으면 골짜기도 있게 마련이다. 골짜기를 지나는 것이야 말로 중요한 성장 과정이다.

기회를
알아보는 법

한 가지 놀라운 사실은 여성 리더들에게 새로운 기회가 자주 나타났다는 것이다. 단순히 운이 좋아서 그런 것은 아니다. 흔히 말하는 소위 '준비된 마음'을 갖고 있었기 때문이다. 그 덕분에 그녀들은 다른 사람들이 보지 못한 가능성을 보았다.

우리는 여성 리더들에게 "기회가 왔을 때 그것이 기회라는 것을 어떻게 알았습니까?"라는 질문을 했다. 그리고 그녀들의 대답을 가지고 기회를 알아보고 평가하는 색다른 접근방식을 개발했다.

먼저 기회의 긍정적인 측면부터 평가하라는 것이다. 무엇을 배울 수 있는지, 어떤 기술을 익힐 수 있는지, 어떤 선택권을 가질 수 있는지, 어떤 새로운 사람들을 만날 수 있는지 기록하라. 그리고 전문가 다섯 명에게 그 기회를 붙잡았을 때 무엇을 얻을 수 있을지 물어보라. 아니면 자신이 존경하는 사람이라면 어떤 식으로 접근할지 상상해본다. 토머스 에디슨이나 스티브 잡스라면 어떤 긍정적인 측면에 주목할까?

그 다음 두려움의 정체를 밝혀내라. 리스크와 두려움은 본래 기회의 동반자다. 기회의 긍정적인 측면을 인정하면서도 두려움을 느끼는 경우가 많다. 그렇다면 당신이 두려워하는 것이 진정 무엇인지 솔직히 적어보자. "나는 마음을 털어놓기가 두렵다. 사실은 내가 기대에 비해 능력이 없다는 것을 사람들이 알게 될 것이다. 그들은 나를 비웃을 것이다. 해고될지도 모르고, 다른 일자리를 못 찾을 수도 있다." 이처럼 두려움의 실체를 정면으로 마주본다.

지금까지 두려움은 유용한 용도로 쓰였다. 두려움이 당신을 보호했던 것이다. 두려움 때문에 미리 계획을 세우고 열심히 노력했다. 이제 두려움이 어떤 행동을 부추기는지, 그러한 행동들이 어떤 결과를 초래하는지 알아보자. 두려움이 어떤 식으로 당신에게 도움이 되고, 언제 어떤 식으로 방해가 되었는지 생각해보자. 두려움을 과대평가하지 말고 있는 그대로 파악해야 한다.

이제 두려움을 왜곡하지 않고 기회에 따르는 부정적인 결과들이 무엇인지 명확해졌다면, 그 가능성을 어떻게 줄일지 생각해본다. 그리고 스스로에게 이런 질문을 한다. "일어날 수 있는 최악의 상황은 무엇인가?"

기회의 문을 열어라

리스크와 두려움에 정면으로 맞설 준비가 되었다면, 우선 작은 리스크부터 감수해보면서 맷집을 키워보자. 많은 여성들이 자신이 원하는 것을 요구하는 일 자체를 리스크로 여긴다. 그리 중요하지 않은 일부터 요구하는 연습을 해본다. 쉬운 예로 가게에서 물건 값을 깎아보자. 여기서 당신의 목적은 실제로 가격을 깎는 것이 아니라, 리스크를 감수하는 연습을 하는 것이다. 처음에는 불편하겠지만 곧 요령을 터득하게 될 것이다.

아직도 리스크를 감수할 준비가 되지 않았다면, 당신에게 필요한 것이 무엇인지 따져보라. 당신은 자신의 강점과 능력을 누구보다 잘 알고 있다. 새로운 기회를 붙잡아 성취하려면 어떤 강점과 지식이 필요한가? 많은 사람들과 이야기를 나누면서 자신에 대한 이해와 분석을 해본다.

로라의 말처럼 업계나 특정 분야에 대해 전문지식을 넓혀나가면 자신감이 살아난다. 한 분야에 대해 전문적인 지식을 갖고 있는 여성들은 원하는 것을 얻기 위해 기꺼이 리스크를 감수하며, 그 결과 더 좋은 성과를 얻고 있다고 말한다.

배우고자 하는 의지와 약간의 창의력만 있으면 얼마든지 전문가가 될 수 있다. 흥미를 느끼는 일을 선택해 가능한 많은 것을 배워라. 지식이 능력을 향상하고, 능력이 명성을 드높이며, 명성이 기회의 문을 열어줄 것이다.

제자리걸음의 리스크는 후회다

우리 모두는 현재 상태를 그대로 유지하는 것이 전진하는 것보다 결코 더 안전하지 않다는 것을 알고 있다. 아무것도 하지 않으면 아무것도 바뀌지 않는다.

아주 오랜 시간이 흐른 뒤, 현관 앞 흔들의자에 앉아 있는 당신의 모습을 상상해보라. 그때 당신은 무엇을 후회할 것인가? 사람은 일생 동안 수천 가지 사소한 일들을 후회하며 살아간다. 다만 가슴 아픈 후회를 하지 않기 바란다. 간디는 이렇게 말했다. "우리는 원 속에 서 있고, 그 원을 둘러싸고 있는 것은 우리의 두려움이다."

Chapter 20

커리어보다
열정을 사랑하라

스스로 한계나 앞으로 벌어질 일들에 대해서 미리 결정하지 마세요. 인생에서 가장 큰 장애물은 시작하기도 전에 스스로 한계를 정하는 것입니다. 사람은 자신이 생각하는 것보다 더 큰 잠재력을 갖고 있다는 사실을 명심하세요.

— 칼리 피오리나, 전 휴렛팩커드 CEO

에이본프로덕츠Avon Products CEO 안드레아

정Andrea Jung은 비즈니스 세계에서 가장 유명한 여성 리더 가운데 하

나다. 1999년 세계 곳곳의 여성들을 돕겠다는 열망을 가지고 CEO에

오른 그녀는 에이본의 변화를 주도했다. 그리고 실적이 악화되었을 때

놀라운 회복 능력을 보여주었다. 시련을 두려워하지 않는 이 대담한

여성은 스스로 변화하고 기업을 다시 일으켜 세웠다.

결정적인
순간들

어린 시절 나는 꽤 규칙적인 생활을 하며 자랐다. 내게 큰 기대를

걸었던 부모님은 바른 습관을 길러주려고 끝없이 관심을 기울였다. 예

를 들어 매일 60분 동안 피아노 연습을 하기로 정해놓았는데, 어머니

는 59분으로도 만족하지 못했다. 그녀는 내가 정확하게 60분을 지키도

록 피아노 옆에 타이머를 놓아두었다. 그 덕분에 어릴 때부터 어떤 일

도 중간에 그만두어서는 안 된다는 생각이 머릿속에 뿌리 박혔다.

나는 블루밍데일즈Bloomingdale's 백화점을 통해 사회에 첫발을 내디

뎠다. 판매 교육 프로그램에 참여했는데, 내가 하는 일은 옷걸이를 교

체하고 물품 창고를 정리하는 등 하찮은 일이었다. 추수감사절 즈음,

그 프로그램 참여자들이 대부분 다른 일을 하고 싶어 했다. 나는 집에

전화를 걸어 이렇게 말했다. "성취감을 전혀 느낄 수 없어요. 내가 그

동안 배운 것들이 아무 쓸모없어요. 그만두고 다른 일을 찾아볼까 싶

어요." 그때 어머니의 반응을 잊을 수 없다. 그녀는 내가 피아노 의자에 앉아 있던 때와 같은 반응을 보였다. "중도에 포기하다니, 있을 수 없는 일이다. 계속하다 보면 분명 뭔가 배우는 게 있을 거야. 그 일이 따분할 수도 있지만, 위로 올라가려면 바닥에서부터 시작해야 한단다." 나는 그 일을 그만두지 않았고, 결국 그 시간들이 성공의 밑거름이 되었다. 포기하지 않으면 역경을 통해서든, 지루함을 통해서든, 부당한 상사를 통해서든, 무언가를 배우게 마련이다. 그러므로 인내심을 가져야 한다.

또한 나는 목표를 달성하기 위해 노력하는 법을 배웠다. 그것 역시 부모님이 가르쳐준 것이다. 4학년 때 나는 미술용품점에 들른 적이 있다. 푸른 벨벳 상자에 들어 있는 120가지 색연필 세트를 보는 순간 몹시 갖고 싶었다. 그러나 우리 집은 그리 넉넉하지 않았고, 선물을 요구할 수 있는 크리스마스나 생일도 아니었다. 어머니는 "모든 과목에서 A학점을 받으면 사주마."라고 말씀하셨다. 나는 정말 열심히 공부했고, 마침내 그 색연필 세트를 상으로 받았다. 목표를 높게 잡는 법 또한 부모님이 가르쳐주었다.

30대 초반, 나는 지금 하고 있는 일로는 목표에 도달할 수 없고 더 크게 성장할 수도 없다는 것을 깨달았다. 그러던 어느 날 에이본으로 자리를 옮길 기회가 생겼다. 더 높은 직위도 아니었고 더 큰 회사도 아니었기 때문에 가족이나 동료, 업계 관계자들조차 내가 그곳으로 가리라고 생각지 않았다. 1990년대 초, 에이본은 색다른 유통 모델을 지닌 저가 화장품 업체라는 이미지를 갖고 있었다. 게다가 회사는 여러모로 어려움을 겪고 있었다. 따라서 그곳으로 자리를 옮기는 것은 조금 위험해 보였다.

내가 에이본을 택한 대외적인 이유는 이성적이다. 에이본은 글로벌 회사였고, 색다른 유통 채널을 갖고 있었으며, 내가 기존에 경험하지 못한 전환기에 놓여 있었다. 하지만 사실 나는 90퍼센트 감정적인 이유로 에이본을 선택했다. 이성적인 이유는 10퍼센트밖에 되지 않았다. 에이본의 비즈니스 모델이 세계 여성들의 삶을 바꾸어놓을 수 있기 때문이었다. 여성의 권익신장을 위해 힘써온 에이본의 사회적 역할을 이해하게 된 것이 결정적인 계기였다.

또한 개발도상국 시장에서 에이본이 어떻게 성장하고, 영향을 미칠지 지켜보는 것은 매우 고무적인 일이었다. 단기적으로 좋은 성과를 거두든 그렇지 않든, 그것은 나중의 문제다. 에이본에서 세상을 바꿔보겠다는 원대한 꿈이 나를 계속 이곳에 묶어두고 있다.

나의 강점 중 하나는 어떤 일도 두려워하지 않는다는 것이다. 그것은 부모님으로부터 물려받은 특성이다. 나는 어려서부터 무서운 것이 별로 없는 용기 있는 아이였다. 그 덕분에 대담하게 직장을 옮기는 것 또한 결코 두렵지 않았다. 나의 결정으로 인해 일이 잘 풀리지 않더라도 패배자가 될 거라고는 생각지 않았다. 오히려 마음이 들떴다. 나의 선택이 모두 완벽하게 옳다고 확신할 수는 없었지만, 분명 많은 것을 배울 거라고 믿었다.

열정을 전혀 못 느끼면서도 직장을 바꾸지 못하는 사람들이 많다. 특히 30대에 접어든 여성들이 그렇다. 나는 비교적 일찍 그런 상황을 맞이했고, 삶의 목적에 맞는 일자리를 찾았다. 열정보다 안정을 먼저 선택하는 것이 옳지 않은 것은 아니다. 그러나 지금 하고 있는 일을 사랑하지 않는다면 다른 일을 찾아 나서야 한다.

후원을 받고
후원을 하라

지금 하고 있는 일보다 훨씬 더 큰 역할을 맡을 기회가 보일 때 어떤 선택을 하느냐에 따라 인생이 달라진다. 내가 바로 그랬다. 나는 회사에 대해 세계적인 규모에 가까운 큰 목표를 갖고 있었지만, 구체적인 것은 아무것도 없었다.

나는 아이디어를 제시할 방법을 찾느라 집에서 며칠 밤을 일했다. 또한 그것이 기회라는 것을 경영진들이 인식할 수 있도록 설명해야 했다. 다행히 당시 CEO 겸 회장이었던 짐 프레스턴Jim Preston이 든든한 후원자가 되어주었다. 내가 경영진에게 설명하자 그들은 더 자세한 이야기를 듣고 싶어 했다.

짐은 시대를 앞서가는 사람이었다. 처음 그를 만났을 때, 그의 책상 뒤쪽 벽에 4개의 발자국이 찍힌 작은 액자가 걸려 있었다. 하나는 유인원의 발자국이고, 다른 하나는 인간의 발자국, 또 다른 하나는 남성 정장 구두 자국, 나머지 하나는 하이힐 자국이었다. 그것은 리더십의 진화를 보여주고 있었다.

짐은 나의 멘토로서 내가 성공할 수 있도록 도와주었다. 그는 자신이 볼 수 없는 무언가를 내가 보고, 자신이 할 수 없는 무언가를 내가 할 수 있다고 믿었다. 그러므로 기꺼이 나를 후원하는 리스크를 감수했다. 그가 없었다면 나는 이 자리까지 올라오지 못했을 것이다. 내가 CEO에 오르던 날, 짐은 나에게 그 액자를 주었다. 액자는 지금 내 책상 뒤쪽 벽에 걸려 있다.

후원자가 있다는 것이 얼마나 큰 행운인지 모른다. 나는 스스로에게 이렇게 말하곤 한다. "네가 서른아홉 살 때 누군가 너를 후원하는 위험을 감수하지 않았다면, 너는 이 자리에 오르지 못했을 거야. 너는 완벽하지 않아. 네가 모든 것을 알고 있는 것도 아니야. 그러나 그는 네가 해낼 수 있다고 믿었지."

마음을 열어 다른 사람을 믿고 리스크를 감수하려는 사람은 드물다. 하지만 다음 세대를 믿고 그들을 후원하면 언젠가 그 노력의 열매가 다시 돌아온다.

요즘도 간혹 내가 하고 있는 일과 아무 상관없는 일로 나를 찾아오거나 편지를 보내는 사람들이 있다. 누군가 "해결책을 찾을 수 있도록 좀 도와주세요."라고 말하면, 업무를 처리하고 나머지 시간을 할애해 그 사람을 도와준다. 그러나 "이것이 당신이 해야 할 일입니다."라고 말하지는 않는다. 그것은 그 사람을 후원하는 올바른 방법이 아니다. "이 방법으로 당신을 도울 수 있습니다." 혹은 "우리는 이 방법으로 문제를 함께 해결할 수 있습니다."라고 말한다. 다른 사람을 믿고 도와주는 것, 함께 성공을 향해 나아가는 것 역시 나의 성공이 된다. 후원에도 열정과 용기가 필요하다.

우직하게 전진하라

1990년대 초 내가 에이본에 들어갔을 당시에는 매출 규모가 30억 달러(약 3조 3천억 원) 정도였다. 1999년까지만 해도 기업의 규모가 크게 변하지 않았다. 그러더니 갑자기 80억 달러(약 9조 원) 규모의 기업으로 급성장했다. 30억 달러 규모의 기업을 운영하는 것과 80억 달러 규모의 기업을 운영하는 것은 전혀 다른 일이다. 사람, 재능, 프로세스, 사고, 전략까지 모든 것이 다르다. 2005년 우리의 능력이나 투자전략, 프로세스 이상으로 규모가 커져버린 회사를 이대로는 감당하기 어렵다는 사실을 인정했다. 우리는 모든 것을 수정해야 했다. 회사도 마찬가지지만 나에게는 더욱 도전적인 일이었다.

2005년 가을, 나는 경영자 전문 코치를 찾아갔다. 그는 나처럼 구조조정을 앞두고 고민하는 CEO들은 대부분 해고되게 마련이라고 솔직하게 말했다. 대규모 구조조정을 효율적으로 해내는 사람들은 대부분 외부에서 영입된 인사들이기 때문이다. 그들은 객관적으로 필요하다고 판단되면 과감히 해체한다.

경영자 전문 코치는 이사회가 나를 해고하고 헤드헌터를 통해 새로운 CEO를 물색하는 상상을 해보라고 했다. 그리고 또다시 이사회가 나를 기업 전환 전문가로 재고용하는 상상을 해보라는 것이다. 그는 이렇게 말했다. "당신이 고용한 직원들이나 당신이 세운 전략, 직접 설계한 조직구조에 '수술칼'을 들이댈 수 있겠습니까? 백서를 갖고 다시 시작할 수 있겠습니까? 그럴 수 없다면 당신은 몇 분기 내에 해고될 겁니다."

나는 선천적으로 뒤를 돌아보기보다 앞을 보며 사는 사람이다. 사생활이든 일이든 과거의 잘못을 반추하느라 시간을 허비하는 법이 없다. 지난 실수에서 교훈을 얻기는 하지만, 곱씹으며 시간을 보내지 않는다.

월요일 아침 출근하자마자 나는 경영자 전문 코치가 제안한 대로 실행했다. 잔인한 일이었다. 친구 같은 동료들과 장기간 근무해온 믿음직한 팀원들을 내보내야 했다. 우리는 넉 달 동안 경영진의 30퍼센트를 해고했다. 직원을 해고하기 전, 나는 전 세계를 돌며 수천 명의 직원들을 만났다. 나는 힘든 결정을 할 수밖에 없는 이유를 설명했고, 공정하게 처리될 거라는 믿음을 주었다. 우리는 구조조정을 먼저 한 다음 회사에 필요한 사람이 누구인지 알아볼 계획이었다.

나는 해고를 두려워하지 않았다. 그저 난관에 빠진 회사를 건져내지 못할까 봐 무서웠다. 내가 이 일을 해낼 수 있었던 것도 순수한 목표를 가지고 있었기 때문이다. 나는 구조조정의 효과를 걱정하지 않았다. 그러나 내 인생에서 가장 힘든 일이었다. 감정적으로도 힘들었지만, 육체적으로도 에너지 소모가 극심해 폐렴까지 앓았다.

이후에 이런 내용의 이메일이 한두 통씩 날아들었다. "당신의 결정은 정말 감내하기 힘든 것이었습니다. 그러나 당신은 우리를 직접 만나러 오는 용기를 보여주었습니다. 회사를 위해 당신은 옳은 일을 하고 있습니다. 나 역시 기업을 살리는 일에 동참하고 싶습니다. 하지만 그럴 수 없다고 해도 당신의 결정이 옳은 길이라고 믿기에 당신을 응원할 것입니다." 나에게 그것은 변곡점이었다.

열정이 모든 것을 압도한다

CEO가 되었을 때, 방송국에서 아버지를 인터뷰하러 온 적이 있다. 인터뷰는 부모님 집에서 이루어졌고, 준비가 끝나자 앵커가 이렇게 물었다. "어릴 때부터 딸에게서 성공의 자질이 보였나요?" 아버지는 전국 방송에 대고 이렇게 대답했다. "전혀 없었어요. 딸아이 성격으로 봤을 때, 이렇게 성공하리라고는 상상도 못 했어요."

나는 자기주장이 강한 것과 공격적인 것을 같은 것으로 여기는 동양문화권에서 자랐다. 저녁식사 자리에서 우리는 '건설적인 다툼'이나 '정열적인 대화'를 해본 적이 없다. 아버지는 아시아 출신의 예의바르고 얌전한 딸아이가 전형적인 CEO의 자질을 가지고 있다고는 상상도 할 수 없었다. 특히 공장을 폐쇄하고 직원들을 해고하는 나의 남성적인 모습에 아버지는 매우 놀라셨다.

처음 비즈니스 세계에 발을 들여놓았을 때는 힘든 시간을 보냈다. 그 어느 때보다 정력적으로 회의에 임하는 태도는 내 몸에 밴 동양적인 문화에 반하는 것이었다. 강력하게 자기주장을 펴는 것도 마찬가지였다. 나는 지나치게 공격적이지 않으면서도 강하게 내 의견을 펼 수 있을 때까지 피나는 노력을 했다.

나의 전환점은 회사가 곤경에 처했던 1998년이었다. CEO는 아니었지만 나를 필요로 한다는 것을 잘 알고 있었기 때문에 회사를 떠나지 않았다. 조직을 하나로 모으고, 토대를 튼튼히 다지며, 직원들의 의욕을 북돋우는 데 내가 도움이 된다는 것을 알고 있었다.

나는 최고의 자리에 있지 않아도 리더가 될 수 있다는 것을 배웠다. 어려운 시기에는 누구나 리더십을 발휘해 서로 도와야 한다는 것을 처음으로 깨달았다. 그리고 급하다고 시계를 꺼내 볼 것이 아니라, 바른 길로 나아갈 수 있도록 나침반을 따라야 한다는 것도 깨달았다.

지금 이 자리에 오기까지 많은 일이 있었다. 성격이나 버릇, 가치관을 고쳐야 했으며 많은 것을 배워야 했다. 결정에 앞서 늘 고민을 해야 했고 감정을 조절해야 했다. 하지만 지금까지 모든 선택에 두려움은 없었다. 에이본에 대한 나의 열정이 무엇보다 중요했기 때문이다.

　내게는 두 아이가 있다. 아이들은 내가 남들보다 두 배로 노력하며 살고 있다는 것을 알고 있다. 그래서 아이들도 두 배의 노력을 한다. 한 번은 백악관에서 열리는 CEO 연회에 초대를 받았다. 그 연회에 초대된 사람들 중 여성은 내가 유일했다. 마침 그날은 딸아이가 처음으로 여름 캠프를 가는 날이였다. 나는 이런 생각이 들었다. "대통령은 내가 그 자리에 참석을 안 해도 모를 것이다. 그러나 딸은 내가 캠프를 따라가도 기억할 것이고, 따라가지 않아도 기억할 것이다." 그래서 나는 딸아이의 여름 캠프를 따라갔다. '엄마'라는 이름은 내게 매우 중요한 문제다. 그래서 내 선택에 미련이 없다.

　내가 진정으로 원하는 것, 열정을 느끼는 일을 우선으로 선택해야 한다. 물론 살다보면 그 선택이 후회될 때도 있긴 하지만 그저 소소한 추억일 뿐이다. 후회가 남지 않도록 당신의 마음이 이끄는 길로 향하라.

휴식과 회복은 꼭 필요하다

: 에너지 관리

Chapter 21

일과 생활의
균형은 불가능하다

나는 논쟁을 좋아한다. 1년차 변호사가 찾아와 나와 법적인 논쟁을 벌이며 자신의 판결이 옳다고 끝까지 고집할 때가 가장 즐겁다. 그때 내 안에서 솟구치는 열정을 느낄 수 있다. 전염성이 매우 강한 나의 열정.

— **지아 모디, AZB앤파트너스**AZB and Partners **창립자**

성공을 꿈꾼다면, 어떤 분야를 선택하든 막대한 희생이 뒤따른다. 근무시간이 길어질 뿐 아니라, 밤이나 주말에 일하기도 한다. 게다가 자녀도 키워야 하고 집안일도 해야 한다. 일하는 여성의 90퍼센트 이상이 여전히 남편보다 가정에 대한 책임을 더 많이 짊어지고 있다. 오늘날 여성들이 끊임없이 스트레스에 시달리는 것도 이 때문이다.

워크라이프밸런스센트Work Life Balance Centre에서 실시한 연구에 따르면, 설문조사에 참가한 직장 여성의 26퍼센트가 업무를 처리하기 위해 일주일 내내 하루 24시간 대기상태에 있다고 대답한다. 또 20퍼센트는 업무를 처리하느라 정해진 근무시간 이상으로 사무실에 남아 있는 경우가 많다고 한다.

매일 아침 몸과 마음의 에너지를 가득 채우고 하루를 시작하지만, 잠자리에 들 즈음이면 거의 바닥난다. 이렇다 보니 휴일에 그저 숙면을 취하는 것이 소원이라 말하는 사람도 있다. 무엇이 우리의 에너지를 훔쳐가는 걸까? 이런 사이클이 깨지기를 바라는 것은 그저 바람에 지나지 않는 걸까?

우리는 모래를 금으로 바꿔놓을 수 없고, 하루를 25시간으로 늘릴 수도 없다. 그러나 어떻게 우리의 에너지가 채워지고 소모되는지 알면 에너지 저장고를 효율적으로 관리할 수 있다. 그러기 위해 우선 용기와 절제, 약간의 에너지가 필요하지만 나중에 커다란 보상을 얻게 될 것이다.

일과 생활의
불균형을 인정하라

대부분의 여성들이 에너지가 부족한 이유로 일과 생활의 균형을 이루지 못했기 때문이라고 꼽는다. 그러나 우리는 일과 생활의 균형에 대한 두 가지 잘못된 믿음을 가지고 있다.

첫째, 가정에서는 에너지를 충전하고 근무시간에는 에너지를 소모한다는 전통적인 믿음이다. 현실적으로 이것은 흑백을 가리기 힘든 문제다. 나에게 맞는 일을 하면 활력이 솟을 뿐만 아니라 시간 가는 줄 모른다. 마찬가지로 가정에서 떼를 쓰는 아이, 짖어대는 개, 냄비에서 타고 있는 음식, 물건을 찾아달라고 보채는 배우자를 상대하다 보면 에너지가 크게 소모된다. 직장에서 에너지가 충전되기도 하고 소모되기도 하는 것처럼 집에서도 마찬가지다.

둘째, 자신을 제외한 다른 여성들이 일과 생활의 균형을 이루어내고 있다는 믿음이다. 여성 리더들은 일과 생활의 균형이란 명백한 '허구'라고 말한다. 다만 한쪽으로 크게 기울어지지 않을 뿐이다.

일과 생활의 균형이 있을 수 없다면 어떻게 해야 하는가? 우리가 만난 여성 리더들은 잠을 포기하지도 않았고, 가정을 등한시한 적도 없을 뿐더러 휴가까지 즐겼다. 그들은 어떻게 그런 삶을 영위할 수 있는 것일까?

새로운 사고가 필요하다. 모든 것을 완벽하게 통제할 수 있다는 생각부터 버리는 것이 좋다. 그리고 중요한 일에 충분한 에너지를 쏟을 수 있도록 에너지를 관리하라.

리프레이밍하면 해결할 수 없는 문제(일과 생활의 균형)가 해결할 수 있는 문제(에너지 관리)로 바뀐다. 자신의 에너지를 효율적으로 관리하면 결코 지쳐서 포기하는 일이 없다. 피로한 심신 때문에 올바른 선택을 하지 못한다면 성공 역시 얻지 못한다. 그러므로 성공하는 데 있어에너지 관리는 무엇보다 중요하다.

줄리 코츠Julie Coates는 오스트레일리아에 있는 울워스Woolworth 소매사업부 빅더블유BIG W 총책임자다. 빅더블유의 150개 지점에는 3천 명의 근로자가 있다. 그녀는 직원들 외에도 집에서 돌봐야 할 딸이 셋이다. 인터뷰 당시 그녀는 마라톤 연습을 하고 있었다. 줄리는 마치 투자자산처럼 에너지를 관리함으로써 빡빡한 업무 스케줄을 무리 없이 소화해내고 있었다.

나와 가족을 위한
여유를 챙겨라

줄리는 낙농가에서 태어났다. 낙농업은 하루 24시간, 일주일 내내 일해야 한다. 그녀는 이렇게 회상한다. "맏이였던 나는 항상 내 몫보다 더 많은 일을 해냈어요. 어릴 때부터 부지런하게 움직이는 것이 익숙했죠. 내가 여덟 살인가 열 살 때, 아버지는 나에게 하고 싶은 일은 무엇이든 할 수 있다고, 다만 그 모든 것이 나 자신에게 달려 있다고 말씀하셨죠. 가장 되고 싶었던 것은 농부였고, 그다음으로 선생님이었어요. 나는 커서 선생님이 되었죠. 한때는 오스트레일리아 최초의 여성 총리가 되고 싶었던 적도 있었죠. 결국 지금은 소매업에 종사하고 있어요. 제 일에 매우 만족해요. 노력한 결과를 매일 확인할 수 있다는 점이 무척 마음에 들어요."

소매업에서 줄리가 마음에 들어했던 또 한 가지는 '사람'이었다. 그녀는 사람을 '세상의 소금'이라고 생각한다. 그녀는 사람들과 함께 일하고, 그들의 의욕을 북돋우는 것을 좋아한다.

또 그녀는 딸아이들과 25년간의 결혼생활이 또 다른 에너지원이라고 말한다. "나는 안락하고 행복한 삶을 살고 있어요. 일에서 얻는 성취감 역시 삶의 활력소라고 할 수 있죠."

그렇다면 그녀가 에너지를 소진할 때는 언제일까? "아무 발전도 변화도 없이 제자리걸음을 하고 있다는 생각이 들면 갑자기 힘이 쭉 빠져요. 하지만 무언가를 하고 있는 한 힘을 내려고 해요. 바쁠 때가 가장 행복해요."

줄리는 정말 눈코 뜰 새 없이 바쁘다. 그녀는 6년 동안 인사부장으로 일하며 대대적인 조직개편을 주도했다. 그것은 물류시설 가운데 3분의 2를 폐쇄하는 일이었다. 그 일을 해내기 위해서는 실질적인 대인기술과 지칠 줄 모르는 체력이 필요했다. "가장 중요한 것은 단 한 명도 해고하지 않고, 수천 명의 삶을 변화시키는 것이었어요. 우리는 물류창고를 폐쇄하기도 했고, 새로운 물류창고를 열기도 했죠. 결과적으로 옳은 일을 했다는 사실이 자랑스러워요."

이후 줄리는 최고물류책임자Chief Logistics Officer가 되었지만, 즉시 커다란 문제를 떠안았다. "일주일에 2백만 개의 식료품 상자를 취급하는 회사 최대의 물류센터를 오픈한 지 얼마 안 되었을 때였어요. 물류센터가 가동되기는 했지만, 물품이 원활하게 공급되지 않았죠. 급기야 상점들이 영업을 중단하는 사태가 벌어졌어요. 하지만 책임지는 사람이 없었죠."

줄리는 이 문제를 어떻게 풀어나갈지 고민했다. "처음 부임했을 때

전임자가 나에게 이렇게 말하더군요. '주말 내내 울려대는 전화벨 소리에 익숙해져야 할 거예요. 해결해야 할 문제들과 현안들이 산더미처럼 쌓여 있거든요.' 나는 마음속으로 '계속 그렇게 일할 수는 없죠. 상황을 바로잡아야죠'라고 생각했어요. 먼저 문제의 원인을 찾아내야 했어요. 무엇보다 고객들이 전화를 걸어 불만을 토로하는 일이 없도록 해야 했죠. 처음에는 인력이 충분하지 않았어요. 그래서 핵심참모팀을 조직했죠."

처음 몇 달간 줄리는 극심한 스트레스에 시달렸다. 걱정근심을 내려놓지 못한 채 열심히 일했다. 무엇보다 자신이 그 일을 해낼 수 있다는 것을 보여주고 싶었기 때문이다. 결과적으로 참모팀을 구성하면서 전환점을 맞았다. "바닥까지 떨어졌다가 다시 빠른 속도로 올라왔어요. 우리는 더 좋은 성과를 거두기 위해 파트너십을 논의했어요. 어떻게 협력할 것인가? 서로에게 무엇을 기대하는가? 나는 팀원들 모두에게 '한 배'에 올라탈 필요가 있다고 이야기했어요. 그들이 적극적으로 협조하지 않으면, 배에서 내리게 할 작정이었어요. 결국 팀의 사기를 떨어뜨리는 두 사람을 내보냈죠. 나는 어릴 적 농장에서 자란 덕에 결단력이 강한 편이에요."

줄리는 팀원들과 협력해 어려운 문제를 해결해나가는 과정에서 막대한 에너지를 얻었다. "당장 해결책을 내놓을 수는 없어도, 다른 사람들과 협력하여 해결책을 찾아내는 방법은 알고 있어요. 큰 문제일수록 적극적으로 필요한 사람들을 영입해야 합니다. 여성들이 더 열린 마음을 갖고 있어요. '나는 모르겠어요', '누구누구가 좋은 아이디어를 갖고 있어요', '어떻게 하면 팀원들로부터 최선의 결과를 얻어낼 수 있을까요?'라는 말을 여성들이 더 쉽게 하죠."

2년에 걸쳐 물류센터 문제를 해결하고, 2008년 줄리는 빅더블유 총책임자가 되었다. 당시 그녀는 퇴직하는 전임자를 한 달 동안 따라다니며 그가 어떤 식으로 일하는지 지켜보았다. 그는 빡빡한 스케줄을 소화해내느라 자신이 갖고 있는 에너지를 모두 쏟아부었다. "가족을 생각하면 그렇게 일해서는 안 됐죠. 그는 오전 6시 30분에 출근했고, 일주일에 6일이나 야근을 했어요. 퇴근을 하고 나서도 여러 가지 공식 모임에 참석했죠."

줄리는 몸과 마음의 에너지를 효율적으로 관리하기 위해 스케줄을 조정했다. "예를 들어 월요일에는 간부회의 세 시간, 무역 리뷰 세 시간이 잡혀 있었어요. 그리고 그중 일부는 내용이 겹치는 것이었죠. 나는 이 문제를 해결하기 위해 재무책임자와 논의했습니다." 줄리의 스케줄은 여전히 빡빡하지만, 가족과 건강을 위한 여유는 챙긴다. "보통 8시부터 일을 시작해요. 그리고 금요일, 토요일, 일요일 저녁에는 가족과 함께 식사를 하죠. 주말 낮에는 점포를 돌아보지만, 딸아이들이 쇼핑을 좋아하기 때문에 그들을 데려가요. 일도 하고 가족과 함께할 수 있어서 좋아요."

줄리는 생각을 바꾸어야 한다고 말한다. "사람들은 나에게 '당신은 어떻게 그렇게 많은 일을 하는지 모르겠어요'라고 말하죠. 그러나 생각에 따라 더 많은 에너지를 얻을 수 있어요. 바쁘면 바쁠수록 더 많은 것을 해낼 수 있고, 더욱 활기차게 일할 수 있죠."

높은 성과를 거두고 있는 다른 많은 사람들과 마찬가지로, 줄리는 매우 체계적으로 움직인다. 그녀는 일과 부모로서의 역할을 중심으로 계획을 세운다. "내가 일과 부모 노릇을 둘 다 할 수 있을 때까지 아이들과 4년간 떨어져 있었어요. 또한 아이들을 뒷바라지하는 데 작은 국가를 먹여 살릴 만큼 많은 돈을 쓰고 있어요. 일도 하고 아이들도 돌볼 수 있다면 그 정도 투자는 아깝지 않아요. 일을 그만 두면 쉽게 해결할 수 있지 않냐구요? 나는 쉽게 지루함을 느끼는 편이에요. 일을 하지 않았다면, 성취감을 느끼기 위해 다른 무언가를 했거나 술을 마셨을 거예요."

나는 어디에서 에너지를 얻는가

줄리는 선천적으로 에너지가 넘치는 듯하다. 모든 여성들이 그녀 같을 수는 없다. 대신 우리는 매일 에너지를 충전하고 보존하며, 그것을 적절하게 이용하는 방법을 알려줄 것이다. 컨설턴트 에디 그린블랫Edy Greenblatt은 인간에게 네 가지 에너지원이 있다고 말한다. 육체적 에너지, 지적 에너지, 심리적 에너지, 사회적(영적) 에너지가 바로 그것이다. 각 에너지원에 해당하는 질문들에 답해보자. 당신의 에너지를 상태를 측정할 수 있다.

• 육체적 에너지 : 기본적인 체력과 의욕

지금 얼마나 활력이 넘치는가? 정시 출근을 할 수 있는가? 건강에 좋은 식사를 규칙적으로 하고 있는가? 자신을 제대로 돌보고 있는가? 그렇다면 기본적인 의무를 다하고 있는 것이다.

• 지적 에너지 : 정신적 활동

얼마나 일에 집중하는가? 어떤 종류의 정신적인 활동에 흥미를 느끼는가? 예를 들어 용기와 열의를 가지고 있다면 열정적으로 회의를 주도할 때 당신의 뇌는 기쁨으로 요동칠 것이다.

• **심리적 에너지 : 감정**

어떨 때 두려움이나 걱정, 스트레스를 느끼는가? 기뻐서 춤추고 싶을 때는 언제인가? 경쟁을 할 때 어떤 사람들은 힘이 솟고, 어떤 사람들은 오히려 힘이 빠진다. 우리가 만난 여성 리더들이 공통적으로 꼽은 심리적 에너지를 낭비하는 사례가 있다. 회의를 할 때는 조용히 입 다물고 있다가 회의가 끝난 뒤 복도에서 이야기를 나누는 경우다.

• **사회적 에너지 : 다른 사람들과의 관계, 주요 가치관**

집단활동에서 활력을 얻는가, 아니면 피로를 느끼는가? 정기적으로 자신의 강점을 이용하고 있는가? 목적의식을 갖고 있는가? 한 여성 정치인은 시민들의 삶을 향상시키겠다는 목표를 가지고 일하기 때문에, 빡빡한 일정과 잦은 여행에도 전혀 피곤함을 느끼지 않는다고 말한다.

네 가지 에너지원은 서로 조화를 이룰 때도 있지만, 대개는 그렇지 못하다. 예를 들어 장거리 달리기를 하면 육체적으로는 피곤하지만, 정신적으로는 활기가 넘친다. 또한 감정적으로 안정되어 있을 때 참신한 아이디어가 넘친다. 숙면을 취하지 못했을 때 잠깐 산책이나 운동을 하면 집중력이 높아진다. 마찬가지로 하루 종일 회의가 계속될 때 정신적으로는 피곤하지만, 팀에 미치는 영향을 생각하면 사회적 에너지가 충만하다. 연설을 준비할 때는 감정적으로 피곤하지만, 청중들과 교감할 때는 아드레날린이 분비되어 활력이 넘친다.

이러한 사례들이 나에게 해당되지 않는다고 해서 걱정할 필요 없다. 거의 모든 사람들에게 효과를 보이는 보편적인 에너지원이 극히 드물지만 존재한다. 대표적인 것이 '수면'이다. 모든 사람들이 충분히 숙면을 취함으로써 활력을 얻는다.

이제 자신이 어디에서 에너지를 얻고 어떻게 이용하고 있는지 알아보자. 에디 그린블랫은 매우 실용적인 방법을 제안한다. 우선 최근에 에너지를 얻은 상황과 소모한 상황을 각각 두 가지씩 떠올린다. 그리고 각각의 상황에서 육체적 상태, 지적 상태, 감정적 상태, 사회적 상태를 기록한다.

때때로 우리는 자신이 어디에서 에너지를 얻고, 어디에서 에너지를 빼앗기는지 알 수 있는 단서들을 놓친다. 조용했는가, 아니면 시끄러웠는가? 새로운 사람들과 함께 있었는가, 오랜 친구들과 함께 있었는가? 당신은 내부인이었는가, 아니면 외부인이었는가? 당신은 이야기를 하고 있었는가, 아니면 생각을 하고 있었는가? 이 접근방식을 이용하면 어떨 때 의욕이 사라지고, 어떨 때 의욕이 솟는지 자신의 패턴을 알 수 있다.

활력을 불어넣어라

당신에게 어떤 것이 효과적일지는 모르지만, 일상생활에서 많은 시간을 들이지 않고도 활력을 불어넣을 몇 가지 아이디어가 있다.

- 요가를 배운다. 실제로 많은 여성들이 조화로운 삶을 영위하고 극심한 스트레스를 해소하기 위해 요가를 한다. 아니면 평일에 한두 가지 간단한 운동을 하는 것도 좋다.

- 하루에 몇 차례 계단을 오르내리거나 잠시 밖에 나가 산책을 한다. 태양빛은 우리에게 활력을 불어넣는다. 창밖을 내다보거나 밖으로 나가 태양의 따뜻한 기운을 느껴라. 잠시 쉬면서 다른 사람들과 이야기를 나누는 것도 기분전환에 도움이 된다. 잠깐 사무실에서 자리를 옮김으로써 기분전환을 할 수 있다.

- 글을 쓰는 것과 같이 집중이 필요한 활동을 할 때는 좋아하는 음악을 틀어놓는다. 어느 여성 리더는 자신이 회장을 맡고 있는 예술위원회의 백서를 작성할 때 오페라를 틀어놓는다고 한다.

- 싱싱한 꽃을 사서 출근한다. 그리고 시간을 내어 한 번 이상 꽃을 바라본다. 한 여성은 각양각색의 꽃들을 보고 있으면 마음이 즐거워진다고 한다. 그녀의 강점 가운데 하나가 아름다움을 평가하는 능력이라는 것은 그리 놀라운 일이 아니다.

- 친절을 바라지 않는 사람에게 친절을 베풀고, 도움을 준 사람에게 감사하는 마음을 표현한다. 우리는 성취욕을 북돋울 가장 강력한 무기가 '친절'과 '감사'라는 것을 직관적으로 알고 있다.

이것 말고도 자신만의 에너지원을 목록으로 만들어보자. 에너지를 주는 일상적인 활동이나 경험이 떠오를 때마다 목록에 추가한다. 목록을 작성하는 데는 에너지가 소비되지만, 목록에 적힌 활동들을 하면 활력을 얻을 것이다.

에너지 소모를
최소화하라

여성 리더들이 공통적으로 이야기한 에너지 관리법은 일의 우선순위를 정하고 그것을 지켜나가는 것이다. 상황에 따라 일정을 조정하기보다 규칙을 정해놓고 일정을 짜면 많은 에너지와 시간을 절약하고 안정감을 느낄 수 있다. 예를 들어 하루 운동시간을 미리 정해놓는 것이다. 일정 시간에 운동하는 습관을 들이면 에너지 소모가 적고, 절약된 시간만큼 더 많은 일을 할 수 있다.

이러한 방법이 효과를 발휘하려면 다른 사람들과 공유해야 한다. 개인적인 욕구에 맞춰 짠 스케줄을 팀원과 동료들에게 보여주고, 분명하게 이야기하면 그들도 존중해줄 것이다. 많은 직장 여성들이 누구의 방해도 받지 않고 집에서 가족들과 저녁식사를 하겠다는 원칙을 세워두고 있다. 일단 그 원칙을 지켜나가는 모습을 보여주면, 동료들도 그것을 존중해준다. 심지어 그 과정을 통해 기업문화에 변화의 바람을 일으킬 수 있다. 줄리가 회의 일정을 재조정해 모든 사람의 활동을 바꾸어놓았듯이 말이다.

에너지 관리의 가장 큰 적은 업무 시간을 하루 24시간, 일주일 내내 구분없이 두는 것이다. 휴대전화와 블랙베리, 태블릿PC가 그러한 현실에 일조하고 있다. 당신의 침실에 이러한 업무 도구가 있는가? 이 도구들을 가지고 정기적으로 업무를 수행하는가? 휴대전화가 울리면 반사적으로 받는가? 그렇다면 자신도 모르게 좋지 않은 습관이 배어버린 것이다.

생산성을 높인다고 생각한 도구들이 오히려 당신의 에너지를 갉아

먹고 있다. 자칫 잘못하다가는 이메일, 문자, 휴대전화에 응답하느라 집중력을 잃을 뿐 아니라 일정도 제대로 관리하지 못한다. 다른 사람들이 사소한 문제들로 당신의 귀중한 시간을 '훔치는' 바람에, 당신은 정작 중요한 일들을 제대로 처리하지 못한다. 중요한 일과 시급한 일을 절대 혼동해서는 안 된다.

항상 '켜놓는' 습관을 버리는 순간 생산성이 크게 향상될 것이다. 한 소매운영책임자는 어떻게 그런 습관을 버렸는지 경험담을 들려주었다. "나는 항상 침대 옆에 블랙베리를 놓아두었어요. 아침에 눈을 뜰 때도 자기 전에도 우선적으로 확인했어요. 그러던 어느 날 나에게 이메일을 보내는 사람들이 진정으로 원하는 것이 무엇인지 생각해보았죠. 사실 그것은 내가 꼭 해결해야 할 문제들이 아니었어요. 그 뒤로 더 이상 블랙베리를 침대 옆에 두지 않죠." 이제 그녀는 스스로 준비가 되었을 때 이메일을 확인한다. "온라인 통신 도구들을 '꺼놓을' 때 비로소 시간을 효율적으로 쓸 수 있어요. 정말 급한 일이 있다면 집으로 전화를 하겠죠."

시간관리 컨설턴트 줄리 모겐스턴Julie Morgenstern은 시간을 되찾기 위한 몇 가지 전략을 제시한다.

• 메일 도착 알림 기능을 꺼놓고, 이메일을 확인하는 시간을 정해 둔다. 하루 일과부터 짜놓고 이메일을 확인한다.

• 회의 시간, 전화 업무, 고차원적인 사고 및 분석에 집중할 시간, 집필 시간 등 일의 종류별로 시간을 나누어 일정을 짠다.

• 컨퍼런스콜conference call(수십 명이 자기 자리에서 전화로 회의하는 방식)을 할 때는 휴대전화와 PC를 꺼둔다. 한 간부는 이 방법으로 몇 달

만에 팀원들과의 관계가 크게 향상되었다고 한다. 그녀가 컨퍼런스콜에 집중하자 부하직원들이 상사가 자신들의 말을 적극적으로 들어주고, 문제를 해결하기 위해 열의를 보인다고 느꼈던 것이다. 이 작은 변화로 엄청나게 큰 부가가치를 창출한 셈이다.

• 모든 회의에 어떤 통신기기도 이용할 수 없다는 규칙을 정해둔다. 아무리 진동으로 해놔도 방해가 되게 마련이다. 몰래 메시지를 확인하는 사람도 있다. 회의 중에 메시지를 확인하는 것 자체가 회의에 참석한 사람들을 중요하게 생각하지 않는다는 의미다. 꼭 받아야 할 전화가 있다면 미리 양해를 구한다.

마지막으로 멀티태스킹multitasking(동시에 여러 가지 업무를 수행하는 것)을 삼가는 것이 좋다. 사람들은 멀티태스킹을 마치 세상을 헤쳐나가는 유일한 방법으로 여긴다.

그러나 여러 가지 일을 완벽하게 해내려는 의도와 달리, 심리학자들은 한 번에 여러 가지 일을 처리할 경우 생산성이 크게 떨어진다는 것을 입증했다. 이메일을 확인하거나 전화를 받으려고 하던 일을 중단할 경우, 뇌의 활동이 특정한 곳에서 다른 곳으로 이동하면서 '전환 비용'이 발생한다. 에너지가 소모되고 효율성이 떨어진다는 것이다. 또한 방해받기 전과 같은 수준으로 집중력을 회복하는 데 20분이 걸린다. 오히려 한 가지씩 집중적으로 처리해나가면 훨씬 더 시간을 절약할 수 있다.

멀티태스킹은 운전하면서 동시에 통화를 하는 것처럼 때때로 위험할 수도 있다. 과학자들은 '핸즈프리'를 이용하더라도 운전 중에 통화를 하면 주의가 산만해지고 반응 속도가 늦어진다고 말한다. 시간에 쫓기는 사람들은 매일 아침 운전하면서 통화를 한다. 그들은 도로 위에서 위험한 곡예를 하고 있을 뿐 아니라, 그로 인해 사무실에 들어서기도 전에 에너지를 다 소모한다.

스케줄을 다시 짜라

에너지를 보존하는 또 한 가지 방법은 스케줄을 다시 조정하는 것이다. 에디 그린블랫은 클럽매드 리조트의 직원들을 관찰했다. 대부분의 사람들이 그렇듯 그들은 체력 소모가 심한 일들을 오전에 몰아서 했다. 그러다 보니 오후가 되기도 전에 에너지를 다 써버리고 제대로 업무를 수행하지 못했다. 그린블랫은 에너지를 보다 생산적으로 배분하는 방법을 고안해 그들에게 가르쳐주었다. 바로 스케줄을 조정하는 것이다. 줄리 역시 새로운 보직을 맡을 때마다 스케줄을 조정했다.

먼저 하루 일과를 활동별로 쪼개 시간대별로 에너지 변화 추이를 살펴보라. 그리고 틈틈이 에너지를 재충전할 수 있도록 하루 일정을 다시 짠다. 그러면 일에서 손을 떼고 싶은 마음이 줄어들 것이다.

한계를 극복할 때까지 자신을 채찍질했을 때 기량이 향상된다. 어떤 운동을 배운 적이 있거나, 춤이나 요가를 열심히 해본 사람은 누구나 경험했을 것이다. 중요한 것은 연습하는 중간에 충분한 휴식을 취해야 한다 사실이다. 이것은 육체적 에너지에만 해당되는 얘기가 아니다. 에너지를 적극적으로 관리할 때, 네 가지 에너지원을 극대화할 수 있다.

사람이 가지고 있는 에너지의 양은 일정하지 않다. 이것은 지극히 정상적인 일이다. 그러나 적극적으로 관리하면 에너지를 얼마든지 마음대로 조절할 수 있다. 충전하고 싶을 때 충전하고, 쓰고 싶을 때 쓸 수 있다. 적은 노력으로 큰 변화를 이룰 수 있다.

회복력을
기르는 방법

나는 퇴근하고 나면 모든 것을 닫아버린다. 아무 방해도 받지 않고 마음의 긴장을 풀고 싶기 때문이다. 잠시 휴식을 취하면서 몸속의 독소를 빼내고 스트레스를 해소한다. 요즘은 주로 비행기 안에서 그런 시간을 갖는다. 저녁에 난로 옆에서 남편과 함께 책을 읽으며 휴식을 취할 때도 있다.

— 제인 프레이저, 시티그룹 시티프라이빗뱅크Citi Private Bank CEO

에너지를 관리하기 가장 힘든 경우는 예상치 못한 사건에 부딪혔을 때다. 그것은 대부분 당신이 통제할 수 없는 일들이다. 따라서 재빨리 좌절을 딛고 일어날 수 있도록 회복력을 길러야 한다.

누구나 이런 경험을 한 적이 있을 것이다. 가족행사를 앞두고 회사 일을 미리미리 처리한다. 그리고 기억에 남을 저녁을 위해 계획을 세운다. 모든 일이 순조롭게 진행되고 있다고 생각할 때, 갑자기 상사가 당신에게 중요한 일을 맡긴다. 그러고는 예고도 없이 가족행사가 있는 날 긴급회의를 소집한다. 좀더 스트레스가 심한 상황을 만든다면, 아기가 심한 감기에 걸려 당신은 밤을 꼬박 새웠고 가족행사 때문에 모인 시댁 식구들은 닷새 동안 당신 집에 머물 예정이다. 이럴 때 당신은 그동안 배운 에너지 관리법을 깡그리 잊고, 에너지는 나중에 보충하면 된다고 생각한다. 그러자 갑자기 일에 대한 열의가 사라진다.

우리는 어려운 상황이 닥치면 종종 비축해두었던 에너지까지 남김없이 불태운다. 어려움을 딛고 다시 일어서야 한다는 것은 알고 있지만, 기운이 빠지고 눈앞에 우뚝 솟은 산이 한없이 높아 보이는 것은 어쩔 수 없다. 이럴 때는 새로운 계획을 세워볼 엄두조차 들지 않는다. 급기야 당신은 그만 일을 그만두어야 할 때가 아닌가 하는 생각에 흐르는 눈물을 멈출 수가 없다.

에너지만 있으면 얼마든지 어려움을 딛고 일어설 수 있다. 자신 있게 다시 삶을 즐길 수 있다. 원래 있던 자리로 되돌려놓는 회복력이 당신을 지탱해줄 것이다.

이페이 리Yifei Li는 누구보다 회복이 빠른 사람이다. 그녀는 시련에 부딪혔을 때 상상할 수 없을 정도로 빨리 난관을 딛고 일어선다. 과거 한때 재능 있는 운동선수였던 그녀는 강인한 체력과 넘치는 열정으로 비즈니스 세계에 첫발을 내디뎠다. 그리고 승승장구하여 MTV를 아시아에 소개한 선구적인 미디어 기업 간부가 되었다. 이후 미국의 선도적인 헤지펀드 맨그룹 아시아 운용사업부를 설립해 새로운 도전에 나섰다.

체력이
회복력을 강화한다

베이징에서 자란 이페이 리는 무슨 일이든 열심히 하는 소녀였다. 베이징스포츠위원회the Beijing Sports Institute의 특별훈련에 선발된 것도 그 때문일 것이다. "1백여 명의 학생들이 테스트를 받았고, 그다음 날 70명이 탈락했어요. 며칠 뒤 또다시 23명이 탈락했고, 마지막에 남은 7명이 무술팀에 들어가게 되었죠. 내가 아홉 살 때였어요." 이페이는 무술 훈련을 받으면서 자제심을 길렀고, 그것이 지금까지 든든한 토대가 되었다.

"3년 동안 물만 날랐어요. 계속 벤치만 지키는 신세였죠. 그러나 벤치에 앉아 다른 선수들이 우승하는 모습을 보면 흥분됐어요. 관중들의 박수갈채를 듣거나 기립박수를 보내는 모습을 보면 가슴이 벅차올랐죠. 그리고 속으로 '얼마나 기분이 좋을까. 나도 더 열심히 해야지'라는 결심을 했어요."

열세 살에 이페이는 고대중국 무술인 태극검 전국 우승자가 되었

다. 10년 동안 그녀는 이 타이틀을 지키며 승리의 기쁨을 만끽했을 뿐
아니라, 패배를 딛고 일어서는 법을 배웠다. "패배를 겪으면서 균형 잡
힌 시각을 갖게 되었어요. 다른 선수들이 아마추어였기 때문에, 나는
대학교를 다니는 내내 전국 우승자 자리를 지켰죠. 그러나 대학을 졸
업하고 전국 프로 대회에 나가 계속 패했어요. 훈련이 부족했기 때문
이었죠. 훈련이 우승의 열쇠이며, 어느 누구도 항상 이길 수 없다는 사
실을 깨달았죠."

이페이는 그때의 경험 덕분에 비즈니스 세계에서도 쉽게 좌절을
딛고 일어설 수 있었다. "나는 무엇이든 할 수 있다고 믿어요. 세상은
우리 모두에게 기회를 제공하죠. 사람들이 할 수 없다고 말해도, 나는
계속 '너는 할 수 있어'라고 응원해요. 그러면 결국은 해내게 마련이에
요." 그녀는 중국의 격언을 들려주었다. "신이 당신에게 이 삶을 허락
하는 한, 당신은 유용하게 보내야 한다."

이페이는 걱정을 긍정적인 에너지로 바꿀 줄 아는 사람이다. "어떤
고민에 사로잡혀 있을 때면, '걱정하는 이유'를 적는 습관이 있어요. 하
나하나 적다 보면 '그래서 뭐? 걱정만 하지 말고 그냥 실행에 옮겨!'라
는 생각이 들죠." 예를 들어 아직 성사하지 못한 거래로 고민할 때, 이
유를 적다 보면 어느새 그녀는 전화를 걸고 있다고 한다. "걱정을 없애
는 방법 가운데 하나가 행동으로 옮기는 거예요. 정말 효과적인 방법
이죠."

이페이는 중국 후베이성 우한武漢의 2천 석 규모 스타디움에서 치를
공연을 기획한 적이 있다. 그 공연에 인기 있는 한국 밴드가 출연하기
로 예정되어 있었다. 학생 1만 명이 공연장을 찾았고, 큰 소동이 벌어
질 것 같았다.

"학교의 당서기가 이것을 걱정한 나머지 시작하기 30분 전에 공연을 취소하기로 결정했어요. 우리는 커다란 금전적 손실을 입을 뿐 아니라, 평판이 나빠질 위기에 처했죠. 항의가 빗발치고, 어쩌면 폭동이 일어날지도 모를 일이었어요. 이 결정을 번복할 만한 영향력을 가진 사람들에게 전화를 걸었지만 막을 수가 없었어요. 내 인생에서 문제를 바로잡을 수 없었던 첫 번째 사건이었죠. 그 일로 인해 큰 절망감과 상실감에 빠졌어요."

해결할 수 없다는 것을 깨달은 순간, 이페이는 잠을 청하러 호텔로 향했다. 《바람과 함께 사라지다Gone with the Wind》의 여주인공 스칼렛 오하라는 '내일은 내일의 태양이 떠오른다'고 말했어요. 잠자리에 들 때 나는 아무 생각도 하지 않았어요. 한숨 자고 나면 한결 기분이 좋아질 테니까요. 마음이 단단해지자 골치 아픈 문제도 어렵지 않게 처리할 수 있더군요."

언제나처럼 다음 날 이페이는 해결책을 가지고 돌아왔다. 그녀는 관계자들에게 이렇게 말했다. "더 큰 이벤트를 기획했습니다. 1만 석 규모의 스타디움에서 이 남성 밴드의 단독 공연을 치를 것입니다." 그녀는 승인을 얻었고, 추가 비용을 부담할 새로운 후원자들로부터 서명을 받았다. 그녀는 실패를 더 나은 기회로 바꾸었다.

다른 여성들이 그렇듯 이페이 또한 가까운 사람들로부터 힘을 얻는다. 스트레스가 심할 때 격려를 받으면 에너지와 낙관적인 시각을 회복할 수 있기 때문이다. 그녀는 남편의 격려가 큰 힘이 되었다고 말한다. "가끔 일이 제대로 풀리지 않고 자신감을 잃을 때, 남편은 '당신은 반드시 해낼 거야'라고 말해주죠. '당신에게 중책을 맡기기 전, 신은 우선 당신의 육체를 더럽힌다. 신은 당신을 단련하기 위해 마음고생을 시키고, 많은 실패를 안겨준다'는 공자의 가르침을 일깨워줘요. 그러므로 실패나 시련이 닥친다는 것은 신이 나에게 중책을 맡길 때가 되었다는 뜻이에요."

회복 전략을 세워라

이페이는 몸과 마음을 신속하게 회복하여 에너지가 바닥나지 않도록 하는 방법을 스스로 개발했다. 육체적으로 건강한지, '너는 할 수 없어'라고 자신에게 말하지 않는지, 힘이 되어줄 인맥을 제대로 관리하고 있는지, 어떤 걱정을 하고 있고 또 그것을 체계적으로 해결하고 있는지, 항상 숙면을 취하고 있는지 꼼꼼히 체크한다.

우리가 만난 여성 리더들은 좌절감을 느꼈을 때 회복하기까지 상당한 시간과 노력이 필요하다고 말한다. 예를 들어 승진에서 탈락했거나 성과가 크게 떨어졌을 때, 혹은 해고되었을 때 '회복 전략'이 필요하다.

우선 과거의 경험들을 되돌아보며 효과 있었던 방법들을 찾아본다. 혹독한 시련을 딛고 일어섰던 경험을 떠올려본다. 최근에 떠오르는 일이 없다면, 어릴 적 겪었던 일도 괜찮다. 시련을 딛고 일어서는 데 무엇이 도움이 되었는지 생각해보자. 부정적이든 긍정적이든 네 가지 에너지원이 각각 어떤 역할을 했는지 떠올려본다.

그다음에는 회복하는 데 조금 더 오랜 시간이 걸렸던 한두 가지 경험들을 적어본다. 그 상황에서 당신에게 다른 무언가가 있었는가? 다시 일어서는 데 도움이 되었던 것이 무엇인지, 혹은 더 힘들었던 이유가 무엇이었는지 곰곰이 생각해본다. 그 목록에는 다음과 같은 것들이 포함될지도 모른다.

- 역경을 극복하는 데 필요한 적절한 체력 관리와 충분한 수면
- 항상 당신을 믿는 가족과 친구들로 구성된 인간관계
- 실제 일어난 일에 대한 적절한 진단
- 회복을 위한 흥미로운 실천 계획
- 역경을 극복할 수 있도록 기꺼이 힘이 되어준 회사의 영향력 있는 지지자

상황이 좋을 때는 누구나 유능해 보일 수 있다. 그러나 사람들이 인정해주고 기억하는 것은 위급할 때 보여주는 행동이다. 역경은 인생에서 피할 수 없는 부분이다. 그러므로 푸념을 늘어놓기보다 그것을 이겨낼 방법을 찾는 것이 더 현명하다.

회복력을 기르는 습관

하루 일과에 회복력을 기르기 위한 시간을 따로 마련해두는 것이 좋다. 몇 달씩 에너지를 소모하다 보면 심신이 피폐해지게 마련이다. 도전적인 일이나 벅찬 스케줄이 처음에는 활력소가 된다. 그러나 의식적으로 활력을 불어넣지 않으면, 자신도 모르는 사이에 체력과 정신력이 바닥을 드러내기 시작한다. 어쩌면 체력이 소진되었다는 사실조차 느끼지 못할 수도 있다. 활력소가 되었던 활동들이 더 이상 효과를 발

휘하지 못할 때 비로소 그 사실을 깨닫게 될 것이다.

정신없이 일에 빠져 있을 때는 자신도 모르는 사이에 심신이 피로해진다. 일에 지나치게 몰두하다 보면 가족을 잊어버리기 쉽다. 심지어 먹는 것이나 자는 것도 잊어버린다. 이럴 때 에너지 경고등이 켜지는 것에 주의를 기울여야 한다. 예를 들어 집에 전화를 하지 않거나, 사무실에서 연달아 며칠 밤을 보내는 것, 밤늦게 혹은 새벽에 이메일을 확인하는 습관이 몸에 배어 있는 것, 주말에 집에서 일을 하는 것 등이 경고 신호다. 감기나 몸살에 걸리는 것도 무리한 일정에 쫓겨 체력이 고갈되었다는 증거다.

하루 24시간 일정이 꽉 짜여 있고, 그런 날이 끝도 없이 이어지는 것 역시 에너지가 소진되어 간다는 경고 신호다. 그럴 때는 하루에 30분 정도 회복 시간을 가지는 것이 좋다.

오랜 운동선수 생활은 이페이가 회복력을 기르는 데 큰 도움이 되었다. 성공한 운동선수들의 경험이 당신에게도 효과가 있을 것이다. 행동심리학자 짐 로허Jim Loehr는 세계 정상급 선수와 보통 선수들의 차이점을 연구했다.

저서 《몰입의 힘The Power of Full Engagement》에서 그는 경기가 진행되는 동안 선수들을 주시했지만 별다른 차이를 발견할 수 없었다. 그런데 경기 막간에 선수들이 서로 다른 행동을 보이는 것을 발견했다. 보통 선수들은 천천히 베이스라인baseline(양쪽 끝을 표시한 경계선)으로 되돌아가는 반면, 세계 정상급 선수들은 단 몇 초 만에 마음을 가다듬고 경기에 집중한다. 혹은 경기를 시작하기 전 자기최면을 걸듯 혼잣말을 하며 전의를 다진다. 또 선수들이 원격 심전도 측정 장치를 달고 경기를 치른 결과, 경기 막간에 상위 그룹 선수들의 심박수가 20회 이상 떨어졌다. 그들은 잠시 쉬는 시간에 전략적인 회복 기술을 이용해 에너지를 재충전하고 집중력을 높였던 것이다. 에너지 재충전과 집중력 향상, 이 두 가지가 바로 승리의 조합이었다.

사람들은 저마다 다른 방법으로 원기를 회복한다. 반드시 육체적인 것일 필요는 없다. 일부 여성 리더들은 비행기 안에서 조용히 시간을 보내면서 재충전한다. 또 다른 여성들은 속된 표현으로 한두 시간 '땡땡이'를 부린다. 그 시간에 차를 마시러 갔다 오기도 하고, 갤러리에 가서 그림을 보기도 한다. 복도에 나가 동료들과 이야기를 나누는 사람도 있다.

자신이 무엇으로 재충전하는지 알고 나면 그것을 일상화해야 한다. 습관을 들이면 어려움이 닥쳤을 때 회복하기가 훨씬 쉽다. 직장에서 전성기를 누리든, 역경을 딛고 다시 일어서든, 당신은 매일 이를 닦는다. 그와 마찬가지로 매일 일상적으로 에너지를 회복하면 무슨 일이 일어나도 당신의 에너지는 바닥나지 않을 것이다.

달리는 순간을
사랑하라

누구나 일에 치인다는 기분을 느껴본 적이 있을 것이다. 보통 맡은 일을 훌륭히 해내고 싶지만 육체적, 정신적으로 큰 부담을 느낄 때 그런 기분이 들곤 한다. 격무에 쫓기다 보면 일주일, 한 달, 혹은 그 이상 훌쩍 지나가버린다. 누구나 겪는 일이지만, 어떤 사람들은 일에 치이지 않도록 다음과 같은 대비책을 세운다.

• **인간관계를 돈독히 한다**

내리막길을 걷고 있을 때, 심지어 그런 사실조차 인식하지 못할 때 친구나 가족이 일깨워줄 것이다. 그들은 또한 당신을 보호해줄 최고의 안전망이다. 역경이 닥쳤을 때 부담 없이 손을 내밀 수 있도록 지속적으로 돈독한 관계를 맺어야 한다.

• **규칙적으로 운동한다**

아무리 강조해도 지나치지 않는다. 단순히 재미를 위해서가 아니라 성공적인 삶을 위해 운동하라.

• **충분한 수면을 취한다**

자신의 수면 패턴을 살펴보고 충분한 수면을 취한다. 현실적으로 밀린 잠을 보충할 수는 없다. 수면 부족을 계속 무시하다가는 지킬 박사에서 극악무도한 하이드로 변할 수 있다.

• **주중에 창의력을 발휘할 시간을 갖는다**

우리 안의 '예술적 소질'을 일깨우는 시간이다. 창조적인 자아와 교류하며 더욱 발전할 수 있다. 장기적으로 에너지가 고갈되지 않으려면 무엇보다 창의력을 개발해야 한다.

• **휴일을 즐긴다**

휴일도 잊고 일하는 것은 결코 영광스러운 훈장이 아니다. 에너지가 바닥을 드러낼 때 무엇으로 재충전하는가? 여성들 가운데 상당수가 해외여행을 선호했다. 그들은 새로운 환경과 낯선 모험에서 활력을 얻는다고 말한다. 어떤 사람들은 농장에서 휴일을 보낸다. 자립심을 기르고 평화로운 분위기를 만끽하며, 육체적인 노동의 기쁨에 흠뻑 젖을 수 있다. 어떤 휴가를 즐길 때 몸과 마음을 상쾌하며 아이디어가 샘솟는지 생각해보라.

• 노래를 즐겨 부른다

샤워할 때뿐 아니라 언제 어디서나 노래를 즐기는 것이 좋다. 음치라서 노래할 수 없다는 것은 변명에 지나지 않는다. 노래를 흥얼거리고 싶다면 차라리 힘차게 불러라.

• 모임에 가입한다

모임을 가지는 것은 최고의 활력소 가운데 하나다. 종교 모임, 지역 사회 모임, 각종 동호회 등에서 기분전환을 하듯이 모든 모임이 효과가 있다.

• 매일 재미를 즐긴다

전화로 10분 정도 친구와 수다를 떠는 것도 좋은 방법이다. 그 정도는 시간 낭비라고 할 수 없다. 일상에서 재미를 즐겨라. 예를 들어 점심 식사 후 동료들과 밖으로 나가 산책을 하거나, 회의 중에 유쾌한 농담 한마디쯤 주고받는 것도 좋다.

흔히 인생을 마라톤에 비유한다. 사람들은 험악한 언덕들과 긴 직선코스 위를 달리며 성취감을 맛본다. 물론 그 마라톤 경주에서 다른 사람들을 제치고 누군가는 일등을 한다. 그러나 그것만이 유일한 목표

가 아니다. 완주를 위한 훈련을 즐기고, 지구력을 단련하고, 달리는 순
간을 사랑하라. 다시 말해 당신의 강점을 훈련하고 회복력을 키워, 꿈
을 이루어가는 과정을 즐겨라.

몰입을
경험하라

1975년 5월 4일, 춤을 췄던 기억이 아직도 생생하다. 8백여 관중이 마치 하나가 된 것처럼 단 한 명도 움직이지 않았다. 누군가 이렇게 말했다. "한동안 우리는 빛을 보았습니다." 우리는 산스크리트어로 이것을 '라사Rasa(강렬한 미적 경험을 한 순간)'라고 부른다. 그것은 에너지의 흐름, 삶의 흐름, 숨결의 흐름이 멈추고 자아가 사라지는 순간이다.

― 소날 만싱, 인도 전통무용가

일이 전혀 힘들지 않고 시간 가는 줄도 모르는 순간, 에너지가 끝없이 용솟음치고 삶의 충만함을 느끼는 순간, 그것이 바로 '몰입flow'이다.

긍정심리학의 대가 미하이 칙센트미하이 교수는 운동선수들과 음악가들이 '최고조'에 이르렀을 때 경험하는 것과 같은 감정을 누구나 느낄 수 있다고 말한다. 심지어 공장근로자들도 마찬가지다. 화가가 하얀 캔버스를 채워나갈 때, 테니스 선수가 경기에 깊이 집중할 때 경험하는 것이 바로 몰입이다.

몰입에 이르면, 새로운 에너지가 샘솟는다. 사람들이 일에 빠지는 것도 가정보다 직장에서 몰입을 경험할 기회가 많기 때문이다. 다만 유감스러운 것은 몰입까지 쉽게 이르기가 힘들다는 것이다. 그러나 몰입을 경험하기 좋은 환경을 만들 수는 있다. 자신뿐 아니라 팀 전체를 위해서 말이다. 그것은 에너지를 솟구치게 하는 확실한 방법이다.

레오버넷월드와이드Leo Burnett Worldwide 회장 겸 CEO를 역임한 린다 울프Linda Wolf는 몰입에 이르렀을 때의 감정과 영향력을 기억하고 있다. 그녀는 몰입에 이르렀던 특별한 경험들과 그때 느꼈던 기쁨을 들려주었다.

몰입의 대가

린다가 아직 어렸던 1950년대에는 아버지가 딸아이를 직장에 데려가는 일이 거의 없었다. 하지만 린다의 아버지는 린다를 회사에 데려갈 뿐 아니라 저녁식사를 하면서 항상 비즈니스와 관련된 흥미로운 이야기를 들려주었다. 또한 아들과 딸을 똑같이 대했다. 린다의 어머니는 딸을 전통적인 여성으로 키우고 싶었다. 그러나 어머니의 가르침이 통하지 않았다. "나를 키우기 힘드셨을 거예요. 독립심이 강한 아이였거든요. 나는 어머니를 그리 존경하지 않았어요. 어머니가 기대하는 그런 아이가 아니었거든요. 하지만 훗날 어머니가 내게 영적으로 중대한 영향을 미쳤다는 것을 깨달았어요."

어린 소녀였던 린다는 새로운 것을 알아가는 과정에서 전율을 느꼈다. 그것을 이해하는지는 중요하지 않았다. "호기심이 끝이 없었어요. 사람, 장소, 사물에 대해 끊임없이 흥미를 느꼈고, 그것이 커다란 일상의 활력소가 되었어요. 무언가를 배울 때 살아 있다는 것을 느꼈어요. 은퇴한 지금도 그런 도전을 꿈꿔요. 그것이 바로 나라는 사람이에요. 호기심이 멈출 줄 모르죠. 아침에 나를 깨우는 것도 호기심이에요. 일어나자마자 '오늘은 어떤 새로운 일이 일어날까? 뭔가 색다른 일이 없을까?'라고 생각하니까요."

1967년 그녀가 대학교 3학년을 스페인 마드리드에서 보낸 것도 호기심 때문이었다. 대학 친구들은 그녀를 이해하지 못하고 괴짜 취급을 했다. "친척 중에 여행을 많이 다닌 분들이 있었어요. 어릴 때 그분들 이야기를 들으면서 여행을 통해 나만의 경험을 쌓고 싶다고 생각했죠. 그리고 전 기회가 왔을 때 놓치지 않고 실행으로 옮겼죠."

마드리드에서 대학을 다니면서 린다는 한층 성숙했다. "유럽에서 한 해를 보내는 동안 자신감이 충만했죠. 한번은 프랑스에서 새벽 2시에 길을 잃은 적이 있어요. 프랑스어를 할 줄 몰랐고, 휴대전화는 물론 돈도 없었죠. 이런 실수와 사고를 겪으면서 어려움을 해결하는 능력을 길렀어요. 지나고 보면 별일이 아니었다고 말할 수 있을 만큼 자신감도 생겼고요.”

졸업 후, 린다는 뉴욕에 있는 마켓리서치 회사에 들어갔다. 그리고 나중에 시카고로 자리를 옮겼고, 사랑하는 사람을 만나 결혼한 다음 피츠버그로 이사했다. 피츠버그에서 에이치제이하인츠H. J. Heinz에 입사했다. 이 회사에서 그녀는 새로운 상품시장을 찾고 분석하는 마켓리서처로 일했다.

그로부터 1년 뒤, 그녀에게 기회가 찾아왔다. 하인츠와 현지 광고대행사가 동시에 새로운 일을 제안한 것이다. “하인츠에서는 브랜드 관리, 광고대행사에서는 고객관리를 제안했어요. 그 두 가지는 동전의 양면과 같아요. 광고대행사에서 나를 면접했던 여성이 내 결정에 중대한 영향을 미쳤어요. 그녀는 ‘성공하고 싶다면 고객의 욕구를 예견할 수 있어야 해요. 그들에게 아이디어를 제시하고, 유행을 선도해나가야 하죠’라고 말했어요. 그 말을 듣고 바로 내가 일하고 싶은 곳이라는 생각이 들었어요. 나는 지금까지의 커리어를 더 발전시킬 수 있는 새로운 일을 찾고 있었죠.”

다시 시카고로 돌아간 린다는 여러 광고대행사에 면접을 보았다. 그중 레오버넷에서 일자리를 제안했다. “면접관들은 정말 똑똑한 사람들이었어요. 하지만 상당히 거만했고, 지나치다 싶을 만큼 자존심이 강했어요. 그들은 나에게 더 적은 연봉에 그다지 중요하지 않은 업무를 맡기려고 했죠. 그러나 레오버넷이 훌륭한 교육 프로그램을 운영하고 있다는 것만은 매력적이었죠. 나는 광고업계에서 일한 경험이 많지 않았기 때문에 그 교육을 받고 싶었어요.”

애초에 그녀는 새로운 기술을 습득하고 나면 회사를 떠날 계획이었다. 그러나 퇴직할 때까지 레오버넷을 떠나지 않았다. "내게 활력을 불어넣고, 지속적으로 자극을 주었기 때문이에요. 광고업계에 발을 들여놓자마자 그곳을 사랑하게 되었죠. 다양한 사람들과 많은 기회가 있었거든요. 다른 업계에서 20년을 일한다는 것은 상상도 못할 만큼 일과 회사를 사랑했어요."

그녀가 레오버넷에서 그렇게 오랫동안 머물 수 있었던 이유는 한마디로 '몰입' 때문이었다. 창의력을 발휘해서 참신한 아이디어를 만드는 작업이나, 새로운 비즈니스를 위한 프레젠테이션 경쟁을 하면서 린다는 몰입을 경험했다.

"스테로이드 제품 광고를 맡았을 때였어요. 짧은 시간에 모든 과정을 마쳐야 했죠. 그만큼 참신한 해결책을 제시해야 한다는 중압감에 시달렸어요. 처음엔 불안감에 흔들리기도 했어요. 하지만 그런 나를 붙잡아준 것은 우리 팀이었어요. 나는 정말 우리 팀이 소중했죠. 크리에이티브 담당자, 미디어 담당자, 리서치 담당자, 고객관리 담당자…… 우리 팀에는 다양한 재능을 지닌 인재들이 정말 많았어요. 해결책을 찾아내려고 함께 노력했죠. 그것은 몰입이었어요. 우리는 일주일 내내 하루 18시간씩 일했어요. 다른 사람들에게는 죽을 것 같은 시간이었을 수도 있어요. 누군가는 미쳤다고 할지 모르지만 정말 가슴 벅찬 시간이었죠."

린다는 몰입의 효과를 이렇게 설명한다. "몰입은 혼자보다 공동의 노력으로 얻을 수 있는 거예요. 그것은 도전적이고, 매우 자극적이며, 활력적이죠. 마치 모든 신경이 움직이고 있는 것 같아요. 주의를 집중하고, 무슨 일이 일어나고 있는지 민감하게 반응하죠. 모든 것이 조화를 이룰 때, 그 순간에 푹 빠져들어요. 그에 비할 수 있는 것은 아무것도 없어요. 솔직히 경쟁 프레젠테이션이 끝난 뒤에도 황홀감을 떨치지 못해요.”

린다는 경쟁을 사랑하고, 목표를 세우고 달성하는 것을 즐긴다. 광고는 학습의욕과 호기심, 창의력과 도전을 필요로 하는 일이다. 또한 린다는 사람들과 힘을 합쳐 무언가를 이루어내는 것을 좋아한다. 그녀는 스스로 경쟁 프레젠테이션을 전담하는 일자리가 자신에게 이상적이라고 판단했다. “당시 회사는 일부 화장품 사업에서 좋은 성과를 거두고 있었어요. 고객이 제 발로 찾아오는 상황이었기 때문에, 회사는 경쟁 프레젠테이션을 전담하는 부서의 필요성을 못 느꼈어요. 나는 시장이 변화하고 있다는 것을 알았죠. 그래서 경영진에게 경쟁 프레젠테이션 부서를 운영해보고 싶다고 말했어요.”

“우리는 깜짝 놀랄 만한 비즈니스 계획을 제시했고, 모든 직원들이 감동했죠.” 그것은 몰입이 저절로 일어나는 것이 아니라 철저한 준비와 공동의 노력이 필요하다는 것을 말해준다.

하지만 몰입이 무조건 결과를 보장해주지는 않는다. “첫해에 우리는 단 한 건을 제외하고는 대부분 성과를 거두지 못했어요. 참담한 결과였죠. 광고업계는 의외로 좁아서 누가 실패했을 때 소문이 삽시간에 퍼져요. 외부 사람들이 알게 되어 체면이 서지 않는 건 둘째 치고 직원들 사기가 떨어지죠. 그 무거운 책임감이 당신의 어깨를 무겁게 짓누르고 있다고 생각해보세요.”

그러나 타고난 경쟁꾼인 린다는 포기하지 않았다. “광고는 정말 힘든 일이에요. 광고 일을 하면서 자식과 남편 뒷바라지까지 하려니 더 힘들었죠. 하지만 나는 한 번도 포기한 적이 없어요.” 린다는 잠시 생각에 잠겼다. "가끔 서글플 때도 있었죠. 하지만 곧바로 마음을 다잡았어요. 누구도, 혹은 무엇도 내 마음을 다치게 할 수 없어요. 어느 누구도 나를 통제할 수 없어요. 나를 통제할 수 있는 것은 오직 나뿐이에요. 문제를 해결할 사람도 나뿐이고요." 운 좋게도 린다에게는 가장 든든한 지원군이 있었다. "남편은 정신 차리고 현실에 정면으로 맞서라고 조언을 해주었어요. 그의 말이 옳을 때가 많았죠."

린다는 있는 힘을 다해 해결책을 찾아냈다. 그녀는 마케팅 문제에 접근하듯, 팀이 직면한 문제에 접근했다. 그리고 수집한 사실들을 바탕으로 고객과 커뮤니케이션하는 방법을 수정했다. "상식을 총동원해 다시 도전했어요. 다음 해에는 단 한 번을 제외하고 모든 경합에서 좋은 성과를 거뒀죠."

린다와 그녀의 팀원들은 끊임없이 도전하고 발전했다. "이따금 한계에 도전하곤 해요. 내 능력을 시험해볼 수 있으니까요. 한번은 월트 디즈니월드Walt Disney World를 상대로 프레젠테이션을 했어요. 그들은 전담 광고대행사가 없는 기업이었죠. 우리는 그들에게 깊은 인상을 심어주었어요. 하지만 그들은 우리 회사의 미디어팀은 제외하고, 크리에이티브팀과 마케팅팀만 고용하겠다고 했어요. 나는 단호하게 대처했죠. CEO는 큰 거래처를 놓칠까봐 염려했지만 결국 내 편을 들어주었어요. 그로부터 2주일 뒤 그들이 다시 우리를 찾아왔어요."

자신의 능력을 넘어서는 일에 몰두하다 보면, 에너지가 샘솟는 것을 느낀다. 유능한 동료나 팀원, 직원들과 의미 있는 목표를 공유하고 모두 힘을 합쳐 하나가 될 때 충만한 기분과 강렬한 기쁨을 경험할 수 있다. 몰입은 단순히 혼자만의 행복이 아니라, 그보다 한 차원 높은 집단의 행복이다.

몰입의
다섯 가지 조건

몰입은 정신적으로는 자극제 역할을 하고, 육체적으로는 강장제 역할을 한다. 과학자들은 사람들이 몰입 상태에 이르렀을 때, 뇌의 움직임이 어떻게 달라지는지 살펴보았다. 뇌파가 의식과 무의식 사이에 다리를 놓아준다. 그로 인해 무의식적인 사고가 밖으로 표출되며, 일 중심적인 마인드가 잠시 휴지기에 들어간다. 칙센트미하이는 몰입을 경험하려면 다음 다섯 가지가 필요하다고 말한다.

• 명확하고 달성가능한 목표

명확한 목표가 없는 사람은 몰입을 경험할 수 없다. 물론 이때의 목표는 쉽게 달성할 수 없는 것이어야 한다. 그렇다고 불가능한 목표를 세우면 좌절감과 같은 부정적인 감정을 맛보게 된다.

린다의 목표는 타사와의 경쟁에서 더 많이 승리하겠다는 것이었다. 그녀가 모든 프레젠테이션에서 성과를 거두겠다는 목표를 세웠다면 상황이 다르게 전개되었을 것이다. 당신은 어떠한가? 어떤 목표에 의욕이 샘솟고, 심장이 빨리 뛰는가? 노력하면 이룰 수 있는 목표인가?

• 철저한 집중

린다는 새로운 고객을 만나고, 경쟁 프레젠테이션을 하는 과정에서 무서운 집중력을 발휘했다. 몰입에 이르려면 우선 장애물을 제거해야 한다. 일정 시간 동안 아무런 방해도 받지 않고 집중한다면 15분 만에 몰입에 이를 수 있다.

• 내적 동기

하고 싶은 의욕이나 긍정적인 감정이 충분히 생기지 않으면 아무리 노력해도 집중하기 어렵다. 린다는 사냥을 하는 포수처럼 경쟁자들을 물리치고 일을 따내는 스릴을 즐겼다. 무엇을 하든 열정적으로 뛰어들면 자신을 잊을 정도로 푹 빠지게 마련이다.

• 도전에 맞설 수 있는 능력

목표 달성에 실패하면 커다란 좌절과 실망을 겪게 된다. 경쟁 프레젠테이션 부서에서 처음 1년 동안 린다는 힘든 시간을 보내야 했다. 그러나 그녀는 주저앉거나 사표를 내고 도피하지 않았다. 자신과 팀을 믿고 현실을 직시하여 다시 일어섰다.

• 즉각적인 피드백

마지막으로 필요한 것은 피드백이다. 잘하고 있는지, 노력한 만큼 효과가 나타나는지 확인할 수 있는 외적 잣대를 뜻한다. 레오버넷에서 린다는 고객의 마음을 사로잡았는지, 그래서 계약이 성사될지 즉각 알아차렸다.

당신은 어디에서 몰입을 찾을 것인가? 우선 지금 하고 있는 일 가운데 가장 만족스러운 부분을 생각해보자. 고객을 만나는 일이나 팀을 이끄는 일, 혹은 까다로운 문제를 해결해가는 과정일 수도 있다. 아니면 최전선에 있는 직원들에게 동기를 부여하는 일에서 만족을 느낄 수도 있다.

적성에 맞지 않은 일을 하고 있는 사람들은 자신이 열정을 쏟을 수 있는 일이 무엇인지부터 찾아보아야 한다. 몰입을 만끽했던 순간을 떠올려보자. 그와 같은 경험을 하려면 무엇이 필요한가?

미국 최대의 광고대행사 오길비앤매더Ogilvy&Mather의 셸리 라자루스Shelly Lazarus 회장은 온전히 몰입했던 경험을 들려주면서, 일이 너무 좋아서 자신은 월급을 받지 않고도 했을 거라고 말할 정도였다. 몰입 자체가 큰 만족감을 안겨준다는 의미다.

몰입 상태에서 일은 즐거움이다. 단지 즐거워서 일을 한다고 상상해보라. 생각만으로 흐뭇하다.

Chapter 24

새로운
시작을 위한 휴식

새벽 4시 넘어 아이를 낳았는데, 그날 오후 9시에 응급실에서 호출이 왔어요. 그래도 환자를 보러 갔지요. 나는 새벽에 일어나 아이들에게 먹일 간식을 만들곤 했어요. 하지만 지금은 '그 정도는 사서 먹였어도 괜찮았는데'라고 생각합니다. 언제나 내가 모든 일을 완벽히 해내는 영웅이 될 필요는 없어요.

— 프레다 루이스홀, 화이자 제약 수석부회장

마가렛 잭슨Margaret Jackson이 오스트레일리
아 콴타스항공Qantas Airways Limited의 비상근 회장이 된 지 1년쯤 되던
해에 9·11테러(2001년)가 발생했다. 그 사건은 모든 것을 바꾸어놓았
다. 마가렛은 2007년 자리에서 물러날 때까지 끊임없는 불확실성과 스
트레스에 시달리면서 그에 대처하는 요령을 터득했다.

모든 날이
기회다

네 살 때 나는 아주 작은 도시의 주립학교에 입학했다. 학생 수가
최소 여덟 명은 되어야 폐교되지 않는데, 여섯 명밖에 없어서 일찍 학
교에 들어갔다. 서른 살이 될 때까지 나는 그 학교에서 아무런 혜택도
누리지 못했다고 생각했다.

하지만 사실 그때의 경험들은 나의 인격에 중요한 영향을 미쳤다.
나는 열 살 무렵 고등학생이 되었고, 당시 내가 다닌 학년에 학생은 나
혼자였다. 그 학교에는 실질적인 규칙이 없었다. 학생이 총 여덟 명에
선생님이 한 명인 학교에서 규칙이 무슨 소용이겠는가. 규칙이니 규율
따위는 직장생활을 하면서 처음 알게 되었다. 어릴 적 나를 둘러싼 세
상에는 어떤 제한도 없었다. 그래서 틀에 얽매이지 않는 성격으로 자
랄 수 있었다.

고등학교 때 미술 선생님은 목공예와 용접기술 등 여학생들이 보
통 배우지 않는 온갖 것들을 가르쳐주었다. 대학생이 되었을 때 나는

막연히 선생님이 되겠다고 결심했다. 하지만 몇몇 동기들이 공인회계사에 지원하는 것을 보고, 우선 내 적성을 알아봐야겠다고 생각했다. 그래서 여기저기 자기소개서를 보냈고, "잭슨 양, 정말 유감스러운 일이지만 우리는 여성을 채용하지 않습니다."라고 적힌 답신을 받았다. 청개구리처럼 그 일을 할 수 없다는 말을 듣자 더욱 하고 싶었다. 1970년대 초 오스트레일리아에서 프라이스워터하우스Price Waterhouse는 실제로 여성을 고용한 드문 회사 가운데 하나였다. 그래서 나는 우선 그곳에 입사했다.

직장생활을 되돌아보면 2, 3년에 한 번씩 새로운 기회가 찾아왔다. 나쁜 기억들도 있지만 좋았던 날들이 더 많이 떠오른다. 생각해보면 실패 혹은 실수가 모두 훌륭한 전환점이 되었다.

나는 변화를 좋아하고, 도전을 즐긴다. 그리고 힘겨운 상황을 이겨내는 인간의 무한한 능력과 에너지를 믿는다.

막대한 에너지가 필요할 때

9·11테러 사건이 발생했을 때, 나는 콴타스항공의 비상근 회장이었다. 한밤중에 깨어 보니 테러범들이 비행기를 미사일 삼아 뉴욕에 있는 세계무역센터를 폭파했다는 소식이 들렸다. 그 사건으로 인해 전 세계 노선에 비상이 걸렸다.

미국에 있는 3천5백 명의 우리 승객들 발이 묶였고, 미국인 3천5백 명의 발이 오스트레일리아에 묶인 상황이었다. 우리는 워싱턴에서 오도 가도 못하고 있는 총리를 오스트레일리아로 돌려보내야 했다. 설상가상으로 경쟁업체마저 파산했다. 9월 12일, 오스트레일리아 제2위의 항공사가 지불불능으로 운항을 중단한 것이다. 10만 명이 꼼짝을 못하는 상황이었다. 이보다 최악은 없을 것 같았다.

나는 먼저 극심한 스트레스에 빠진 간부들을 만나 이야기를 나누었다. 나도 그들만큼 압박을 받고 있었다. 일주일 내내 하루 24시간 일했다. 5분마다 여기저기서 일이 터졌다. 수습을 했다 싶으면 다시 사고가 생겼다. 앞으로 무슨 일이 더 일어날지 예측할 수 없었다. 총리와 장관들까지 촉각을 곤두세우고 있었다.

그러던 어느 날 저녁, 갑자기 집에 있는 자두나무의 가지치기를 해야겠다는 생각이 들었다. 그때까지 한 번도 해본 적 없는 일이었다. 하지만 왠지 그 일을 해야 할 것 같았다. 나는 사다리와 전지가위를 들고 가지치기를 했다. 남편이 집에 도착했을 때 나뭇가지들이 마당에 나뒹굴고 있었다. 남편이 "뭐 하는 거야?"라고 물었을 때 비로소 나는 내가 무엇을 하고 있는지 깨달았다. 나는 가지치기로 스트레스를 풀고 있었던 것이다.

극심한 스트레스에 시달리고 있는 간부들에게 나의 가지치기 이야기를 들려주면서, 정신없이 몸을 놀리다 보면 긴장이 조금은 해소된다고 말했다. 그러자 놀랍게도 그들 모두 비슷한 경험을 한 적이 있다고 말했다. 한 사람은 차를 몰고 집에 도착했는데 갑자기 운전석 왼편에 서 있는 나무를 오른편으로 옮기는 게 낫겠다는 생각이 들었다고 한다. 그는 삽을 가지고 정말 나무의 위치를 바꾸어놓았다고 했다. 간부들과 그런 이야기를 나누는 것은 정말 드문 일이었다. 서로 자기 이야기를 하면서 긴장을 풀었다.

이례적인
비즈니스 상황

나는 비상 상태에서 엄청난 격무에 시달리고 있는 간부들의 일을 덜어주고 싶었다. 그래서 주정부와 연방정부를 상대하는 일을 맡았다. 보안당국부터 총리에 이르기까지 모든 사람들을 만났고, 관련된 모든 사안들을 떠맡았다. 마치 멈추지 않는 롤러코스터를 타고 있는 기분이었다. 무사히 넘겼다고 생각하면, 또 다른 일이 터지고, 또 하나 넘기면 다시 또 하나 터졌다.

사람들은 보통 한두 가지 재앙이 발생할 것을 염두에 두고 대비책을 세운다. 하지만 9·11테러 이후에는 수십 가지 재앙이 한꺼번에 밀려왔다. 산 너머 산이었다.

이례적인 상황에서는 이전과 다른 방식으로 대처해야 한다. 보통 기업은 결정을 내릴 때 수많은 정보를 수집하고 신중하게 검토한 다음 최종 결정을 내린다. 따라서 그 모든 것이 매우 천천히 진행된다. 새로운 항공기를 구입할 경우 18개월에 걸쳐 항공기에 대한 평가가 이루어진다. 그사이 이사회가 수차례 열리고 수천 개의 보고서가 제출된다. 자금을 어떻게 조달할지, 어느 노선에 그 비행기를 이용할지 계획을 세운다.

그러나 테러 이후에는 몇 달 혹은 몇 년이 걸렸던 결정들이 몇 주 만에 이루어졌다. 한자리에 모일 시간도 없어서 주로 컨퍼런스콜을 이용했다. 우리는 또한 실수를 너그럽게 용서하는 문화를 만들었다. 충분히 숙고할 시간이 없었던 만큼 실수할 가능성도 컸다. 쉴 새 없이 정보를 수집하고, 결정을 내리고, 결정한 것을 바탕으로 실천 계획을 세우고, 또 다른 정보를 수집했다.

이런 급박한 상황이 정리되기까지 상당히 오랜 시간이 걸렸다. 나는 7년 6개월 동안 콴타스항공의 회장으로 일했고, 그 기간 동안 9·11 테러, 두 차례의 발리 폭탄테러, 조류독감, 사스SARS, 이라크 전쟁이 발생했다. 또한 기록적인 유가 폭등과 통화가치 변동도 있었다. 대대적인 항공기 재정비와 에어버스의 A-380 여객기가 지연되는 사건도 있었다. 우리는 그 시기를 '지속적인 쇼크 신드롬constant shock syndrome'이라고 불렀다. 이런 상황에는 숙고할 수도 없고 포괄적으로 생각할 수도 없다. 그리고 그럴 필요도 없다. 가능한 빨리 가지고 있는 정보를 십분 활용해야 한다. 그리고 자신의 직관과 주변 사람들을 믿어야 한다. 사람들이 도전에 맞서지 않으면 다른 사람들을 찾아야 한다.

코너에 몰릴수록 나에게 집중하라

극심한 스트레스에 시달렸지만 철저히 에너지 관리를 했다. 예를 들어 스트레스를 많이 받을수록 적당히 식사도 하고, 충분히 수면도 취하고, 짬짬이 쉬고, 적절히 운동했다.

극도로 긴장한 상태에서 에너지가 넘칠 경우 조증을 보일 수 있다. 조증에 익숙해지다 보면 침착하게 행동하기 힘들다. 참을성 있게 행동하려고 노력했지만, 가족들에게 조급하게 굴 때도 있었다. 이럴 때 육체적인 활동이 무엇보다 중요하다. 그래서 가끔 걸어갈 거리를 뛰어다니기도 하고, 꾸준히 요가를 했다. 명상을 하면 놀라울 정도로 마음이 평온해졌다. 나는 종종 "내가 어떻게 이 모든 일들을 해냈을까?"라는 생각이 든다. 한 걸음 떼면 저절로 다음 걸음이 떨어졌다. 문 하나가 닫히면 곧 다른 문이 열렸다.

산책을 하면서 큰 위안을 얻기도 했다. 나는 산책의 힘을 굳게 믿고 있다. 걷다 보면 아기를 안고 흔드는 것과 흡사한 리듬을 느낄 수 있다. 산책을 나갈 때는 머릿속에 천 가지 생각이 뒤얽혀 있어도 집으로 돌아올 즈음이면 어느새 생각들이 정리된다.

나는 또한 휴가에서 에너지를 얻고, 예술적인 활동을 즐겼다. 몇 년 동안 수없이 사진을 찍었고, 그림에 푹 빠져 지냈다. 그림을 그리고 있는지도 모르다가 완성된 그림을 보는 순간 내가 그렸음을 깨닫는다. 무언가를 창조하는 일은 정말 매혹적이다.

내일을 기다린다

몇 년 전 휴식의 중요성을 다시 한번 절감한 사건이 있었다. 콴타스 항공이 인수 대상으로 거론되고 있을 때 나는 입원한 상태에서 한 언론과 인터뷰를 했다. 언론 보도는 의외의 일이었다.

인터뷰 직후 나는 지나치게 공격적이었다는 것을 깨달았다. 무례한 언사를 쓰지는 않았지만 태도가 불순해 보였을 것이다. 당시 나는 너무 피곤했으며 약물치료까지 받고 있었다. 게다가 기자가 인터뷰를 시작할 때부터 내 심기를 건드렸다. 그가 허위 사실로 CEO를 비난했던 것이다. 인터뷰 직후, 나는 CEO에게 전화를 걸어 "나도 모르게 폭발해 버렸어요."라고 고백했다.

다음 날 기사를 읽을 때만 해도 그 일이 단발성 사건으로 끝나리라 생각했다. 하지만 그 일은 꼬리에 꼬리를 물고 확산되었다. 몸이 아팠던 게 차라리 도움이 되었다. 고민이나 자책보다 내 건강에 신경을 더 써야 했기 때문이다. 나는 생사를 가르는 중대한 일도 아니라고 생각하며 의연하게 대처할 수 있었다.

아픈 몸으로 무리하게 인터뷰한 것은 부분적으로 나의 직업윤리 때문이었다. 나는 오스트레일리아 50대 기업 가운데 여성으로서는 최초로 회장에 올랐다. 그래서 언제나 다른 여성들에게 약간의 책임감을 느꼈다. 그들이 실망하지 않도록 최선을 다해야 한다는 의무감 같은 것이 있었다. 그날 나는 CEO나 다른 간부에게 대신 인터뷰를 맡겼어야 했다. 그러나 후회하지는 않는다. 위기에 대처하는 자세와 잘못된 태도가 어떤 결과를 불러올 지 배울 수 있었다는 점에서 소중한 경험이라고 여긴다.

나는 상황이 점점 나빠질 때 좌절하기 보다는 뭔가 특별한 이유가 있다고 생각한다. 그리고 많은 경험 속에서 성장할 수 있다고 믿는다. 그러면 걱정하는 일에 에너지를 쏟지 않아도 된다.

오늘 지치고 실패했다면 잠시 손을 놓고 쉬면서 내일을 기다리자. 내일은 아직 살아보지 못한 새로운 날이다. 나는 언제나 떨리는 마음으로 내일을 기다린다.

나오
면서

그래도 가라

욕심만으로는 성공을 이루기 힘들다. 꿈만 꾼다고 모든 것이 이루어지지 않는 것과 마찬가지다. 의미 찾기, 프레이밍, 인맥, 정면 승부, 에너지 관리를 늘 머릿속에 새겨두어야 한다. 그러면 일에서 행복을 찾을 수 있고, 눈앞에 다가온 기회를 잡을 수 있으며, 언제나 에너지가 넘치는 것을 느낄 것이다.

어디서부터 시작해야 할지 모르겠다면, 우선 당신이 무엇을 가지고 있는지 생각해보자. 강점과 기술, 출세에 대한 욕망, 타고난 재능, 예상 외의 인맥, 낙관적인 사고방식, 적응력, 넘치는 에너지 등. 당신은 이미 많은 것을 가지고 있다.

자신에 대해 좀 더 알게 되었다면 이제 출발선에 선 것이다. 이제 당신의 야망을 이루기 위해 더 필요한 것이 무엇인지, 어떻게 해야 하는 것인지도 자연스럽게 알게 될 것이다.

어디서든 시작하자

어떤 것부터 시작해야 할까? 정해진 것은 없다. 이 책에서는 '의미 찾기'를 출발점으로 삼았다. 왜냐하면 스스로 어떤 사람인지를 먼저 알아야 하기 때문이다. 우선 당신의 강점이 무엇인지, 그러한 강점들을 어떻게 일에 적용했는지 생각해보자.

의미 찾기 단계를 거치고 나면 프레이밍 단계로 넘어간다. 낙관주의는 우리가 만난 여성 리더들의 공통된 특성이었다. 그들은 연습을 통해 낙관주의를 몸에 익혔다. 왜곡 없이 세상을 바라보는 것은 성공의 요건이다. 리프레이밍하고 그에 적응하라. 중대한 변화에 직면한 리더들에게는 프레이밍과 리프레이밍 모두 중요하다.

그다음 인맥 쌓기 단계로 넘어간다. 어느 누구도 타인의 도움 없이는 멀리 나아갈 수 없다. 코치와 멘토, 후원자, 동료, 친구, 가족은 당신의 세계를 구성하는 일부분이다. 그들은 당신에게 용기와 자신감을 불어넣는다. 서로 이익을 주고받는 법을 익혀라. 친하게 지내고 싶은 사람이 있으면 주저하지 말고 만나라.

네 번째는 정면 승부다. 두려움이 앞을 가로막을 때는 정면으로 맞서면 된다. 숨을 크게 들이쉬고 열까지 숫자를 세다보면 어느새 두려움이 사라진다.

마지막 단계로 에너지 관리를 제안한다. 당신이 어디에서 에너지를 얻고, 어떻게 에너지를 소비하는지 주의를 기울여라. 심신의 에너지는 얼마든지 충전할 수 있다.

세상을 향해 나아가라

이 책에서 만날 수 있는 훌륭한 여성들의 경험담에는 각각 독특한 메시지가 담겨 있다. 그녀들의 이야기를 통해 정상에 오르는 절대적인 공식도 없고, 완전하게 옳은 방법 또한 없다는 것을 알 수 있다.

이제 성공을 위한 첫걸음을 내디딜 때다. 미국 작가 애너 퀸들렌

Anna Quindlen은 이렇게 말했다. "정말 어려운 일은 더 이상 완벽해지려 애쓰지 않고, 나답게 행동하려고 노력하는 것이다." 성공을 향한 여정에서 항상 이 말을 떠올리길 바란다.

세상은 지금 그 어느 때보다 강한 여성 리더를 원하고 있다. 그러니 세상을 향해 나아가라. 넘어지거나 지칠 때도 있을 것이다.

그래도 가라!